LA LÉGENDE

DE LA

FEMME ÉMANCIPÉE

IMPRIMERIE ÉMILE COLIN, A SAINT-GERMAIN

FIRMIN MAILLARD

LA LÉGENDE

DE LA

FEMME ÉMANCIPÉE

HISTOIRES DE FEMMES

POUR SERVIR

A l'Histoire Contemporaine

> Quand on écrit des femmes, il faut
> tremper sa plume dans l'encre de la
> petite vertu et les en barbouiller lors-
> qu'elles le méritent.

PARIS

A LA LIBRAIRIE ILLUSTRÉE

7, RUE DU CROISSANT, 7

INTRODUCTION

Louis B. à F. M.

. . . .

. . . . Tu me parles de ma femme ! tu l'as vue il n'y a pas longtemps ; eh bien, tu ne la reconnaîtrais pas, tant elle est changée — au moral, entendons-nous. Le physique est le même, avec un peu plus d'embonpoint ; mais le moral, mon pauvre ami, le moral... dans quel état ! Elle n'est pas depuis dix minutes avec toi qu'elle t'a déjà parlé de certaines illustrations féminines de la rue, t'a demandé ce que tu penses des droits de la femme, t'a sommé de te déclarer pour ou contre et, si tu faiblis sur un point, t'accable d'arguments plus étonnants les uns que les autres.

Et, à ce propos, tu serais bien aimable de me venir en aide.

Tu me connais, je suis doux, bon, prêt à d'énormes sacrifices pour avoir la paix, et je pense n'avoir jamais été un mari bien despote ; je ne voudrais pas exagérer et j'espère voir tomber tout ce beau feu ; ma femme, jadis si raisonnable, reviendra peut-être à des idées plus saines sur le rôle qui lui incombe ici-bas, mais ma petite Jeanne pourrait se ressentir toute sa vie d'avoir été élevée dans une semblable atmosphère, et j'ai peur pour elle. Point n'est besoin d'avoir des enfants pour comprendre avec quelle tristesse je la regarde parfois quand une sorte de vision de l'avenir me la montre trônant dans les réunions publiques, pérorant dans la rue un drapeau à la main et prêchant partout l'émancipation de la femme.

J'en appelle à toutes les mères !

A l'évocation de ce tableau, ma femme a eu un mouvement qui m'a un peu rassuré, je l'avoue ; elle a serré sa fille contre sa poitrine et a murmuré : — Oh! quand elle sera grande, il y a longtemps que l'égalité politique de l'homme et de la femme aura été reconnue par tous.

Tu te demandes comment il se fait que dans le milieu où elle vit, avec l'éducation qu'elle a reçue, de pareilles idées aient pu germer dans une nature aussi fine et aussi distinguée... Hélas ! l'émancipation de la femme est entrée chez moi avec la maîtresse de piano de Jeanne, une Russe, qui a eu des malheurs et les met sur le compte du gouvernement. Excellente femme d'ailleurs sur laquelle j'ai de très bons renseignements, mais à allures romantiques et ayant volontiers des attaques de nerfs chaque fois qu'on prononce les noms des sœurs Soubotina, de Malinowskaia, de Sophie Perowskaja, de Jessa Helfmann et autres... qu'elle ne connait pas du reste, habitant la France depuis déjà plusieurs années.

Le seul fait de penser que cette brave femme, incapable de faire du mal à qui que ce soit, pourrait de propos délibéré, sans crainte et sans remords, comme elle le dit, faire sauter pour le triomphe de ses opinions tout ou partie de Saint-Pétersbourg, plonge ma femme dans le ravissement : — Une héroïne, dit-elle, prête au martyre comme à la lutte ; plus jeune, elle eût remué le monde !

Je le pense aussi, et je regrette presque qu'elle ne l'ait point fait... ; comme elle eût commencé par Saint-Pétersbourg, je n'aurais probablement pas le plaisir de la connaître aujourd'hui.

Bref, chaque jour, cette satanée question revient sur le tapis. J'ai bien essayé de réagir là contre, mais mes

a.

observations font plus de mal que de bien, je n'ose plus discuter et, faut-il te l'avouer, je suis souvent battu dans la discussion. Ma femme est là-dessus de première force, et je n'ai pas toujours réponse à tout; jusqu'ici, jamais je n'avais pensé que la femme fût une esclave, dont nous les seigneurs et maîtres abusions tyranniquement de la façon la plus injuste et la plus odieuse; bien plus, et je te dis cela à toi, n'ayant jamais osé le lui dire à elle, la femme me paraît aujourd'hui même un peu trop libre!

Dans tous les cas, en fait de libertés, elle devrait bien se contenter de celles qu'elle prend ; ce qu'il en reste ne mérite pas si grand tapage.

Après tout, j'ai peut-être tort de me plaindre, car ma femme m'a déclaré spontanément qu'aucun motif personnel ne la poussait, elle était heureuse d'avoir un mari comme moi, mais il y avait d'autres femmes au monde, que du reste c'était une question de principes et qu'il y avait là un but social à atteindre. Un moment j'ai pu croire être le seul homme à rendre sa femme heureuse ; hélas! on ne m'a que trop prouvé le contraire ; je reste souvent coi, vaincu et ne soufflant mot, ce qui est humiliant.

Dame, je n'ai jamais étudié cette question-là, et puis ce n'est pas mon état, puisque je suis peintre.

Ah ! je t'entends d'ici, avec les préjugés orgueilleux communs à ton espèce, murmurer : ignorant comme un peintre ! — Eh bien, c'est possible, et c'est pour cela même que je te prie de venir à mon secours et de me fournir quelques bonnes réponses qui m'aideront à triompher ou tout au moins à reprendre un peu figure. Et puis, cela me soulagerait, je crois, de dire du mal des femmes, ce à quoi je n'avais jamais pensé.

Tu es peut-être aussi pour l'émancipation de la femme ! — il y a, paraît-il, des hommes qui travaillent dans cette partie-là, dit mon *associée;* mais cela ne t'empêcherait probablement pas de me donner ce que je te demande ; — vous autres écrivains, soit dit sans vouloir te blesser ni me venger de ce que tu peux penser des peintres, vous devez être habitués, comme les avocats, à plaider le pour et le contre. Aujourd'hui, je te demande du contre.

Non, ne te fâche pas, c'est pour rire ; mais vois-tu, elle m'accable de son érudition. Elle me parle des salons politiques de la princesse d'Hénin, de la maréchale de Luxembourg, de Mmes de Bouillon, de Lambert, de la princesse de Beauveau, comme si elle en sortait ; puis elle va en soirée chez Mmes Geoffrin, de Staël, Helvétius, chez la marquise de Condorcet, chez Mmes Necker, Roland, Tallien, chez Simon-Candeilh et chez un tas d'autres que je ne connais pas ; elle en rapporte **des** mots piquants qui, prétend-elle, prenaient le plus grand empire sur l'opinion et mettaient les nouvelles idées à la mode. Suivant elle, ce sont les femmes qui ont fait la Révolution, ou tout au moins sans elles nous n'eussions pas fait grand'chose.

Puis ce sont les saint-simoniens, les fouriéristes, les socialistes qu'elle me lance à la tête, et comme l'autre jour je lisais un article bizarre (car je cherche à m'instruire) dans lequel on parlait de gens qui sont syndicaux, coopérateurs, autoritaires, étatistes, évolutionnistes, parlementaires, égaux, minimunistes, progressistes, constitutionnalistes, centralistes, positivistes, colinsiens... — on allait ainsi jusqu'à extinction de tout dictionnaire — je lui demandai à quelle branche de ce bel arbre de liberté elle appartenait ! Elle me répondit tout tranquillement : « Mon Dieu, j'ai été longtemps collectiviste, aujourd'hui je suis presque anarchiste libertaire ! »

Et elle m'expliqua la chose. Il ne m'en est pas resté une idée bien nette, mais tu dois savoir ce que c'est.

Quand je me suis couché, je pensai que je ferais mine assez piteuse dans la nouvelle société à l'édification de laquelle travaille ma femme.

Un peintre !... j'avais conscience de mon inutilité et je me rappelais ce paysan qui, arrêté derrière moi

depuis quelque temps, me regardait faire un paysage :
— Eh bien, l'ami, lui dis-je complaisamment, en jetant
un coup d'œil satisfait sur mon ouvrage, qu'est-ce que
vous dites de cela ?

— Faut'y tout d'même qu'il y ait des états bêtes,
murmura l'animal en s'éloignant.

Le mot de ce paysan m'est depuis revenu souvent
à l'esprit non sans me causer quelque trouble, et aujour-
d'hui j'ai bien peur que ma femme ne soit tout près de
penser comme lui ; du reste, je préfère ne pas le lui
demander.

Elle me foudroie par des arguments terribles : — Ta
mère, me dit-elle, est trop bête pour voter, n'est-ce pas ?
et ta sœur et moi, nous sommes deux dindes au suffrage
desquelles tu tiens moins qu'à celui de ton ivrogne de
jardinier que tu déclares toi-même être un parfait imbécile.

Elle continue : — Je parie que l'idée de voir ta
femme mettre avec toi la main au gouvernail te révolte,
et cependant y a-t-il beaucoup de rois comparables à
ces reines, véritables hommes d'État : Élisabeth, Catherine de Russie, Marie-Thérèse, Victoria, etc. Elle ne me
fait même pas grâce de l'antiquité et me cite Zénobie,

Sémiramis, etc., sur lesquelles elle a des données que les historiens me paraissent avoir négligées jusqu'à présent.

Si je lui fais remarquer que la femme est encore malheureusement un des plus puissants auxiliaires du clergé, elle me répond triomphalement : « Elle n'est sans doute pas plus cléricale que M. le curé, et cependant tu trouves tout naturel que M. le curé vote. »

Puis elle me lit ceci qu'elle prend dans un journal féminin :

(La scène se passe dans une mairie où les employés refusent d'inscrire les femmes sur les listes électorales.)

Les Citoyennes. — Alors, si nous, femmes, nous nous présentions habillées en hommes vous nous inscririez ?

L'employé. — Certainement, nous n'aurions pas le droit de vous éconduire.

Ainsi c'est l'habit qui fait l'électeur.

Moi, je pense que si j'étais le chef de cet employé, je le flanquerais immédiatement à la porte pour lui apprendre à ne plus débiter des sottises de ce calibre.

En attendant, il n'y a que moi, paraît-il, que cette question de la femme ne préoccupe pas, — j'en suis tout honteux ; en Espagne, aux États-Unis, en Italie, en Russie, on ne parle que de cela, dit-elle ; et en Angleterre les femmes commencent déjà à voter...

Que répondre ? Je retourne à mes pinceaux pour achever au plus vite — avant que cela n'arrive — mon Salon de l'an prochain... qui sera peut-être le dernier Salon !

. . . .

F. M. à Louis B.

. . . .

J'espère cependant que tu ne regrettes pas de n'avoir point fait comme Shopenhaüer ! — Shopenhaüer ? — Oui, vous ne connaissez pas cela dans la peinture ! vous êtes heureux ; nous non plus, du reste, bien que nous en parlions beaucoup. Je me sens même très en retard avec cet Allemand... peut-être n'est-il déjà plus à la mode.

Quoi qu'il en soit, Shopenhaüer était un gaillard qui, tous les soirs en se couchant, se félicitait d'avoir éventé le piège de la nature et de ne pas s'être marié. Selon lui, le Génie de l'Espèce, un industriel qui ne veut que produire, perpétuer le genre humain, craignant que les hommes, lassés de souffrir ou comme toi affolés par la peur de l'émancipation finale de la femme, laissent tout tranquillement finir le monde, n'a pas hésité un seul instant et s'est fait une alliée de la femme Celle-ci, en spiritualisant l'amour et en captivant les facultés cérébrales de l'homme, a empêché la catastrophe de se produire et depuis le monde est à elle; elle l'a fait fourbe et esclave.

Et Shopenhaüer regardait la femme comme un être haïssable, car elle empêche le célibat, œuvre éminemment ascétique et bienfaisante, puisqu'elle sauve de la vie des générations entières.

Mais sans descendre à ces profondeurs, te souviens-tu, alors que tu me parlais de tes projets de mariage, de m'avoir entendu te recommander chaudement une jeune personne qui me semblait devoir te convenir sous tous les rapports et à laquelle tu ne daignas pas même faire attention; tu la trouvais un peu bébête? — N'y penses-tu pas quelquefois?

Non, Shopenhaüer plaisante et moi aussi; tu as bien fait d'épouser une femme intelligente, d'un esprit distingué et d'un caractère aimable, et je ne veux pas croire à toutes les horreurs que tu me racontes au sujet de l'Émancipation de la femme que tu vois à travers tes.

lunettes de bourgeois. Car il n'est pires bourgeois que vous autres artistes : quand la peinture va, tout va, n'est-ce pas? et vous ne vous inquiétez guère du reste — à moins qu'il n'y ait un bout de ruban en expectative. Vous êtes de grands enfants, et ta femme a raison quand elle trouve que la situation civile et économique de la femme dans la société moderne n'est pas ce qu'elle devrait être; elle serait non moins juste en reconnaissant aussi qu'il n'est personne d'esprit élevé et libéral qui aujourd'hui parle de l'infériorité de la femme, rêve son assujettissement et lui refuse l'égalité dans la famille.

La République travaille tous les jours à améliorer cette situation, et si elle n'est pas encore arrivée à donner à la femme la place qu'elle doit occuper dans la société, c'est que tout ne peut se faire en un jour, au gré des impatientes qui, dans cette question, n'ont pas de plus grands ennemis qu'elles-mêmes et, par leurs prétentions, leurs réclamations intempestives et leurs manifestations ridicules, retardent leur émancipation — puis que émancipation il y a et que ce gros mot leur plaît.

Quant aux salons politiques de la fin du xviiie siècle dont te parle ta femme et qui réunissaient l'élite de la société, ils étaient tenus par des femmes d'esprit qui se piquaient d'être moralistes, mais moralistes à la manière du temps et surtout à la manière des femmes qui, avec leur finesse de pénétration et d'à-propos, leur mépris des principes, brouillent et mêlent tout et apportent à l'idée à laquelle elles se sont dévouées, en même temps qu'une patience et un courage héroïque, toute la frivolité, la variabilité et la légèreté dont elles sont capables.

On ne parlait pas dans ces salons de la supériorité de la femme, de son infériorité ni de son égalité ; la femme avait d'autres moyens d'exercer son influence, et tu étonnerais probablement ta femme en lui citant cette phrase de Mme Roland à Bosc d'Antin : « Je crois, je ne dirai pas mieux qu'aucune femme, mais autant qu'aucun homme, à la supériorité de votre sexe à tous égards, » phrase que je trouve même excessive.

Mais si les hommes s'y délassaient dans le charme de la conversation, qui est le propre de la femme, sois bien certain que là comme ailleurs ils étaient les mâles et que les mots, auxquels ta femme attache peut-être plus de portée qu'ils n'en ont eu, n'étaient pas les fruits d'une génération spontanée et avaient, comme tout enfant, une mère... et un père au moins.

J'ai, du reste, peu de goût pour les salons dits politiques, pas plus pour ceux dont tu me parles que pour les

salons de Mmes Hamelin, de Bagration, de Dino,
de Liewen, etc.; où, parmi ceux que je cite et ceux que
je ne cite pas, se trouvent un grand nombre — un trop
grand nombre de femmes d'intrigues et de femmes
d'affaires. Je ne veux pas parler d'aujourd'hui, mais tu
peux être sûr que c'est à peu près la même chose, et
bien qu'un économiste de notre temps ait dit que le salon
était la tribune des femmes et qu'elles ne doivent point
salir leurs pieds dans la boue de la place publique, le
salon leur est aussi funeste que la rue — politiquement
parlant.

Ta femme, je pense bien, réprouve les violences
et les excentricités auxquelles se livrent certaines cory-.
phées du parti socialiste et se range sous la bannière de
madame telle et telle à barbe philosophique... eh bien,
mon vieux, je vais, si tu veux, t'ouvrir mon cœur là-
dessus : pour moi c'est *queussi-queumi*, comme on dit
dans mon pays, c'est-à-dire que tu peux mettre dans la
même corbeille toutes ces dames prêchant à grand fracas
l'émancipation de la femme et que je mêle ici sans
cependant les confondre. Tu sais leurs noms, ta femme
ne t'en parle que trop.

Tu trouves singuliers certains arguments... il y en a
bien d'autres ! et en puisant probablement dans le même
magasin où se fournit ta femme, on trouve encore

que les femmes administreraient avec plus d'économie que les hommes ; elles feraient aussi de LA POLITIQUE DE SENTIMENT *qui seule est capable de changer la face de la société et est le dernier mot du progrès, politique dont rient les despotes.*

Que dis-tu de cela, être despotique et autoritaire ?

Et ne présente pas la maternité imposée par la nature comme incompatible avec les droits de l'électeur (et qui dit électeur dit éligible) ; on te répondrait que c'est un argument de peu de valeur parce qu'en France *la moyenne pour les femmes qui ont des enfants est de trois* (sic) *et que la maternité prend relativement peu d'années dans la vie d'une femme.*

Il est vrai que c'est une demoiselle qui dit cela — ne sachant ni comment se font les enfants, ni comment on les élève et avec laquelle il est difficile de discuter sur un pareil sujet. Elle ajoute encore : « Quand il survient à l'homme des devoirs, les devoirs de la paternité, le prive-t-on de ses droits civiques ?... et pendant que la femme ira voter, le mari gardera l'enfant, etc. »

Mais son triomphe est dans cette découverte qui est bien à elle et que ses collègues n'avaient pas songé à exploiter : *Enfin, dans notre siècle, le peuple français a*

chargé de la régence, c'est-à-dire du gouvernement absolu,
et cela à des époques critiques, deux impératrices : l'impé-
ratrice Marie-Louise et l'impératrice Eugénie de Montijo.

Je te cite tout cela, parce que justement cette citoyenne, m'a-t-on dit, passe pour un des plus forts bonnets de l'émancipation. Pense aux autres !

Maintenant ne t'amuse pas à ergoter là-dessus avec ta
femme, tu serais à bout de raisonnements depuis longtemps qu'elle tiendrait encore la campagne ; tu acquer-
rais une fois de plus la preuve de la supériorité de son
cœur et de son dévouement. Elle sent d'une manière
plus pénétrante et plus profonde que toi, tu ne l'ignores
pas du reste, mais elle a besoin pour tout cela d'être
soutenue par une certaine exaltation qui n'admet ni
doute ni examen. La recherche de la vérité, l'étude
approfondie d'une question demandent du calme, de
la réflexion, choses que la femme donne difficilement,
et si elle excelle à parler, parler divise les forces de
l'esprit et le plus souvent empêche de penser.

Mais j'ai tort d'entrer dans le détail, quand, au fond,
il n'y a qu'une question de nature, une question de
mâle et de femelle que chacun sent et que tout le
monde a l'air d'écarter du débat comme devant entraîner
brutalement dans des explications par trop *natura-*

listes... Oui, tout est là, dans la différence de sexe que ces dames représentent comme purement physique et n'ayant sur le cerveau aucune influence ; c'est, du reste, un terrain (et c'est le seul vrai) qu'elles évitent soigneusement, et il serait peu galant de notre part de chercher à les y entraîner ; je t'en parle à toi, —tu feras ce que tu voudras, tâche d'être juste.

Électeur et éligible — car l'un ne signifierait rien sans l'autre ! — Te représentes-tu une assemblée composée exclusivement de femmes (!), ou une assemblée composée de femmes et d'hommes (!!) — Quel!... tu as dit le mot que le peu de latin qui me reste ne me permet pas de te désigner autrement. C'est là une assemblée que pourrait présider à juste titre le Génie de l'Espèce.

Et, à ce propos, il me revient un mot amusant, sorte d'impair que je n'ai point commis, mais dont j'ai été la cause ; c'était chez Mme V... que tu connais ; elle aussi avait voulu voir je ne sais quelle célébrité de l'émancipation et était allée à une réunion publique. — « Je m'y suis fort ennuyée, disait-elle, la citoyenne n'a guère débité que des lieux communs qu'elle coupait par des grossièretés à l'adresse de nos gouvernants... puis, il faut dire que j'étais mal placée ; les citoyens au milieu desquels je me trouvais manifestaient l'enthousiasme dans lequel venait de les jeter une motion un peu vive contre la bourgeoisie, par une grande liberté de paroles et de gestes..., bref, je fus obligée de quitter la salle, me promettant bien...

— Qu'on ne vous y repincerait plus, dis-je innocemment.

— Permettez, je n'ai pas dit qu'on m'y eût pincée, s'écria-t-elle...

Mais revenons à notre sujet, dont nous ne nous sommes pas écartés sensiblement; je t'ai dit : Tâche d'être juste, car je te vois déjà te rengorger. Tu as peut-être lu quelque part que la Société anthropologique avait trouvé une différence de 172 grammes en faveur du crâne de l'homme sur le crâne de la femme... Et je vous connais, vous autres amants de la nature ! Tu vas regarder autour de toi et te dire complaisamment : tout dans la création subit cette différence ; — qui a le plus beau plumage du coq ou de la poule, n'est-ce pas? Qui chante le mieux du serin ou de la serine? Est-ce la lionne qui secoue orgueilleusement sa crinière? Et les plus beaux bois ne sont-ils pas pour le cerf...

Sottises que cela, bonnes tout au plus à mettre avec les sornettes que je te citais tout à l'heure; ne sois pas vain et ne suis pas en cela l'analogie de la nature. Mets-toi bien ceci dans la tête : la femme n'est ni inférieure, ni supérieure à l'homme; c'est une nature différente, dont la conformation n'est pas la même que celle de l'homme, parce qu'elle a une autre destination.

Il n'est pas une femme de bonne foi qui n'avoue subir tous les mois l'influence de sa nature sexuelle et sentir son libre arbitre ébranlé plus ou moins vivement; elle redoute surtout les commotions morales, car elle sait son système nerveux plus irritable à cette époque et ses puissances mentales pleines de trouble et d'inquiétude. Que cela vienne de la lune ou d'ailleurs, cet état ne se renouvelle pas moins toutes les quatre semaines, pendant une période moyenne de trente ans. C'est quelque chose! Il y a encore les neuf mois de grossesse, l'allaitement, etc., pendant lesquels certaines perdent toute responsabilité de leurs actes.

Je ne dis pas comme Michelet que la femme est une malade... mais elle l'est souvent, et si je ne m'en réjouis pas comme Proudhon, qui pense que cet état a un but providentiel, celui de permettre à l'homme de reprendre haleine et de redevenir lui-même, bref, d'assurer le repos de l'homme et la soumission de la femme, je constate seulement le fait. Je n'en suis pas la cause, ni toi non plus, mais c'est comme cela, et tout ce qu'on pourra dire sur l'émancipation de la femme doit avoir pour point de départ : la différence de sexe.

— « Nous sommes toutes des hystériques, n'est-ce pas? » vont-elles s'écrier.

Eh bien, là, oui! et quand elles ne le sont pas au phy--sique, elles le sont au moral.

C'est un vilain mot, parce qu'il éveille à tort l'idée de délire érotique, qui n'est pas essentiellement lié à l'hystérie, mais c'est l'étiquette de cette névrose dont l'observateur peut à tout instant autour de lui — et c'est le malheur de notre temps — examiner les effets.

Ta femme a certainement des points hystériques. Ah! je ne te dirai pas d'où ils lui viennent, je n'en sais rien, je ne suis pas médecin. Elle n'a qu'un enfant...; paresse ou économie de ta part, c'est à coup sûr un tort, et si tu t'étais occupé de la question de la natalité en France, tu y verrais (ce que je te dis là est sérieux) un danger social; mais dans le cas particulier qui nous occupe, si ta femme avait plusieurs enfants, vraisemblablement elle aurait autre chose en tête que les niaiseries débitées par ses sœurs de l'Émancipation.

Maintenant, quel âge a-t-elle? Elle ne doit pas être éloignée du chiffre 35... Pense à ce chiffre et observe chez toi et chez le voisin, tu verras que c'est un moment critique et redoutable, et qui te donnera la clef de bien des actes dont la gestation te paraissait obscure. Rappelle-toi ceci, c'est qu'elle a généralement trente-cinq ans la femme qui, entraînée par une cause quelconque hors des devoirs pour lesquels la nature l'a créée, commet l'acte le plus héroïque de sa vie ou sa plus grande sottise, ce qui souvent est la même chose.

Rien à notre époque ne pousse la femme à se poser en esprit fort, en femme émancipée et qui doit s'armer en guerre contre l'homme pour la revendication de ses droits; son avenir dépend d'elle surtout. Il ne faut pas vouloir opérer des changements à l'aide des lois quand ces changements ne peuvent être que le résultat de l'amélioration des mœurs. Les lois ont peu d'action sur les mœurs, et ce sont celles-ci qui changent celles-là lorsque la discordance est trop prononcée; si la loi vient de l'homme, les mœurs viennent en grande partie de la femme; — là est sa force et son influence et pas autre part. Qu'elle s'en contente.

L'idée émancipatrice a rencontré dans le socialisme le grand entremetteur rêvé, qui, par des semblants d'égalité absolue, paraît élever la femme tandis qu'il l'abaisse et la dégrade.

A qui Stuart Mill fera-t-il croire qu'il n'y a plus d'autre esclave reconnue par la loi que la maîtresse de chaque maison?...

Eh bien, cette servitude, cet esclavage dont elles parlent toutes ne pèse réellement que sur la femme pauvre, à laquelle il faut faire une part meilleure dans les conditions matérielles du travail et donner une éducation qui développe ses facultés et augmente sa valeur morale ; le reste est affaire de mœurs, et c'est elle qui les fait.

Maintenant, voici un petit travail que j'ai composé à ton intention ; si je te l'envoie tout imprimé, c'est que j'espère sauver celle-là, si je ne sauve pas celle-ci. J'ai ramassé, un peu à la hâte et au gré de mes souvenirs, des faits, seulement des faits ; je les ai exposés le plus nettement que je l'ai pu et avec toute l'impartialité dont j'étais capable ; la lecture de l'histoire douloureuse des quelques femmes dont je parle suffira, je crois, pour ramener ton *associée*, comme tu dis, à des idées plus saines. Si elle résiste à cela, alors, je te le dis tout bas, escalade (tu es encore assez jeune pour cela), escalade le mur de la vie privée de toutes les femmes qui se sont oubliées dans ces questions où elles laissent le meilleur d'elles-mêmes et raconte à ta femme ce que tu auras vu ;.. — il y a des exceptions, c'est bien entendu ! Excepte toutes celles que tu voudras, mais prends les autres...

Si la femme résiste encore... eh bien, tu seras perdu,

voilà tout ; oh ! mais perdu sans rémission, c'est-à-dire
que dans un an tu lutteras pour les droits de la femme,
et dans ton mépris de toi-même (et ce sera ta seule
excuse) tu répéteras peut-être ce que M. Alexandre Dumas fils — moraliste pour dames seules — écrivait à
une actrice du Gymnase : Méprisez l'homme ; toute la
force, toute la valeur de la femme est la.

LA LÉGENDE

DE

LA FEMME ÉMANCIPÉE

CHAPITRE PREMIER

Livres anciens, livres nouveaux. — Les femmes pendant la
Révolution. — Mathématiciens et philosophes. — Condor-
cet, Sieyès, l'abbé Fauchet, Mirabeau, etc. — Mlle d'Orbe,
mistress Wolstonecraft, la marquise de Fontenay, Palm
Aelder, *la Roland*, etc. — *Les Clubs de femmes* et *la Com-
mune de Paris*. — Rose Lacombe, Théroigne de Méricourt.
Olympe de Gouges, etc. — Chaumette, Chabot, Amar, etc.
— En province. — La comtesse de la Mothe-Valois, *ci-
toyenne active*. — Sophie Lapierre. — *Chansons égalitaires*,
— Le Directoire.

Nous sommes au matin, le dieu *Merdicus* (Κοπ-
ρεαιος) a passé et frappé à la porte ; Blépyrus se
lève en toute hâte et cherche ses vêtements. Il
tempête, appelle vainement sa femme... Ni vêtements, ni femme ! et finalement

Car nul ne se souvient comme un dieu qu'on oublie !

1

se précipite au dehors et se pose tel quel devant sa porte.

De nos jours, en pleine république athénienne, pareil cas motiverait l'intervention immédiate du Préfet de police dans la personne d'un de ses agents et Blépyrus irait au poste à la grande indignation des intransigeants. Mais à Athènes, la chose ne tirait pas à conséquence et comptait même au nombre des libertés les plus nécessaires...; donc Blépyrus accroupi, moitié geignant et moitié soulagé, apprend de son voisin Chrémès qu'on s'est enfin résolu de livrer le gouvernement aux femmes et que Mᵐᵉ Blépyrus (la citoyenne Praxagora) a dû lui prendre ses vêtements pour aller à l'assemblée où elle brille, du reste, par des vues larges auxquelles les citoyennes de notre temps ont tout emprunté.

C'est elle qui déclare que tous les biens doivent être en commun, chacun doit en avoir sa part pour vivre; il ne faut pas que l'un soit riche et l'autre pauvre, que l'un possède de vastes domaines et que l'autre n'ait pas de quoi se faire enterrer, que l'un traîne avec lui une foule d'esclaves et que l'autre n'ait pas un seul serviteur : il faut une vie commune, la même pour tous; les terres, l'argent, toutes les propriétés seront en commun, tout appartiendra à tous.

Tel est le programme de Praxagora... exactement le même que celui de la salle Lévis à Batignolles.

Et vraiment, malgré le mépris dans lequel sont tombés aujourd'hui Grecs et Romains, je ne pouvais point ne pas dire deux mots de *l'Assemblée des femmes*, une comédie d'Aristophane représentée deux mille deux cent cinquante-trois ans avant *les Mouches et les Araignées* de Mme Paule Minck.

Ce bourgeois de Blépyrus est stupéfait et, s'il n'était occupé, demanderait je pense où est sa canne ; il laisse toutefois percer une certaine inquiétude que Chrémès, qui semble en avoir pris son parti, calme par ces bonnes paroles : Tu n'iras plus au tribunal, ce sera ta femme, tu n'auras plus à t'inquiéter de rien, tu resteras à la maison et tu pourras y péter à ton aise.

Mais laissons ces propos anciens et passons à de plus modernes.

N'ayez crainte ; je n'ai nullement l'intention de refaire pour la millième fois la fameuse conférence si chère à nos émancipatrices : *la Femme à travers les âges*, et, en définitive, comme on ne trouve dans les vieux bouquins que ce que nous lisons tous les jours dans les modernes, je vous ferai grâce des uns et des autres et j'arriverai droit à la Révolution.

Avant 1789 les femmes étaient tellement négligées au point de vue qui nous occupe qu'on a remarqué que le mot femme ne se trouve même pas prononcé dans *les Considérations sur les mœurs* de Duclos, Duclos dont la comtesse de Rochefort disait : « Pour vous, il ne vous faut que du vin, du fromage et la première venue. » Aussi sentent-elles vaguement venir à travers toutes ces convulsions un avenir plus juste et plus doux ; quelques-unes de celles qui souffraient davantage et qui n'avaient point de salon qui pût leur servir de tribune descendent dans la rue pour combattre avec les patriotes, et ce n'est pas d'elles que parle Sylvain Maréchal quand il déclare n'avoir point trouvé les femmes à la hauteur du mouvement et qu'il leur reproche d'avoir pesté tout bas contre la liberté qui faisait changer de culte à leurs adorateurs et tout haut contre les salles de spectacle *mal composées.*

Peut-être savait-il que la poignée de la cravache de Théroigne de Méricourt était formée par une cassolette d'or remplie de sels destinés à neutraliser *l'odeur du peuple!*

Dès 1766, un aimable farceur avait publié un *Paradoxe sur la femme où l'on tâche de prouver qu'elle n'est pas de l'espèce humaine* et s'était fait répondre de la bonne encre l'année suivante

par une dame Doyen, veuve de La Fontaine (*sic*) :
le Triomphe de la femme ou le Paradoxe de 1766
*confondu. Dissertation où l'on prouve que la
femme est de l'espèce humaine* — sorte de jeux
d'esprit où le titre est encore ce qu'il y a de plus
drôle.

En 1770, avait paru *le Cri d'une honnête femme*
qui réclame le divorce conformément aux lois de
la primitive Église, et en 1784, dans *la Vérité
dévoilée* on demandait qu'on abolisse ces lois
odieuses qui font dépendre entièrement le sort
de la femme de la volonté de son mari ; mais ce
n'étaient là que des tentatives isolées.

Au 5 octobre 1789, les femmes sont massées
sur la place Louis XV ; elles ne réclament ni
émancipation, ni droits politiques, elles demandent du pain — Théroigne les entraîne et Maillard
les conduit. *Les hommes ont pris la Bastille, les
femmes ont pris la royauté elle-même*, a dit Michelet, qui, sous le rapport de la mesure, est un
peu femme aussi. Quoi qu'il en soit, la Commune
déclare qu'elles auront une place marquée à ses
séances, qu'elles y viendront avec leur époux et
leurs enfants... et qu'elles *tricoteront* pendant ce
temps-là, ajoute ironiquement Chaumette.

Mais ce n'est que le 28 octobre, que les femmes
de Paris adressent à l'Assemblée nationale une

motion dans laquelle elles demandent l'égalité des deux sexes, l'accès aux places et emplois qui sont à leur portée et sollicitent un décret qui contraigne les hommes à épouser les femmes sans dot.

Voilà qui peut s'appeler une riche idée!

Alors, disent-elles, les femmes apporteront, en échange de ce sacrifice, des vertus, un cœur reconnaissant, cette confiance et ce respect dus à l'homme de bien qui sait rendre sa famille heureuse.

Mirabeau avait dit : La femme doit régner dans l'intérieur de sa maison, mais elle ne doit régner que là ; exactement ce que le fils d'Ulysse — un jeune homme bien élevé, cependant — disait à sa mère en la renvoyant à sa tapisserie : « Rentre chez toi, retourne à ton ménage, à ta toile et à ta quenouille ; distribue aux servantes leur tâche, mais laisse la parole aux hommes et surtout à moi qui ai l'autorité dans la maison.» Seulement, Mirabeau ajoutait: « En interdisant aux femmes l'entrée des assemblées publiques où leur présence occasionne des désordres de plus d'un genre, en les écartant des fonctions politiques qui ne leur conviennent sous aucun rapport, je regrette beaucoup qu'on ne les ait point admises au conseil de famille, dont elles me paraissent devoir être l'âme et que l'on n'ait pas saisi cette occasion pour établir les différences sociales des hommes et des femmes dans un ordre de choses conforme à l'admirable plan de l'auteur de l'univers. »

Aussi Mlle d'Orbe, citoyenne libre et présidente de la *Société des Amis de la Constitution*, dans un discours prononcé à l'anniversaire de la mort de Mirabeau, s'écrie-t-elle dans sa reconnaissance : « Avant la Révolution, nous étions restées dans l'oubli, réduites aux occupations de notre ménage et à l'éducation de nos enfants ; nous étions privées des bienfaits de la loi ; nous demeurions dans une avilissante obscurité, en supportant avec peine le sentiment de notre dégradation. Mirabeau fit connaître le bonheur de la liberté et recouvra les droits de l'homme égarés. Au même instant, le bandeau qui nous cachait la vérité se leva. Nous sommes devenues, à la parole de ce grand homme, des citoyennes libres, etc. »

Je ferai remarquer en passant que cette demoiselle qui probablement — et c'est là son excuse — n'avait ni ménage, ni enfants, plaint les autres femmes, ses sœurs, d'être restées avant la Révolution dans l'oubli, réduites aux occupations du ménage et à l'éducation des enfants, ce qu'elle ne craint pas de désigner sous ces vocables indignés : *obscurité avilissante, dégradation...*

Oh! la mesure!

L'abbé Fauchet « esprit romanesque » (ne s'était-il pas passionné pour Suzanne Labrousse), et surtout Condorcet et Sieyès furent les seuls, je crois, qui se hasardèrent sur cette question ; ces deux derniers, entraînés par leurs aspirations vers un faux idéal d'égalité et troublés comme philosophes de voir les femmes tenues à l'écart des affaires publiques, sans aucune influence, ayant à peine le droit de régler leurs propres intérêts et n'en ayant aucun sur les biens et les enfants qu'elles apportent à la communauté, réclamèrent pour elles l'usage des droits politiques.

Ils raisonnèrent faux comme deux mathématiciens qu'ils étaient au fond, croyant à tort que les vérités algébriques, c'est-à-dire *finies*, *absolues* qu'ils tiraient de leurs calculs étaient des vérités abstraites ou générales et que ce qui est vrai d'un rapport de forme ou de quantité doit nécessairement l'être au point de vue moral. C'est surtout en morale que la somme des fractions est loin d'être égale au tout et, dans le cas qui nous occupe, ce serait une grave erreur de croire que l'homme et la femme, chacun ayant sa valeur, doivent forcément avoir quand ils sont associés, une valeur égale à la somme de leurs valeurs prises séparément.

Labenette, dans son *Journal des droits de l'homme*, plaisante sur ces tendances émancipatrices; il est certain, dit-il, que la *Déclaration des droits de l'homme* est le plus grand ouvrage qui soit sorti de la tête de nos législateurs, mais ils auraient dû faire le pendant, décréter les *Droits de la femme*. Ils ont en cela manqué de galanterie et même de reconnaissance... puis il conclut, en goguenardant, à leur admission dans les assemblées : pendant que vous vous tuez à délibérer, elles ont déjà saisi toutes les nuances qui vous échappent. Vous êtes encore aux opinions que leur arrêt est prononcé avant même que vous ayez accordé la raison avec le sentiment de votre propre conscience.

Les droits de la femme! ce fut Olympe de Gouges qui, la première, les formula d'une façon nette, précise; sa déclaration des droits qui renferme dix-sept articles ne manque ni d'éloquence, ni d'un certain à-propos : au fond, c'est l'arsenal où viennent encore puiser aujourd'hui nos modernes émancipatrices.

La femme, dit-elle, naît libre et égale à l'homme en droits, les distinctions sociales ne peuvent être fondées que sur l'utilité commune.

Le principe de toute souveraineté réside essentiellement dans la nation qui n'est que la réunion de la femme et de l'homme. Nul corps, nul individu ne peut exercer d'autorité qui n'en émane expressément.

La liberté et la justice consistent à rendre tout ce qui appartient à autrui. Ainsi l'exercice des droits naturels de la femme n'a de bornes que la tyrannie perpétuelle que l'homme lui oppose. Ces bornes doivent être réformées par les lois de la nature et de la raison... La loi doit être l'expression de la volonté générale ; toutes les citoyennes comme tous les citoyens doivent concourir personnellement ou par leurs représentants à sa formation. Elle doit être la même pour tous. Toutes les citoyennes et tous les citoyens étant égaux à ses yeux, doivent être également admissibles à toutes les dignités, places et emplois publics, selon leurs capacités et sans autres distinctions que celles de leurs vertus et de leurs talents...

La femme a le droit de monter à l'échafaud ; elle doit avoir également celui de monter à la tribune.

La femme concourt ainsi que l'homme à l'impôt public ; elle a le droit, comme lui, de demander compte à tout agent public de son administration, etc., etc.

On sait quelle vie misérable et quelle fin plus misérable encore eut cette malheureuse femme qui, au milieu de toutes ses folies, valait cent fois mieux que les Théroigne, les Lacombe et autres.

Plus raisonnable et non moins éloquente est la marquise de Fontenay qui écrit à la Convention : « Malheur sans doute aux femmes, qui, méconnaissant la belle destination à laquelle elles sont appelées, affecteraient pour s'affranchir de leurs devoirs, l'absurde ambition de s'approprier ceux des hommes et perdraient ainsi les vertus de leur sexe sans acquérir celles du vôtre ! Mais ne serait-ce pas aussi un malheur, si privées, au nom de la nature, de l'exercice de ces droits politiques d'où naissent et les résolutions fortes et les combinaisons sociales, elles se croyaient fondées à se regarder comme étrangères à ce qui doit en assurer le maintien et même à ce qui peut en préparer l'existence...

Vous leur permettrez sûrement d'espérer qu'elles occuperont une place dans l'instruction publique; car pourraient-elles se résoudre à croire qu'elles ne seraient comptées pour rien dans les soins particuliers que vous réservez à l'enfance !...

Mais ce que je viens aujourd'hui particulière-

ment réclamer en leur nom avec la plus forte
confiance, c'est l'honorable avantage d'être appelées toutes dans les asiles sacrés du malheur et
des souffrances pour y prodiguer leurs soins et
leurs plus douces consolations... Elles brigueront
toutes de s'élancer dans cette carrière pacifiée
par la liberté et le saint amour de la patrie !

Ordonnez donc, citoyens représentants, nos
cœurs vous en conjurent, ordonnez que toutes
les jeunes filles, avant de prendre un époux,
iront passer quelque temps dans les asiles de la
pauvreté et de la douleur, pour y secourir les
malheureux et s'y exercer, sous les lois d'un régime organisé par vous, à toutes les vertus que
la société a le droit d'attendre d'elles. »

Ce factum est fort long, nous en avons donné
les parties essentielles ; la marquise termine
ainsi : — Citoyens représentants, celle qui vous
adresse en ce moment l'hommage de ses pensées,
de ses plus intimes sentiments, est jeune, âgée
de vingt ans, elle est mère ; elle n'est plus épouse.
Toute son ambition, tout son bonheur serait
d'être une des premières à se livrer à ces douces,
à ces ravissantes fonctions.

La Convention fit un accueil flatteur à cette
adresse et la renvoya aux Comités d'instruction et
de salut public.

J'ignore si la marquise s'exerça à toutes les vertus que la société avait le droit d'attendre d'elle, mais ce que je sais, c'est qu'ayant divorcé, puis épousé Tallien auquel elle donna trois enfants pendant qu'il était en Égypte et — ses deux maris existants — divorçant de nouveau pour épouser le comte de Caraman, Notre-Dame de Thermidor fut plus célèbre par l'immodestie qu'elle mettait à montrer sa gorge et ses mollets jusqu'à en être huée par le peuple, que par la modestie derrière laquelle elle abritait soigneusement ses vertus républicaines.

D'autres femmes encore luttaient, cherchaient, la hollandaise Palm Aelder par ses discours et mistress Wolstonecraft par ses écrits.

Cette dernière, enthousiasmée par la lecture de l'ouvrage sur l'éducation nationale de l'ancien évêque d'Autun, Talleyrand, lui dédie un livre sur la *Défense des droits des femmes* qu'elle vient de publier en anglais. Si encore cela pouvait se chanter sur l'air à la mode :

> *Monseigneur l'évêque d'Autun*
> *N'est pas un prélat du commun...*

Mais hélas ! la pauvre miss bataille tout le temps contre Rousseau qu'elle accuse d'être trop sensible. Çà et là, cependant, quelques bonnes

vues ; elle se plaint de l'éducation des femmes
qui ne les prépare nullement à être patriotes et
par conséquent à pouvoir donner à leurs enfants
les vrais principes du patriotisme. Elle demande
qu'on laisse aux femmes assez de marge pour
qu'elles puissent développer leurs facultés, ren-
forcer leurs vertus ; « alors, dit-elle, vous déter-
minerez la place qu'elles doivent occuper » et elle
ajoute traîtreusement pour nous pousser à tâter
de la chose : — Peut-être, l'expérience prouverait-
elle qu'elles ne peuvent atteindre au même degré
de force d'esprit, de persévérance, de courage...

Seulement miss Wolstonecraft est moins heureuse quand elle s'efforce de prouver que la no-
tion reçue d'un caractère sexuel est subversive
de toute morale : la distinction sexuelle sur laquelle quelques hommes ont tant insisté, s'écrie-
t-elle, est purement arbitraire ; en traitant les
mœurs des femmes laissons de côté le sexe.

Pauvre innocente !

En résumé, une idée juste : si la femme n'est
point préparée par l'éducation à devenir la compagne de l'homme, elle deviendra un obstacle à
la marche du progrès.

Pendant ce temps-là, les clubs allaient leur
train ; il y avait la *Société fraternelle des Halles*,
les Amies de la Constitution, une *Société frater-*

nelle des deux sexes, que sais-je ? Olympe de Gouges et Théroigne avaient travaillé à leur organisation. Le plus excentrique était la *Société des femmes républicaines et révolutionnaires* que présidait Rose Lacombe coiffée du rouge éleuthère et dont faisaient partie Reine Audu et la femme Colombe, celle qui imprimait la feuille de Marat.

Cette Rose Lacombe (que Mercure, le dieu des reporters de nos jours, les préserve de viragos pareilles !) ne se laissait pas intimider facilement, si j'en crois cette lettre qu'elle écrivait à un rédacteur de la *Gazette de France* qui avait annoncé sa mise en accusation : — « Je vous ferai voir, citoyen rédacteur, que mes bras sont aussi libres que mon corps, car ils se font une fête de vous distribuer une volée de coups de canne, si, dans la feuille de demain, vous ne vous rétractez pas. Vous savez que je suis de parole. »

Heureusement que tous les clubs de femmes n'étaient pas montés à ce diapason et le *Club de la société fraternelle* dont faisait partie la citoyenne Boudroy (celle qui tenait les Bains Chinois) était beaucoup plus calme et pour cela, du reste, n'offrait rien de bien intéressant. Néanmoins, ils entretenaient une certaine agitation et

si ces dames fussent restées entre elles — à part
quelques affaires de cocardes arrachées, de chi-
gnons crépés — il n'y aurait pas eu grand mal;
mais elles s'échauffaient, descendaient dans la
rue et de là se répandaient dans les assemblées
où elles apportaient le désordre et le spectacle
indécent de leurs fureurs révolutionnaires.

« Il est temps, disait Chabot aux *Jacobins* à propos de Rose Lacombe, de s'exprimer en toute
franchise, au sujet de ces femmes révolutionnaires prétendues; je vais vous dévoiler les
intrigues qui les agitent, je suis sûr qu'elles vous
surprendront. »

« Depuis quand, s'écriait Anaxagoras Chaumette, est-il permis aux femmes d'abjurer leur
sexe, de se faire homme! depuis quand est-il d'u-
sage de voir les femmes abandonner les soins
pieux de leur ménage, le berceau de leurs enfants, pour venir sur la place publique dans la
tribune aux harangues?... La nature a dit à la
femme : sois femme! les soins dus à l'enfance,
les détails du ménage, les douces inquiétudes de
la maternité, voilà tes travaux. Et pour la récom-
penser, elle lui a donné le charme invincible de
la beauté, des grâces et de la vertu.

— Femmes imprudentes qui voulez devenir des
hommes, n'êtes-vous pas assez bien partagées?

que vous faut-il de plus? Vous dominez sur tous
nos sens, le législateur, le magistrat sont à vos
pieds ; votre despotisme est le seul que nos forces
ne puissent abattre, puisqu'il est celui de
l'amour...

Rappelez-vous ces femmes audacieuses, payées
par les puissances étrangères, qui pendant le
jugement des traîtres à la patrie, excitaient des
troubles funestes dans les marchés de Paris.
Rappelez-vous cette femme hautaine d'un époux
sot et perfide, la Roland, qui se crut propre à
gouverner la République et qui concourut à sa
perte. Rappelez-vous cette virago, femme-homme,
l'impudente Olympe de Gouges, qui, la première,
institua des Sociétés de femmes, voulut politiquer
et commit des crimes.

Nous voulons que les femmes soient respec-
tées, c'est pourquoi nous les forcerons à se res-
pecter elles-mêmes.

Autant nous vénérons la mère de famille qui
met son bonheur à élever, à soigner ses enfants,
à filer les habits de son mari et alléger ses
fatigues par l'accomplissement des devoirs domestiques, autant nous devons mépriser la femme
sans vergogne qui endosse la tunique virile et fait
le dégoûtant échange des charmes que lui donne
la nature contre une pique et un bonnet rouge.»

N'est-ce pas excellemment dit et ne sera-t-il pas pardonné quelques excentricités à ce bon Chaumette pour cette sortie si juste et vraiment si gauloise? Et malgré ce qu'on peut trouver d'excessif dans le passage relatif à Mme Roland, grave, sentencieuse, dogmatisant, légiférant et disant : *nous deux le ministre*, peut-on raisonnablement blâmer Chaumette de n'avoir pas voulu plus de la Roland que de l'Olympe de Gouges?

Belle affaire, disent ces dames ; Chaumette nous donne la grâce, la beauté, la vertu, la maternité... mais quand cela nous manque, que devient l'argument?

Eh mais, à part la beauté (et vous savez combien elle dure peu), le reste ne me semble pas impossible à se procurer ; le tout est d'y travailler sans autre préoccupation.

Moins vif, Amar s'opposait en pleine Convention à leur immixtion dans les affaires du gouvernement. « Sans doute, dit-il, il est nécessaire qu'elles s'instruisent elles-mêmes dans les principes de la liberté, pour la faire chérir à leurs enfants ; elles peuvent assister aux délibérations des sections, aux discussions des assemblées populaires ; mais, faites pour adoucir les mœurs de l'homme, doivent-elles prendre une part active à des discussions dont la chaleur est incompatible avec la douceur et la modération qui font le charme de leur sexe ? »

Un seul membre, le député Charlier, prit leur défense.

Mais nous l'avons dit plus haut, la douceur et la modération qu'elles apportaient dans ces assemblées, les firent exclure des tribunes de la Convention par une loi du 20 mai 1793 et une autre loi du 26 mai suivant leur défendit d'assister à aucune assemblée politique.

Il y avait aussi des clubs de femmes dans les grandes villes de province, mais ils ne paraissent pas avoir fait beaucoup de tapage ; à Lyon, par exemple, où l'on pouvait s'attendre à pis, le compte rendu de la séance du 30 décembre 1792 du Club des femmes va nous édifier à cet égard.

La citoyenne Charton ouvre la séance en la manière accoutumée. Le jeune citoyen Maître et la jeune citoyenne Charton, accompagnés de la musique et de la Société qui se joint au refrain, chantent la *Marseillaise*. L'arrivée des *trois corps administratifs* est annoncée au son de la musique ; ils prennent place à côté de la présidente qui se plaît à leur rappeler que leurs fonctions les obligent de s'occuper du bonheur de leurs compatriotes.

La citoyenne Charpine demande que l'évêque

Lamourette fasse un nouveau catéchisme où les enfants puissent apprendre à connaître la grandeur de l'Être suprême et les principes du vrai républicain.

La citoyenne Machezot adresse un discours aux magistrats du peuple ; elle leur promet, au nom de l'assemblée, à la fin de leurs fonctions, la récompense des vrais républicains, c'est-à-dire la gloire d'avoir bien mérité de la patrie. Puis, la jeune citoyenne Robin monte à la tribune et dit le chapitre 7 du *Contrat social* de Jean-Jacques, plus une prière patriotique. La jeune citoyenne Charpine lui succède et récite *la Déclaration des Droits de l'homme*, le catéchisme de la République, etc.

La séance se termine par une cueillette au profit d'une œuvre patriotique.

Rien de plus anodin, et on comprend que de pareilles séances ne pouvaient convenir aux Théroigne et aux Lacombe, ainsi qu'au personnel du bataillon coiffé que commandaient ces dames. Autant leur parler du fade Démoustier, l'*homme aimable*, qui pendant ce temps-là préparait paisiblement ses deux comédies : *les Femmes* et *le Divorce*.

De toutes ces femmes, l'histoire a retenu le nom des plus exaltées : Marie Goupil, Catherine

Théot, Reine Audu, Suzanne Labrousse, Madeleine Chabry, Aspasie Carlemigelli, Charlotte Corday, Cécile Renaud, c'est-à-dire l'exaltation dans le mysticisme, la frénésie dans la folie et la folie dans le crime. Je passe, n'ayant rien à en dire que tout le monde ne sache.

N'oublions pas cependant une bonne recrue désireuse d'entrer dans le rang, la comtesse de la Mothe-Valois qui, prudemment réfugiée à Londres, demande à l'Assemblée nationale le titre de citoyenne active : « Vous me rendrez au bonheur et au plaisir... en m'élevant au rang de citoyenne active dont je continuerai de me rendre digne tant qu'il me restera de la jeunesse et des appas. »

Elle manquait à la collection.

Reposons-nous un instant, avant de finir, sur une figure plus douce et plus sympathique, celle de Sophie Lapierre, qui fait penser à Louise Julien de 1848; compromise dans l'affaire Babeuf avec Marie-Louise Abdin veuve Mounard, Jeanne Ansiot femme Breton, Nicole Poynot femme Martin et Marie-Adélaïde Lambert qui, du reste, furent toutes acquittées, elle chantait à la fin de chaque séance, pendant la durée du procès, ces refrains que tous les accusés reprenaient ensemble et qui apportaient au peuple les principaux articles de foi de la secte des Égaux :

Un code infâme a trop longtemps
Asservi les hommes aux hommes :
Tombe le règne des brigands !
Sachons enfin où nous sommes.

Réveillez-vous à notre voix,
Et sortez de la nuit profonde,
Peuple ! ressaisissez vos droits :
Le soleil luit pour tout le monde.

Tu nous créas pour être égaux,
Nature, ô bienfaisante mère !
Pourquoi des biens et des travaux
L'inégalité meurtrière ?

Réveillez-vous, etc.

Pourquoi mille esclaves rampans
Autour de quatre à cinq despotes ?
Pourquoi des petits et des grands ?
Levez-vous, braves sans-culottes !

Réveillez-vous, etc.

Ou encore la chanson de Sylvain Maréchal :

. . . .

Certes un million d'opulens
Retient depuis assez longtemps,
Le peuple à la glandée ;
Nous ne voulons dans le faubourg
Ni des chouans du Luxembourg
Ni ceux de la Vendée.

Evoque l'ombre de Gracchus
Des Publicola, des Brutus !

Qu'ils te servent d'enceinte !
Tribun courageux, hâte-toi ;
Nous t'attendons : trace la loi
De l'égalité sainte.

Le tribun qui vint fut Bonaparte.

Sous le Directoire, les femmes s'émancipèrent
de la façon qu'on sait et pendant l'Empire firent
comme tout le monde, ne soufflèrent mot ; il y eut
bien encore quelques audacieux qui publièrent
des ouvrages sur les femmes, cinq ou six au plus ;
et, ma foi, je crois que ce fut tout.

CHAPITRE II

La Restauration. — Manifeste de l'*Emancipation des femmes*.
— Saint-Simon et Sophie de Champgra d. — Mme de
Bawr. — Racontars anacréontiques. — Sa nt-simoniens.
— *La Femme-messie* et *le Couple sacrdotal*. — Le Père En-
fantin. — Schisme. — Une cousine d'Enfantin. — Enterre-
ment de Bazard. — La retraite de Ménilmon ant. — Talabot,
l'ami des dames. — Mme Cécile Fournel. — Mot cruel de
Proudhon. — La comtesse d'Agoult.

Une certaine tendance de légitimité et comme
une componction de dynastie, dit un de leurs historiens, homme du temps, travaillèrent l'esprit
des femmes sous la Restauration. Cependant, ce
fut à cette époque qu'elles conçurent un plan
d'émancipation, dont le manifeste a paru, dit le
même historien, comme l'acte le plus tranchant,
la résolution la plus explicite et la révolte la plus
hardie qu'ait jamais formulés le beau sexe.

— « Chères concitoyennes, dit ce manifeste,
notre régénération sociale ne peut s'effectuer que
par la résistance active et passive. La résistance

active, c'est la presse... ; grâce au ciel, la discussion est libre dans notre patrie et nous pouvons exprimer notre opinion sans aucun danger pour nos personnes. Profitons-en, jetons dans la circulation des milliers d'ouvrages destinés à populariser la sainte cause de l'émancipation des femmes. Plaçons-nous à la tête des recueils et des publications périodiques destinés à mettre au grand jour l'injustice des hommes envers notre sexe... Ne laissons échapper aucune circonstance et n'oublions pas que cette cause généreuse ne peut être une œuvre isolée, qu'elle réclame la combinaison de nos efforts, une grande abnégation de soi-même, le concours des esprits éclairés et qu'enfin elle exige aussi une portion considérable de ces fortunes splendides que quelques-unes d'entre nous sacrifient à des vanités frivoles.

« Quant à la résistance passive, il est un principe sanctionné par les philosophes de tous les pays, c'est que, dans un état légalement constitué, ceux-là qui n'y sont pas représentés ne sont pas tenus de contribuer à ses charges. Eh bien, non seulement les femmes ne jouissent d'aucuns des privilèges accordés à l'autre sexe, mais leur existence est nulle dans l'État ; pourquoi donc subviendraient-elles à ses charges ?... etc.

Il y avait à cette époque quelques journaux

rédigés par des femmes, journaux qui ne vivaient
pas longtemps, il est vrai : *la Tribune des femmes,
le Conseiller des femmes, la Gazette des femmes*,
dont la directrice présente aux Chambres une
pétition pour réformer l'article 5 de la loi du
18 juillet 1825, qui interdit aux femmes d'être
gérantes d'un journal.

Mais Saint-Simon leur apportait mieux que
cela. Au contraire de l'antiquité qui en avait fait
des esclaves, et du christianisme qui s'était borné
à les protéger, le Saint-Simonisme les faisait
libres et indépendantes ; — nous allons voir comment.

Saint-Simon avait épousé une fille naturelle
du marquis Goury de Champgrand et de Virginie
Vian, actrice de l'Opéra, jeune veuve pleurant encore la mort de son mari, qu'elle avait
épousé pendant la Terreur et qui était mort sur
l'échafaud. Elle avait treize ans de moins que
Saint-Simon, qui l'associait à son sort parce
qu'elle était l'orpheline pauvre d'un de ses amis,
et surtout parce qu'elle avait de belles connais-
sances qu'il comptait faire servir à ses expéri-
mentations.

Ses expériences durèrent un an, pendant lequel
Saint-Simon reçut dans son appartement de la
rue Vivienne tout ce que Paris comptait d'illustre

dans les arts et dans les sciences. Dîners et soirées libres se succédaient sans interruption; je
dis *libres*, car il s'y ajoutait sur le tard des scènes
d'épanchements amoureux où quelques invités,
dit-on, obéissant aux lois de la nature, se lais-
saient aller à des transports anacréontiques que
du fond de son fauteuil, calme, impassible, ne
prenant même point part à la conversation, Saint-
Simon regardait paisiblement, prenant bonne
note du tout et se préparant à transformer le
genre humain.

Et pendant que nous sommes aux racontars,
passez-moi celui-ci, qui est un peu épicé, mais
dont l'authenticité est niable après tout. Cependant cela se racontait. Persuadé que les enfants
ressemblaient à leur père au moral comme au
physique, et désolé de n'en pas avoir, Saint-
Simon, fidèle à sa méthode expérimentale, voulut que sa femme s'unît à un homme de génie et
choisit pour cela un mathématicien illustre; tous
deux se rendirent à ses désirs; mais il paraît que
le résultat de cette rencontre fut un fils qui ne
répondit en rien à l'attente du philosophe.

De sa fortune et de sa femme, il ne resta bientôt plus que la dernière, dont il s'empressa de se
débarrasser malgré l'affection et l'estime que lui
imposaient sa personne et son caractère... (« Je

donnai congé à mon appartement et à ma femme,
j'avais dépensé cent mille écus »). Il lui déclara
tendrement que les idées étroites dans lesquelles
elle avait été élevée l'empêchaient de pouvoir
s'élancer avec lui au-dessus de toutes les lignes
connues, le premier homme du monde ne devant
avoir que la première femme, etc. Il pleura même
tellement le jour où le divorce fut prononcé, que
l'officier de l'état civil crut un instant que c'était
madame et non monsieur qui réclamait le divorce.

Madame n'en fut pas autrement fâchée, car
depuis longtemps elle redoutait des accès de folie
plus dangereux que celui-là.

Cette méprise de l'officier de l'état civil me
rappelle qu'à son troisième mariage — Sophie
Goury de Champgrand épousait alors M. de
Bawr, un des plus beaux hommes de son temps,
et qui avait dix ans de moins qu'elle — l'officier
ministériel la prit pour la mère du fiancé ; mais
Sophie était une brave femme et avait de l'esprit, elle se mit à rire et, se tournant vers
M. de Bawr : « Voyez, réfléchissez, dit-elle, il en
est temps encore. » Celui-ci ne répondit qu'en
lui baisant la main.

Revenons à notre philosophe. Devenu libre,
Saint-Simon alla s'offrir à Mme de Staël, lui don-

nant à entendre que deux personnages aussi extraordinaires qu'eux-mêmes pourraient *réaliser*
un enfant plus extraordinaire encore.

Vous voyez d'ici Mme de Staël; elle qui, parlant
du mariage, avait dit froidement : il est heureux, dans la route de la vie, d'avoir inventé des
circonstances qui, sans le secours même du sentiment, confondent deux égoïsmes au lieu de les
opposer. Elle rit et tourna le dos au philosophe
qui borna là, je crois, ses expériences sur ce sujet et vécut depuis avec Julie — sa gouvernante
— bonne femme fraîche et replète, à l'abord franc
et joyeux, d'une physionomie gracieuse et peu
commune, qui entretenait son linge, brossait ses
habits, écrivait sous sa dictée et faisait la cuisine.

C'est cette personne que Saint-Simon, la veille
de sa tentative de suicide, recommande à M. Ter-
naux : « J'emporte un grand chagrin, c'est celui
de laisser la femme qui était avec moi dans une
situation affreuse... Je vous conjure, avec toute
l'instance possible, de lui accorder votre protection. Ce n'est point une domestique, c'est une
ouvrière qui a beaucoup d'intelligence et une délicatesse qui la rend susceptible d'occuper tout
emploi de confiance. »

A la mort de Saint-Simon, ses disciples se partagèrent l'apostolat : Bazard devint chef du dogme, Rodrigues chef du culte et Enfantin chef de la religion. Ce dernier avait dit après le maître: — « L'homme et la femme, voilà l'individu social ; mais la femme est encore esclave, nous devons l'affranchir. Avant de passer à l'état d'égalité avec l'homme, elle doit avoir sa liberté. Nous devons donc réaliser, pour les femmes saint-simoniennes, cet état de liberté en détruisant la hiérarchie jusqu'ici constituée pour elles aussi bien que pour les hommes, et en les faisant rentrer toutes dans la loi de l'égalité entre elles.

Il n'y a plus de femmes dans les degrés de la hiérarchie. Notre apostolat, qui est l'appel de la femme, est un apostolat d'hommes. L'homme aujourd'hui peut être classé, parce qu'il a depuis longtemps sa liberté complète à l'égard de la femme; mais la femme ne pourra être classée que lorsqu'elle sera relevée. *(Il montre un fauteuil vide qui est à côté de lui.)* Voilà le symbole de cet appel, ce sera le seul qui manifestera l'appel de la femme aux yeux de tous. La femme manque à la doctrine, elle ne s'y est pas révélée, elle est encore à l'état d'esclavage, elle va entrer à l'état d'égalité confuse; elle doit en sortir, nous l'attendons; il faut qu'elle parle, elle parlera, puisqu'elle est appelée.

Ma parole est celle de l'homme précurseur de la femme, Messie de son sexe qui doit le sauver de l'esclavage qui est la prostitution, comme le Christ a sauvé l'homme d'un autre esclavage, j'ai à préparer l'affranchissement des femmes par les femmes. »

Ainsi parlait le Père Enfantin.

C'est cette femme-Messie qui, conjointement avec l'homme, devait composer le *prêtre*, c'est-à-dire le couple sacerdotal dépositaire des pouvoirs de la société et dont le rôle, dans l'avenir, consistait à diriger, humaniser les appétits, facilitant l'union des êtres à *affections profondes*, c'est-à-dire ceux qui aiment uniquement la même personne, avec les êtres à *affections vives*, c'est-à-dire ceux qui préfèrent le changement et la variété. Cet heureux couple sacerdotal (le prêtre est beau, gracieux, élégant, plein d'ardeur et de gaieté, disait la doctrine, — je le crois parbleu bien !) avait aussi la mission délicate de modérer les appétits déréglés ou de réchauffer les sens engourdis.

Joli métier, comme dit Proudhon.

Ces doctrines ne passèrent pas sans soulever de vives protestations; Mme Cécile Fournel, fille de M. Larrieu, conseiller à la cour de Paris, et femme de M. Fournel du Creuzot, se leva et s'écria: « — Je repousse la théorie qu'on a commencé à nous exposer sous une enveloppe très épaisse, quoi qu'on en dise ; je la repousse, et, en la repoussant, je repousse celui qui la profère, qui veut la répandre, persuadé qu'elle est morale alors qu'elle ne l'est pas. Je dis que toutes les femmes qui m'entendent, qui me connaissent, doivent savoir que pour avoir repoussé cette théorie depuis cinq mois qu'elle a été produite au *collège*, il faut que j'aie bien senti qu'il y avait en elle quelque chose de bien profondément immoral, et j'espère faire partager mes craintes, faire connaître le danger qu'elles courent aux femmes sur lesquelles j'avais encore quelque influence. »

Son mari, M. Fournel, et plusieurs dames, Marie Talon entre autres, se levèrent et applaudirent... — Depuis, tous deux revinrent à Enfantin, ce qui blessa profondément Bazard.

Enfantin se défendait mal. « Vous démoralisez les ouvriers, disait Jean Raynaud, en ne leur parlant jamais que d'argent... Vous démoralisez les femmes en affranchissant leurs passions au lieu de leur âme. »

On se sépara plein d'agitation. Bazard pensait

que le mariage devait être fondé sur l'amour, mais sur l'amour exclusif et perpétuel ; Olinde Rodrigues même n'allait pas plus loin que le divorce ; quant à Charton, Raynaud, Lechevalier, Guéroult, Bazard..., ils partaient pour ne plus revenir.

Une cousine d'Enfantin, Thérèse Hugues, lui écrivit à ce sujet une lettre trop charmante et trop sensée pour que je n'en donne pas ici les principaux passages.

. . . .

... Le bruit général de la chute du Saint-Simonisme était bien venu jusqu'à nous, comme tu le présumes ; il nous affligeait à cause de toi et du chagrin que cela te donnerait, mais pas autrement, ne sentant pas comme toi la possibilité de vous voir arriver à l'amélioration que vous désirez ; mais ce qui m'a fait un vif chagrin, c'est tout ce que j'ai entendu dire et lu sur vos idées sur la *femme*. Au commencement, je soutenais que c'étaient des calomnies, que tu étais incapable de professer de semblables infamies (et tes amis par conséquent), mais j'avais fini par ne plus oser prendre ta défense, ayant lu dans *le Globe* même des choses aussi étranges.

M. Holstein, à qui j'ai parlé de cela, m'a sinon expliqué tes idées, du moins assuré que ce n'était point absolument ce que j'ai cru ; il va jusqu'à prétendre que *je n'ai pu lire* ce que j'ai lu ; mais enfin, il m'a rendu la confiance dans vos bonnes intentions. Qu'on se trompe, qu'on se fasse illusion, je le comprends mieux que personne, mais qu'on érige en principe de morale des choses révoltantes, je ne pouvais te le pardonner. Je t'ai trop aimé, je t'aime trop encore, mon cher Prosper, pour que tout ce qui te concerne ne me touche pas vivement...

Dans la lettre affectueuse que tu viens de nous écrire, tu parles du temps où nous avons entouré tes jeunes années d'affection, et tu prétends que c'est en partie à cela que tu dois ta bonté et ta vie aimante ; il me semble au contraire que nous t'avons aimé parce que nous avons vu ces qualités chez toi ; cependant si tu crois nous devoir quelque chose, tant mieux. Je te répète qu'il y a dans votre doctrine bien des choses que j'estime, que j'aimerais ; mais vos histoires sur la femme, le secret de la maternité dont tu parles, son sacerdoce futur, son élévation qui me semble contre nature, contre ses goûts et sa destination, tout cela me déplaît prodigieusement et me paraît le fruit d'une imagination ardente de jeune homme qui aime les femmes et croit, avec tous ces changements, les rendre plus heureuses. Il est possible que quelques femmes *fortes et supérieures* voient avec plaisir ces nouveautés ; mais, ou je me trompe bien, ou la plupart perdraient à ce changement total de leur position, qui peut être *très heureuse* si elles ont le bonheur de rencontrer des hommes bons et raisonnables dans ceux qui doivent *les diriger et les protéger* par leur force morale et physique. Les femmes-hommes m'ont toujours beaucoup déplu ; je ne comprends que les femmes bonnes, aimantes, reconnaissantes, mais faibles ; cela peut me rendre injuste pour les autres. Ton père vient de me lire une lettre de toi à M. Morin, qui est tout ce que j'ai vu de plus clair, de

plus sage de toute votre doctrine. J'ai eu un vrai plaisir
à l'entendre; je suis contente quand je puis te comprendre et t'approuver, voir en toi des idées si généreuses, si grandes sur l'amélioration du genre humain.
Quand je te vois comme cela, je jouis autant que je
souffre lorsque j'entends parler d'autre manière sur des
sujets scabreux. . . . .

Il est évident qu'il y a dans cette lettre plus de
choses raisonnables que dans tout le mysticisme
voluptueux et charlatanesque du cher cousin qui
écrivait à M. d'Eichtal : « Il me manque, pour
parler de la femme, la femme elle-même. Or,
c'est parce que la femme me manque que je
l'appelle si fort, même au milieu de vous tous
hommes... A toi maintenant de me donner une
fille qui m'aide à trouver une *femme* et *qui
m'aime comme tu m'aimes.* »

Quant à Bazard, qui valait mieux que lui, « atteint à la fois dans ses idées et dans le sanctuaire
de ses affections, » il avait été frappé à mort à la
suite de la fameuse confession générale où il ap-
prit de sa femme elle-même que, malgré toute la
sympathie et toute l'estime qu'elle avait pour lui,
elle ne l'avait jamais vu s'approcher d'elle sans
ressentir une répugnance instinctive. C'est Her-
cule enchaîné, avait dit quelqu'un en le voyant
foudroyé par l'apoplexie.

Lorsqu'il mourut à Courtry près Montfermeil,

le Père et quelques disciples décidèrent qu'ils iraient à son enterrement, et ils n'étaient plus qu'à un kilomètre quand Jules Lechevalier accourut leur dire que Claire (Mme Bazard) et ceux qui l'entouraient s'opposaient de tout leur pouvoir à ce qu'ils vinssent au convoi.

— Est-ce le désir formel de Claire, ou bien ton opinion personnelle? demanda le Père qui rarement perdait la carte.

— Je vous le répète, répondit Lechevalier, c'est le désir de Claire; pour moi, je crois que votre place n'est pas là.

— Enfants, retournons, dit le Père à ses disciples, je veux encore donner cette preuve de respect pour la liberté de la femme.

Bazard, l'honnêteté, la droiture même! contre lequel cependant j'ai trouvé, dans une comédie intitulée : *Le Saint-Simonisme*, imprimée chez C. Cornède, de Cahors, et signée : C. C., licencié en droit, l'infamie suivante :

CAVALIER

Le seigneur Roustignac est un imbécile; mais je savais qu'il était avare et de plus très peureux. Nous avons conduit ledit sieur de Roustignac chez le marchand de vin qui est au coin de la rue Saint-Honoré. Nous l'avons fait boire. La femme de Bazard est venue ensuite. Nous les avons laissés ensemble dans un de ces salons qu'on appelle cabinets de société, et, quand le bonhomme était déjà en train, voilà que Bazard est venu, le pistolet à la main, la menace à la bouche, forcer le seigneur Rouslignac à payer cher sa tentative d'adultère.

On a beau ne point aimer le Saint-Simonisme et vouloir lutter contre son envahissement, se servir de pareilles armes, c'est se déshonorer — simplement.

Plus tard, Mme Bazard épousa M. de Saint-Chéron, l'auteur de la *Politique de Satan au* XIXe *siècle, rapport confidentiel adressé au diable sur les hommes, les institutions et les œuvres du catholicisme*, l'homme de la correspondance dite *Correspondance Saint-Chéron*.

Si j'en crois la chronique du temps, ils ne se contentèrent pas de la consécration saint-simonienne et firent toutes diligences pour que leur union fût légitimée non seulement devant l'officier de l'état civil, mais encore devant l'Église catholique.

C'est Mme Bazard qui écrivait plus tard à Pauline Rolland : — Je cherche vraiment la vérité ; je crois et fermement qu'elle est avec le père Bazard, mais je ne dis anathème sur personne au monde ; mon ancienne devise m'est toujours sa-

crée. Tous appelés, tous élus. Il faut pleurer sur
l'erreur et non la maudire.

Tout cela n'empêchait pas Barrault, celui que
Cécile Fournel appelait l'homme le plus incom-
plet sans la femme, de se mettre à la recherche
de la femme-Messie que Duveyrier déclarait
pouvoir trouver même dans la prostitution.
Ce diable de Duveyrier avait l'image crous-
tilleuse, et j'ai retenu sa définition du mariage : *Divin banquet, augmentant de magni-
ficence en raison du nombre et du choix des
convives.*

De temps en temps, un incident tragique atti-
rait plus vivement sur eux l'attention publique.
A Cahors, un particulier qui venait d'assassiner
sa maîtresse — Pauline Edissac — à coups de
couteau, se frappait lui-même, assez légèrement
paraît-il, et disait à la foule qui était accourue :
— Et moi aussi j'expire; le couteau qui a ouvert
les entrailles de Pauline a également percé mon
sein. Nous avons voulu nous détruire. O vous,
qui m'environnez, allez trouver mon père, dites-
lui de remplir les engagements que j'ai consentis
en faveur de quelques personnes... Sachez que je
professais les doctrines saint-simoniennes et que
je meurs républicain.

Un autre individu nommé Curton, employé de

la poste aux lettres de Narbonne, se suicide après avoir tué sa maîtresse d'un coup de pistolet. On trouva dans ses papiers ces agréables pensées : Jouir et puis mourir! Quel bonheur d'entraîner une femme qu'on aime, de la soumettre de gré ou de force à sa volonté et de la frapper au moment même où l'ivresse de son âme lui fait oublier l'univers!

Plus loin, il écrit à quelqu'un : — Cher ami, c'est le moment d'ouvrir une école ; ma mort vous servira.

Le peuple qui ne voit pas si loin, mais qui voit plus juste, voulait, dans son indignation, traîner à travers les rues le cadavre de ce misérable imbécile ; ce fut à grand'peine qu'on parvint à le lui arracher pour l'enterrer, mais il le lapida dans sa tombe.

Il n'en fallait pas davantage aux journaux ennemis de la doctrine, pour rejeter sur le Saint-Simonisme, la folie homicide de ces deux individus ; à quoi les apôtres répondaient : —Ces gens-là n'appartenaient pas à la hiérarchie saint-simonienne, mais ils propageaient comme tant d'autres personnes qui nous sont souvent inconnues, quelques-unes de nos opinions éparses et mal comprises, ainsi que l'a trop prouvé leur horrible frénésie. Et qui donc peut imaginer que nos théories aboutissent dans leur réalisation au suicide, au viol et à l'assassinat ?...

On connaît la retraite à Ménilmontant ; la prise d'habit eut lieu pendant l'insurrection de Saint-Merry ; là, ils vivaient en célibataires pour montrer que leurs idées sur le mariage et sur l'émancipation des femmes n'étaient point le résultat d'un calcul épicurien. Aux cérémonies ouvertes, les femmes qui y assistaient, d'abord vêtues de blanc avec l'écharpe violette, portèrent ensuite la robe bleue plus en harmonie avec le costume des hommes.

C'est à l'enterrement de Talabot qui mourut du choléra, enterrement complètement saint-simonien, que Barrault rappela que dans les premières années de sa jeunesse, Talabot s'était fait remarquer par une grande passion pour les femmes, ce qui fit sourire certains assistants non saint-simoniens.

— Pauvres femmes ! s'écria Barrault, je parle d'un homme qui vous rendait un culte et l'on rit ! Ah ! sans doute, les temps sont passés où l'homme vous entourait d'un hommage chevaleresque et les temps ne sont pas encore arrivés, où il pourra sans vous dégrader et sans se dégrader lui-même, témoigner de votre puissance.

Le 27 août 1832, eut lieu le procès des saint-

simoniens ; tous descendirent de Ménilmontant
en costume et traversèrent tête haute, les bras
croisés sur la poitrine, une foule considérable
plus curieuse qu'hostile et qu'égayait un peu le
costume des apôtres, — costume dessiné par
Raymond Bonheur, le père de Rosa Bonheur.

On sait que le Père demanda que ses deux conseils fussent entendus, ce à quoi s'opposa vivement le président dès qu'il vit s'avancer mesdames Cécile Fournel et Aglaé Saint-Hilaire,
et l'avocat général s'étant servi comme d'une
arme contre le Saint-Simonisme de la protestation
de Cécile Fournel que nous avons donnée plus
haut, celle-ci se leva précipitamment et demanda
la parole qu'on lui refusa. C'est alors qu'elle
s'écria : — Mieux éclairée, j'ai reconnu la moralité
de ces doctrines...

Le président ne la laissa pas achever et la me-
naça même brutalement de la faire mettre à la
porte.

Aussi le lendemain lui écrivait-elle :

Pendant les débats d'un procès qui a trop prouvé jusqu'ici que les hommes qui en sont l'objet ne peuvent
encore être compris, M. l'avocat général n'a pas craint
de prononcer mon nom, de citer des paroles sorties de
ma bouche à une autre époque, et de les commenter en
termes pompeux, sans qu'il m'ait été permis d'expliquer

et mes paroles d'alors et ma conduite d'aujourd'hui.
Menacée d'être *jetée à la porte* si je parlais, j'ai dû me
taire devant cette formule un peu brutale de la justice,
mais maintenant que hors de son temple, je puis espérer
me faire écouter, je viens d'abord, M. le Président, vous
remercier d'avoir, par ce fait, constaté aux yeux de tous
l'exploitation de la femme et du faible, que les apôtres
de la foi nouvelle ont pour mission de faire cesser. Tout
ce qu'une femme même aurait pu dire n'aurait jamais
remplacé cet enseignement vivant que vous avez bien
voulu donner, et je le répète, je vous en rends grâce...
Il est bien vrai, M. le Président, qu'il y a dix mois je
protestais contre cet homme grand envers tous qu'aujourd'hui j'ai senti tant de bonheur à suivre devant ceux
qui s'appelaient ses juges. M. l'avocat général a dit *qu'a-
veuglée*, fascinée depuis j'étais revenue dans le sein de
la famille saint-simonienne; en changeant de termes,
rien n'est plus exact; oui, je suis revenue plus dévouée,
plus remplie de foi que jamais; non point aveuglée, mais
éclairée, rassurée sur toutes mes craintes, par la pureté, l'austère et sainte sévérité qui a marqué chacun des actes de ces hommes qu'on accuse d'immoralité; j'y suis revenue édifiée, touchée de cette religiosité qui leur fait accepter tous les sacrifices pour eux-
mêmes, afin que dans l'avenir il n'y ait plus de victimes
parmi les hommes, afin que la femme appelée par eux
à l'égalité puisse prendre sa véritable place que Dieu a
marquée à côté de l'homme et non à cette distance que
le règne de la force justifiait qui nous semble sainte
dans le passé, mais qui devient impie aujourd'hui...
Voilà ce que j'aurais dit à la cour, aux jurés si on ne
m'eût menacée d'une violence contre laquelle je ne pou-

vais lutter, afin que les paroles d'une femme pure, heureuse par le mariage et la maternité, qui n'a pas, l'avocat
général l'a reconnu lui-même, rompu tous ses liens,
mais qui au contraire les a resserrés tous par le sentiment religieux qu'elle a puisé dans la foi nouvelle, viennent rendre témoignage de la haute moralité d'hommes
qu'un jury a pu condamner, mais que la postérité glorifiera.

Et c'est pour cela qu'elle les publie.

Après la lecture du jugement, quelques femmes
murmurèrent et voulurent faire escorte aux saint-
simoniens, mais le Père les pria de rester en paix
et en repos.

Le Saint-Simonisme était mort ; cette question
de la femme l'avait tué. Dans la célèbre séance
de la *scission*, Jean Raynaud avait appliqué au
Père Enfantin le mot de la Bible à Satan : — La
femme se retournera contre toi et t'écrasera la
tête. Mme Fournel se trompait dans son honnêteté et dans son exaltation : non, la postérité ne
glorifiera pas les saint-simoniens de leur conception de la femme-Messie, et le mot de Proudhon,
pourriture saint-simonienne qui a pu paraître
exagéré à quelques-uns, n'a rien de bien excessif
pour qui connaît les dessous de cette question.
Si l'on descendait de la doctrine aux faits, — à
part quelques-uns qui ont tourné au tragique —
ces faits, dégagés de la prose mystique des bons

apôtres, ne sont guère propres qu'à réveiller la
fin d'un souper de garçons.

Une femme de talent et de sens plus juste que
beaucoup de son sexe, Daniel Stern, nous a montré ces malheureuses tombées dans le Saint-Simonisme sans bien comprendre le sens mystérieux
de certaines formules, le cerveau troublé par des
cérémonies où le magnétisme jouait le rôle prin-
cipal, toujours en lutte avec leur raison et la
délicatesse de leurs instincts, et elle termine
ainsi : — Beaucoup d'entre elles après des combats
intérieurs douloureux, rentrèrent dans le sein de
l'Église catholique ; d'autres plus faibles ou plus
intrépides se donnèrent la mort.

CHAPITRE III

Un bouquet de femmes-libres. — Théories et éléments d'é-
mancipation. — Petites fêtes saint-simoniennes. — *Les
Compagnons de la femme.* — Une mission évangélique :
impressions de voyage. — La recherche de la femme. —
Critiques et satires. — *Les danseurs de corde.* — Deuxième
bouquet de femmes-libres. — Un mariage saint-simonien.
— *La Dame au voile bleu.*

La prédication des saint-simoniens avait réveillé toutes les vieilles idées d'émancipation et
d'affranchissement, et créé un mouvement qui
survécut au Saint-Simonisme ; pendant qu'ils allaient au loin, cherchant la femme et ne trouvant
que le capital avec lequel du reste ils s'empres-
saient de se réconcilier, celle-ci, sous le nom de
femme-libre, réclamait hautement ses droits politiques et sociaux de façon à nous faire supposer
qu'en fait d'émancipation, elle en avait déjà —
comme on dit — plus que son comptant.

Autour de Marie Reine et de Jeanne Désirée

3.

qui avaient fondé un journal, ou plutôt une petite
revue : *la Femme-libre*, dont le titre avait effa-
rouché quelques-unes et qui s'appela *la Femme
nouvelle* puis enfin *la Tribune des femmes*, étaient
venues se grouper Françoise Rosalie, Suzanne
Voilquin, une des plus intéressantes et dont nous
parlerons tout à l'heure, Joséphine Félicité,
Christine Sophie, Caroline Valchère, Adèle de
Saint-Amand née Doublet, Jenny Durant qui
signalait avec indignation une certaine miss
Wrigh, disciple d'Owen, qui, après avoir prêché
contre le mariage en Angleterre et en Amérique,
habitait tranquillement la France, *mariée, femme
soumise à son mari et infidèle à sa cause*, Louise
Dauriat qui prêchait la gymnastique amorosienne,
— elle avait publié deux romans, *Charles de Valence* et *Éléonore de Beauval ou le Crime d'un
ambitieux*; puis avait fait au Ranelagh un cours
public du droit social des femmes que fit fermer
le préfet de police Franchet ; Amanda, Gertrude,
Marie G., Armantine M!., Angeline Pienot institutrice, Marie Talon, Caroline Béranger : prolétaire au cœur large qui fit une souscription pour
payer la dette du Père, etc., etc.

Malgré l'intérêt que pourraient fournir certains
noms, nous en resterons, comme elles, aux prénoms, estimant convenable de ne donner à la

publicité que ce qu'elles-mêmes avaient jugé à propos de lui livrer. Cela suffit amplement pour atteindre le but que nous nous sommes proposé.

« Nous voulons le mariage selon l'égalité, s'é- criait Jeanne Victoire, plutôt le célibat que l'es- clavage, et elle faisait appel aux femmes, les priant de venir calmer l'ardeur belliqueuse des jeunes hommes : ils ne voient de grandeur et de gloire que le casque en tête et la lance à la main. Nous leur dirons qu'il ne s'agit plus de détruire, mais qu'il s'agit d'édifier. Pour nous, l'esprit est saint et la chair aussi : pour nous l'ascétisme chrétien est complètement ridicule s'il n'est impie, car nous ne pouvons penser que Dieu ait voulu la destruction de son propre ouvrage. »

Pleine de mansuétude et de pardon, Jeanne Désirée ajoute : « Gloire aussi aux femmes qui, suivant l'instinct de liberté qui était en elles, ont aplani la route de notre émancipation. Quels que soient les désordres où leur faiblesse a pu les entraîner, se fussent-elles plongées dans la fange, leur nom un jour sera béni. Elle déclare ensuite que les femmes libres n'enfreindront pas pour leur vie intime l'ancienne loi morale, qu'elles la pratiqueront jusqu'au moment où une loi nouvelle, moins exclusive, viendra la rem- placer, mais qu'en attendant elles ne se soumettront plus aux formes extérieures que leur imposaient les convenances.

Ces dames se déclarent saint-simoniennes ; plus tard cela ne leur suffira plus. Pour l'instant, il y a dans leur affaire un grand fond de religiosité : la femme nouvelle doit être religieuse et morale ; venez, dit-elle à ses compagnes, car Dieu est là où s'accomplit une œuvre sociale.

Jeanne Désirée proteste de toutes les forces de son âme contre l'imputation faite aux apôtres de vouloir le droit du seigneur et la communauté des femmes, eux qui, pénétrés de douleur en voyant le désordre qui règne dans les relations de l'homme avec la femme, avaient entrepris simplement d'apporter dans ces relations : ordre, franchise et liberté.

Aussi, à l'anniversaire de la naissance du Père, les saint-simoniens, hommes et femmes, suivis d'une foule considérable, firent deux fois le tour de la prison de Sainte-Pélagie en chantant des couplets en l'honneur du Père, LE LIBÉRATEUR DES FEMMES, LE VÉRITABLE APOTRE DE L'ÉGALITÉ SOCIALE. Malheureusement le Père était *bouclé ;* son cœur sans doute a joui de cet hommage, mais aucun signe extérieur n'a pu faire savoir à ses fils et à ses filles que cette démarche lui fût connue. Le soir il y eut banquet ; Mme Suzanne

Voilquin y chanta la chanson des *Fous* de Béranger :

> *Si demain oubliant d'éclore,*
> *Le jour manquait, eh bien! demain*
> *Quelque fou trouverait encore*
> *Un flambeau pour le genre humain.*

Un jeune poète saint-simonien a également
récité un appel aux femmes dont voici la quatrième strophe :

> *Retiens les bonds de ton coursier fougueux,*
> *Noble soldat, et redresse ta lance!*
> *Cessez vos cris, vos transports belliqueux,*
> *Libre, en vos rangs une femme s'avance.*

Elle va les changer en travailleurs; etc. Ces
dames sont si contentes que d'un mouvement
spontané, elles décident d'offrir au poétereau une
écharpe sur laquelle on brodera : *Donnée par les
femmes.*

Redresse ta lance est une image hardie qui valait bien une écharpe.

L'année suivante, pour la même cause, un
grand nombre de femmes prolétaires donnèrent
une fête dans la galerie de Ménilmontant; il
y eut des vers de récités, comme bien vous
pensez, et certaine pièce dont voici les derniers
vers :

Une femme timide et qui n'a que son âme,
Pour aimer, pour prier, pour adoucir les maux
Regarde et se consume à la céleste flamme
    Qui jaillit des yeux du héros.

donna lieu à un petit incident assez amusant. La Revue qui rendit compte de la fête parla de ces vers avec éloge, pensant naturellement qu'il était fait allusion au Père ; mais cela ne fit pas du tout l'affaire de l'auteur, une madame F. d'Azur qui se rebiffa net, déclarant qu'elle ne considérait pas le Père comme un Dieu, mais restant toutefois prudemment dans le vague quant au héros.

« Au bruit des verrous, fermés sur LE PÈRE, l'Occident était resté muet, aucune voix de femme ne s'était fait entendre ; l'appel à LA MÈRE retentissait faiblement au milieu des brumes épaisses de nos campagnes. »

La famille de Ménilmontant s'était retirée à Lyon, donnant publiquement l'exemple du travail. Barrault sentant vivement en lui la vie de LA MÈRE et ne voulant plus porter le nom d'un homme seul, déposa celui de Saint-Simon, fonda le *Compagnonnage de la femme* et demanda au Père la permission d'aller en Orient. Sa lettre croisa une missive d'Enfantin qui lui enjoignait de se rendre à Constantinople (...... *le départ pour l'Orient est le plus grand acte de foi qui ait été fait.....)* — il n'y a que les apôtres pour se rencontrer ainsi.

Mais Barrault avant de partir envoya une mission dans le Midi pour préparer les cœurs à la venue de LA MÈRE. Racontons-en fidèlement l'odyssée héroïque et burlesque.

Le 5 mars 1833 *les Compagnons de la femme,* MM. Hoart, Rogé, Lamy, Machereau, Janin, Arnaud, Mongin, Reboul et Desloges, chargés de cette mission, partirent en saluant le soleil levant « symbole de la FEMME-MESSIE qui doit répandre des torrents d'amour sur le monde. » Ils ramaient eux-mêmes, et du rivage Barrault leur criait : A LA MÈRE ! A LA MÈRE ! et ils répondaient A LA MÈRE sans penser à mal, ni à calembour ; puis, chantant le *Compagnonnage de la femme,* ils se dirigeaient à travers les populations qui de la rive les regardaient curieusement et les écoutaient en silence, pendant qu'ils communiaient avec elles par leurs chants.

A Valence, ils sont accueillis avec une vive curiosité et, après leur dîner, se rendent dans le plus grand café de la ville où ils entonnent leurs hymnes pacifiques ; mais un homme se lève et fait entendre à son tour des chants de *guerre* et de *cynisme;* de plus, il accompagne le nom de la femme d'épithètes outrageantes. Ce misérable est conspué et couvert de confusion par deux *com-pagnons* qui sont applaudis de tous ; cependant, malgré la vive sympathie qu'on leur témoigne, ces messieurs, ayant appris qu'avant leur arrivée des scènes fâcheuses avaient été provoquées contre quelques-uns de leurs compagnons et ne voulant pas que leur présence fût le prétexte de nouveaux désordres, croient prudent de quitter la ville.

A Nîmes, où ils arrivent en chantant :

> *Partis, c'est l'heure de la trêve :*
> *La Femme paraît dans vos camps*
> *Ah! loin de vous, loin de vous votre glaive :*
> *Embrassez-vous, fiers combattants !*

la police les invite à se taire ; silencieux et calmes, nos braves compagnons continuent d'avancer « au milieu d'une foule grondant comme la mer, qui prélude à l'orage. »

En effet, le lendemain pendant qu'ils dînent, ou mieux qu'ils communient avec quelques ouvriers qui les avaient invités, une foule irritée et bruyante s'amasse auprès de la porte et les attend impatiemment ; de leur côté, les apôtres attendent avec confiance la venue de LA MÈRE qui apaisera toute irritation et calmera toute tempête. Cependant, la Mère ne venant pas, ils finissent par sortir et sont assaillis par une grêle de pierres ; — « mais Dieu ne veut plus de martyre : l'autorité sage et prévoyante vient les placer sous son égide tutélaire. » — Deux jours après, ils lancent sur Nîmes une proclamation toute de mansuétude et de pardon et annoncent aux Nîmois que le règne de la Femme est proche, que LA MÈRE de tous les hommes et de toutes les femmes va paraître, etc.

A Lunel, tout va bien, mais à Montpellier où une foule considérable les attendait au Grand Café ils sont reçus froidement ; toutefois on les laisse chanter ; le compagnon Hoart prend la parole et sur la promesse formelle que la Femme va venir, tout le monde se retire content, à l'exception de la police qui intervient et qui est accueillie par les murmures du peuple qu'une parole des apôtres apaise à l'instant.

A Cette, plus de curiosité que de sympathie et les apôtres, un peu douillets pour le métier qu'ils font, trouvent la route pénible et se plaignent de n'avoir pour tout lit qu'un peu de paille dans une grange.

Croyant Aigues-Mortes disposé à les mal accueillir, ils *le brûlent* (par amour de l'ordre et de la paix) et, malgré les objurgations du maire, des conseillers municipaux et des notables qui veulent en régaler leur ville, tiennent bon et passent fièrement.

A Arles, l'accueil est des plus charmants et ils s'écrient : « Oh! se voir entourés, pressés, bénis par ces femmes belles, ce fut une bien douce récompense »; puis, montés sur une *tartane* — mise galamment à leur disposition, — ils arrivent à Marseille où vient d'entrer triomphalement Barrault au milieu d'une escorte de vingt mille Marseillais.

Vingt mille! c'est peut-être beaucoup, mais n'oublions pas que nous sommes dans le Midi.

Les apôtres qui doivent partir sur la *Clorinde* sont réunis dans la salle Thubaneau qui est envahie par la foule; ils ont leur nouveau costume qui attire les regards; Barrault parle, Félicien David, en proie à la plus vive émotion, est au piano, tous chantent : « Ce n'est encore que la pensée de la Mère! que sera-ce donc quand elle sera là? » Enfin, l'heure du départ a sonné, Barrault et ses douze compagnons sont dans une barque, debout et le front découvert; pleins de calme et de majesté, ils montent sur la *Clorinde* que bénit et consacre Barrault et qu'entourent des centaines de petits bateaux.

Ceux-ci partis, la mission du Midi reprend sa tournée; à Aix, qui a jeté de la boue et des

pierres à Barrault, ils sont bien accueillis et ne
s'en étonnent que médiocrement, mettant le tout
sur le compte de la femme-Messie ; ils s'écrient :
« Pourquoi pendant notre repas la foule assemblée
dans la rue nous envoie-t-elle une députation qui
nous dit : *le peuple veut vous voir ?* Pourquoi le
directeur du théâtre vient-il nous supplier d'accepter pour le soir l'offre des premières galeries ?
Pourquoi, dès que nous paraissons, ces vivats,
ces acclamations du parterre et de l'amphi-
théâtre ? Pourquoi ces bravos redoublés, quand
plusieurs de nous descendent au parterre où ils
sont portés en triomphe ? »

Oui, pourquoi tout cet enthousiasme, n'est-ce
pas ?... faux naïfs que vous êtes.

Ils retournent à Arles, désirant revoir la ville
où « les femmes sont belles et sensibles » et ils
y sont reçus par les membres de la *Société de
l'amadou*, — nom symbolique d'une honnête
pauvreté. Il y a réunion le soir à la salle de la
Rotonde, réunion qui se prolonge fort avant dans
la nuit, parce que des femmes placées près de
l'horloge en ont arrêté le mouvement : — « Oh !
celle qui a eu cette pensée, c'est une fille de la
MÈRE. » Le lendemain, les femmes les accompagnent et ne les quittent qu'à grand'peine ; trans-
portés, ils s'écrient : Compagnons de la femme

réjouissez-vous, des femmes vous ont accompagnés, gloire et amour à la MÈRE, elle trouvera
des filles, vous aurez des épouses! oh! vienne
Tarascon, nous sommes calmes et forts.

Et vrai, il fallait cela pour affronter Tarascon,
où on les lapide, où le sang coule, où retentis-
sent les cris : au Rhône, au Rhône ! et où finalement ils iraient si la force armée ne venait les
protéger. De Beaucaire à Lunel, ils sont escortés
par des gendarmes qui prennent en outre des
chemins détournés et qui, à Bellegarde, sont
même obligés de mettre le sabre à la main.
Les gens de Lunel, qui les avaient assez bien
accueillis en allant, ont réfléchi, paraît-il, et trouvant probablement la plaisanterie trop prolongée,
leur jettent des pierres, mais *avec mollesse et
sans conviction.*

A Colombières, bonne réception ; cependant ils
croient prudent de profiter de la nuit pour tra-
verser Montpellier où toutes les auberges des environs leur refusent place au lit et à la table.

A Pézénas on fraternise, à Narbonne aussi;
seulement l'autorité leur défend de chanter dans
les rues, ce qui pousse immédiatement les jeunes
gens de la ville à aller donner un charivari au
sous-préfet. Les Compagnons reconnaissants se
retirent en lançant à Narbonne cette prophétie :

— Narbonne aura un regard de la Mère.

A Béziers, ils sont reçus dans une cave, où des prolétaires, qui réclament l'égalité sainte de l'homme et de la femme, tiennent leur séance ; ils communient avec eux, ayant d'un côté le buste de Napoléon et de l'autre le portrait du Père.

Quel gâchis !

Mais à Castelnaudary, c'est du délire ; aussi déclarent-ils que Castelnaudary est la ville sainte de l'Occident, le point du globe où il y a le plus d'amour pour eux *après la prison du Père et Constantinople qui recèle la Mère.*

Toulouse les reçoit plus que froidement ; des hommes qui étaient à eux depuis longtemps ne viennent même pas les voir, aussi déclarent-ils que *Toulouse a besoin d'une parole de femme.*

Les gens d'Albi et de Gaillac ne leur jettent ni pierres, ni pommes, et à Pampelune, ils entrent en chantant :

Levez-vous, soldats de la Mère !
Au vent, drapeau du travailleur !
Sous cette nouvelle bannière
Rangez-vous, hommes de valeur !
Ouvrier, créateur du monde
Par qui la nature est féconde,
Formez vos saintes légions !
Au milieu des chants et des fêtes
A de pacifiques conquêtes,
Marchons !

A Rodez, un certain carrossier nommé Bel ne peut se rassasier de les voir; il enferme un des compagnons dans sa maison pour l'empêcher de partir, leur court après, bref fait mille et une folies qui comblent de joie nos apôtres. Et vraiment, cela vient à point pour leur faire supporter la réception de Mende où ils sont reçus littéralement à coups de triques. Le compagnon Hoart (un ancien capitaine d'artillerie) a ses lunettes enlevées d'un coup de pierre et la gendarmerie est obligée d'intervenir. Ils traversent au plus vite et tant bien que mal cette ville inhospitalière; mais les Mendais ne lâchent pas ainsi leur proie et vont les attendre la nuit dans la campagne. Heureusement, des soldats les accompagnent, car la situation devient chaude; deux coups de feu sont tirés et les soldats se plaignent de n'avoir pas de cartouches pour répondre. Quant aux apôtres, ils sont enchantés de la gendarmerie et des soldats (je le crois bien, sans eux la mission serait terminée il y a longtemps) et leur parlent de la venue de la *Femme;* ces braves ne demandent pas mieux que de la voir arriver, et c'est ce que nos compagnons appellent *unir dans une communion plus intime les soldats de César aux soldats pacifiques de la* Mère.

Au Puy, on lance à leur trousse tous les chiens

de la ville, mais à Saint-Étienne et à Givors cela va mieux et ils arrivent enfin à Lyon, après avoir fait cinq cents lieues, annonçant partout la venue de la Mère.

C'est quelque temps après qu'eut lieu le second départ des saint-simoniens pour l'Orient où ils allaient porter une parole d'affranchissement et un peu aussi chercher fortune. Ces dames de la *Tribune des femmes* les accompagnaient de leurs vœux : Allez, disaient-elles, *compagnons de la femme*, nouvelle et sublime chevalerie que notre xixe siècle si froid, si sceptique ne comprendra pas, mais qui, nous l'espérons, aura des résultats immenses, partez, les femmes vous tresseront des couronnes.

En attendant les couronnes, certains de leurs contemporains sceptiques et goguenards s'égayaient sur leur compte — peu spirituellement, du reste, — et de toutes ces railleries plus ou moins grossières, les femmes avaient encore la plus large part.

Un placard, avec image et sous ce titre : *Nouvelle armée de femmes saint-simoniennes organisée en corps mobile*, représentait huit de ces dames armées d'un glaive et commandées par une femme brandissant son épée; — sur leur drapeau, ces mots : *vaincre ou mourir*. Au bas de ce papier, une proclamation d'où je détache le passage suivant : « Faisons voir à ces hommes, qui sont en partie ivrognes, jaloux, gourmands, et souvent mous, que nous voulons venger nos droits et quand nous aurons la victoire pour nous reposer des fatigues de la guerre, nous resterons neuf mois dans nos foyers, pour recommencer ensuite une autre excursion. »

Il y avait aussi une *Marche guerrière des saint-simoniennes* dont voici la dernière strophe :

> *Ces messieurs critiquent la femme,*
> *Et sont pour la plupart trop mous;*
> *Souvent nous déclarant leur flamme,*
> *Ils baissent le... nez devant nous.*
> *Lorsque nous serons à la guerre*
> *Qu'ils soient toujours là derrière.*
> *En avant marchons, etc.*

J'en passe et des pires, comme vous pensez bien

La Revue des Deux Mondes et surtout *Le Constitutionnel*, ce dernier à propos d'un bal saint-simonien, s'en amusèrent aussi. De son côté, Charles Nodier, ironique à froid, je pense, écrivait dans l'*Europe libérale* : « Eh quoi! pour quelques misérables droits sociaux dont vous êtes privées, vous vous exposeriez, mesdames, à perdre notre protection et notre amour. Je plaide pour l'idéal des femmes; — que les femmes ne s'y trompent pas, leur histoire à elles c'est le roman, que deviendrait-il?... » etc.

Il y avait autre chose à dire, mais le moindre vieux bouquin tenait plus au cœur de Nodier que n'importe quelle question de morale et de politique. Cette école a du reste fait un chemin brillant, et, se désintéressant de toute forme gouvernementale, n'a donné son affection qu'au pouvoir qui lui permettait d'écouler en toute tranquillité ses tableaux; sa prose, ses vers et ses comédies.

Très susceptibles et supportant impatiemment toute critique, toute plaisanterie, si légères qu'elles fussent, ces dames rageaient, — en silence... vous ne le supposez pas! mais ce qui les indignait le plus, c'était de voir certaines personnes de leur sexe, MM^mes Laure Bernard et Fouqueau de Pussy, par exemple, toutes deux directrices du *Journal des femmes*, écrire des articles offensants contre les saint-simoniens et les appeler, si je ne me trompe, des DANSEURS DE CORDE.

Et quelle jolie volée de bois vert il reçut, ce pauvre *Journal des femmes*, un journal où on ne débite que de fades historiettes, des recettes de chocolat et des entretiens sur la mode !

Les saint-simoniens, des danseurs de corde! Et

Angélique et Sophie Caroline répondaient à ce blasphème par un projet d'association sous le nom de *Réunion saint-simonienne artiste et industrielle*, association de jeunes filles qui sont dans l'*attente* et de dames veuves par la mort ou l'absence de leurs maris. Dans cette maison pourront entrer toutes les jeunes filles, quelle que soit leur condition dans le monde, « pourvu qu'elles soient et qu'elles veuillent vivre dans l'attente et qu'elles puissent, par leur travail quel qu'il soit, coopérer utilement à l'existence matérielle et au bien-être de la communauté. »

Avant de se présenter, on est prié de réfléchir, afin de bien comprendre le besoin de socialisation, d'union et d'amour qui doit régner entre tous les membres de la communauté.

Et Angélique et Sophie Caroline, qui paraissent être des femmes pratiques, donnent leurs *calculs de réalisation :*

Pour 1,200 francs on peut louer, derrière le Luxembourg, entre cour et jardin, une petite maison isolée : il y aura salon, parloir, atelier, dortoir, réfectoire, lingerie, cuisine et infirmerie — (c'était en 1833).

Supposons que nous soyons vingt en commençant, et que le minimum du gain de chacune soit de 1 franc par jour, cela nous donne 7,300 francs.

— En mettant la nourriture à 12 sous par tête, cela fait 4,380 francs par an.

Il reste pour l'habillement, le chauffage et l'éclairage 1,620 francs, le chauffage et l'éclairage coûtent 300 francs, le blanchissage 422 francs, il reste donc 890 francs pour l'entretien du linge et des vêtements, soit 44 fr. 40 c. pour chaque membre.

C'était bien simple, comme on voit ; cependant je n'ai jamais retrouvé la moindre trace de cette association.

Mais toutes ne ressemblaient pas à Angélique et à Sophie Caroline, et voici Joséphine Félicité que ce petit idéal de communauté n'eût certainement pas satisfaite ; il est vrai qu'elle n'est ni dans l'attente, ni veuve par la mort ou l'absence de son mari. Elle n'est pas chrétienne non plus, c'est elle qui nous l'apprend ; elle avait dix ans lorsqu'on la baptisa malgré le désaveu de son jeune cœur. Entourée de ses compagnes, jeune comme elles, voyant leur émotion sainte à la vue du Dieu qu'elles allaient recevoir, elle était calme, elle les admirait ; c'était tout ce qu'elle pouvait faire, son imagination de dix ans ne fut pas éblouïe.

N'est-ce pas que cette petite devient intéressante ?

Cependant je pense qu'ici il y a un écart de

quelques années, bien qu'elle continue son récit comme au lendemain de son baptême :

— Et qu'aurait pu m'offrir de consolant la religion! à moi si exaltée, qu'aurait-elle pu m'offrir que je puisse accepter! à moi si passionnée! Elle est venue dire que la passion est du domaine de Satan ; à moi qui veux de l'amour, elle est venue dire de ne pas aimer ; à moi qui veux du plaisir, elle est venue commander la souffrance ; à moi qui prise autant la forme que le fond, la chair que l'esprit, elle a exalté l'un et anathématisé l'autre.

Elle entre ensuite dans le détail, raconte qu'elle a échappé au désordre, à la prostitution, à l'adultère, parce qu'elle n'a jamais connu de joug, parce que l'abnégation n'a jamais été pour elle un devoir ; elle n'a rien eu à briser et il ne lui a fallu aucun événement extraordinaire pour l'amener à l'amour sans le mariage. Seulement elle ne dit pas comment cela lui est arrivé, et je le regrette.

Puis le lyrisme la prend, et elle s'écrie : — Comme vous, je connais le bonheur d'une affection qui remplit toute la vie ; comme vous la fidélité en amour est l'objet de tous mes vœux, et je n'envisage jamais le passage d'une affection à une autre sans une médiocrité de bonheur. Moi aussi, j'aime les devoirs d'épouse, et cependant je n'en veux pas porter le nom, car je ne suis pas chrétienne, le serment que je ferais serait illusoire pour moi, il serait fait devant un Dieu auquel je ne crois pas; fait devant l'officier civil, il le serait encore, car je n'ai pas de fortune à régler, ce ne serait qu'un contrat de vente; d'ailleurs, le serment est quelque chose d'absurde pour moi.

Elle fait un appel aux femmes qui aiment « la joie du bal et les plaisirs des fêtes, celles qui veulent de l'amour et des plaisirs, et je leur présente comme lien, conclut-elle, comme signe de communion d'idées entre nous le ruban ponceau. Car à cette couleur se rattachent des idées tout à fait en harmonie avec nos caractères. » Diable de ruban ponceau qui vient tout gâter, sans lui j'allais peut-être vous recommander cette jeune évaporée.

Après Joséphine, voici Angélique qui raconte les phases de son initiation : « Je commençais à aimer autant mon prochain femme que mon prochain homme..., j'abandonnais à l'homme sa force physique et son genre d'intelligence pour élever à côté de lui *d'une manière égale* la beauté corporelle de la femme et ses facultés particulières spirituelles. »

On sait où cela mène et la chose a fait de grands progrès de nos jours.

4.

Amanda verse des larmes sur les jeunes filles qui n'ont pas de dot ou que d'autres inégalités sociales empêchent de se marier : — Hélas ! périssez-vous d'amour, on vous regrette, mais on ne vous sauve pas; on vous admire, mais on vous laisse faner. Un temps viendra où les fleurs seront cultivées et précieusement savourées ; alors ce sera un règne de bonheur et d'amour, les cœurs se seront compris et il y aura harmonie dans la nature.

Christine Sophie tartine sur la prostitution ; elle est partout, s'écrie-t-elle, et toi noble fille des rois, ton beau front orné du diadème est-il exempt du sceau de la prostitution ?

Célestine B. écrit que sans être initiée à la vie de *femme*, sans avoir senti tout ce qu'elle peut renfermer d'ennui et de douleur, elle croit avoir compris le besoin de liberté qu'ont ces dames...; elle n'était qu'assoupie, mais leur appel l'a réveillée, a détruit l'illusion qui l'aveuglait et lui a donné une nouvelle vie..., — elle allait passer sa vie à souffrir en silence, tandis que... elle veut aussi combattre le bon combat.

D'autres disent à Béranger : Toi, qui as si bien chanté l'amour, tu sais aussi que pour nous c'est la moitié de notre vie ; mais pour compléter cette vie de sentiment, il nous faut encore l'approbation de ce qui nous entoure ; — et là-dessus, elles lui demandent leur affranchissement moral.

De temps à autre, à de rares intervalles, une malheureuse moins folle entre dans le cercle magique : Adèle Miguet, républicaine qui demande qu'on assigne aux femmes un rang, une fonction dans la civilisation et qui repousse loin d'elle l'idée hardie de l'émancipation. Mme Marie Camille de G. qui se plaint nettement de n'avoir entendu aux réunions de la rue Taranne où se discutaient les moyens de mettre à profit le grand mouvement intellectuel de l'émancipation de la femme, que du parlage, des phrases à effet de presque toutes les dames ; bref, elle n'a eu là que des déceptions.

C'était là *Société des méthodes d'enseignement* qui tenait là ses séances ; Mlle Mazure était l'orateur de ces réunions où M. Paillet de Plombières, *excellent vieillard*, récitait des vers sur les femmes. Malgré cela, les séances étaient souvent agitées et, somme toute, n'aboutirent à rien.

On voit dans quel gâchis intellectuel et moral, au milieu de quelles niaiseries et de quels enfantillages se débattaient ces malheureuses femmes. Une vieille folle qui signe Juliette B., *votre mère en expérience*, leur reproche même, tout en leur envoyant 25 francs, ce qui était les

encourager à persévérer, d'avoir des bases si mal
définies qu'on ne peut aller à elles que théori-
quement et non pratiquement ; — mais je veux,
moi, ajoute-t-elle, vous donner un témoignage de
mon désir de vous voir continuer votre œuvre et
c'est pourquoi je vous écris cette lettre, sans
pourtant, tant le désordre de vos idées est grand,
pouvoir me définir à moi-même de quelle utilité
morale et matérielle je vous puis être !

Ces dames eurent un instant l'idée de lancer
un nouveau journal intitulé : le Carnet du Théo-
ginadémophile! Un joli titre comme on voit.

N'oublions pas les dames Voinier, Lefèvre et
Saint-Amand qui, à peu près vers la même époque, essayèrent de constituer certaines associations de femmes dans le but de répandre les idées
d'égalité et de liberté.

Ainsi Mᵐᵉˢ Voinier et Lefèvre voulurent
fonder sous le nom de Société du Progrès une
association de femmes qui devait s'occuper spécialement de l'éducation morale de la femme et
dont les séances ne seraient consacrées qu'à des
lectures et à la discussion qui devait s'ensuivre.
Puis on se serait occupé des moyens qu'il y aurait
à employer pour améliorer la position morale et
le sort matériel des femmes.

Quant à Mᵐᵉ de Saint-Amand, elle adresse

aux femmes une proclamation sur la nécessité de fonder une *Société des droits de la femme ;* le besoin d'émancipation de la femme domine tous les esprits ; c'est, dit-elle, un retentissement universel dans les salons, dans les théâtres, dans les romans, les ateliers et les mansardes. Il n'est pas jusqu'aux journaux *mâles* qui n'agitent plus ou moins directement la question de la liberté des femmes. Aussitôt constituée, cette Société des droits de la femme présentera une adresse signée de toutes les sociétaires aux Chambres législatives, *aux rois, aux gouvernants de la terre,* par laquelle elles réclameront l'exercice de leurs droits civils, religieux et politiques. Elle fera sentir aux pouvoirs mâles que toute représentation nationale est incomplète tant qu'elle n'est que mâle.

La Société s'introduira dans les mauvais ménages et après amples et sages informations se portera partie et demandera séparation de corps et de biens ; elle tâchera d'obtenir du séducteur la *réparation de la fille* (*sic*) soit en l'épousant, soit en lui faisant une pension, mais toujours en reconnaissant l'enfant devant la loi.

Si une femme, sociétaire ou non, vient à la Société se plaindre d'avoir été outragée par un homme, la Société entière, par ses représentants,

devra réclamer hautement justice devant les tri-
bunaux, se montrer sévère en face de l'accusé,
afin de donner aux hommes une leçon exem-
plaire.

C'était bien de la besogne et pour tout cela un
journal paraissait absolument nécessaire; aussi
Mme de Saint-Amand fait appel aux femmes riches
qui, sans bonheur au sein même de l'opulence,
cherchent à endormir leur douleur dans de *luxurieuses* fêtes ; elle leur parle du réveil, quand se
dissipera *l'endormissement*... et finalement pré-
vient les personnes qui auraient des communica-
tions à lui faire, de s'adresser franc de port à
M. Pol, poste restante à Paris.

Hélas ! les femmes riches restèrent plongées
dans les luxurieuses fêtes et l'endormissement
fatal qui leur étaient reprochés et la *Société des
droits de la femme* mourut dans l'œuf.

Il en fut de même d'un *Appel aux femmes sur
leur mission religieuse dans la crise actuelle*, par
une jeune personne appartenant à la famille
saint-simonienne (Mlle Pauline Bazard) : — Venez,
venez sans plus tarder, leur disait cette demoiselle, vous unir à nous pour édifier un temple
sublime et créer un monde nouveau. Ne craignez point de vous élever au-dessus de cette
place obscure que vous occupez: croyez-moi, vos

époux, vos frères ont assez de cet amour d'esclaves qui laisse poser tout entier sur eux le soin des destinées humaines.

Une des plus intéressantes fut Suzanne Voilquin et ce qu'elle-même va vous raconter de sa vie jette un certain jour sur l'intérieur de ces ménages envahis par le Saint-Simonisme.

Elle avait épousé Voilquin le 26 avril 1825 ; l'union avait été contractée librement mais sans amour de son côté. — Hélas, dit-elle, sait-on le pourquoi de l'amour ou de l'indifférence ? Mystère !

Eh non, pas mystère. Dire que toutes les femmes cependant philosophent ainsi. Quoi, vous ne savez pas pour quelle raison vous m'aimez et vous ne voulez pas que je sache pourquoi vous m'êtes indifférente ? Quelle plaisanterie ! Dites plutôt que l'amour tient souvent à des causes que l'on a de la peine à s'avouer soi-même et sur lesquelles on craint de réfléchir de peur de voir s'envoler ledit amour... et puis, cela permet de renouveler l'expérience.

Bref, elle n'aimait pas Voilquin et elle ne veut pas nous dire pourquoi tout en rendant pleine justice à ses qualités : il était bon, loyal, enthousiaste de ce qui est grand et généreux ; sa conduite envers elle pendant ces huit *longues* années, tout cela lui fait un devoir de s'expliquer.

Elle ne l'aimait pas, mais elle lui fut fidèle, non par vertu, mais par indifférence, par mépris de tous les hommes (« au matin de ma vie, un d'entre eux m'avait trompée bassement ») et sa croyance à l'immortalité de l'âme l'a seule empêchée de se tuer à cette époque.

Plus instruite, plus intelligente que la moyenne, cette femme ne raisonne pas autrement que les autres et fait entrer ses infortunes particulières dans la cause de tout son sexe ; quant à sa croyance à l'immortalité de l'âme qui l'empêche de se suicider... comme je ne sais pas ce que cela veut dire, je n'y vois pas d'inconvénient. Mais continuons.

Deux ans après, dit-elle, trop passionnée pour ne point souffrir cruellement du vide de mon âme, je résolus d'être *mère*. Ces petits anges, pensai-je, s'échappent du sein de *Dieu* depuis si peu de temps... Ils sont si *purs!* qu'il ne faut sans doute que les entourer de beaucoup d'amour pour les préserver du souffle contagieux des hommes.

Ce galimatias double m'oblige à dire un peu crûment la seule chose que je vois au travers, c'est-à-dire la recherche du mâle — y compris le souffle contagieux des hommes, et Diderot ne dit-il pas quelque part que Mme d'Aine prétendait qu'il était impossible d'analyser les sentiments les plus délicats, sans y découvrir un peu de saloperie.

Reprenons son récit : — Voilquin m'aimait, je l'épousai, me promettant de le rendre heureux, de payer son dévouement par des soins constants et assidus. — Voilquin a rendu hautement témoignage que j'avais tenu cette parole. Moi, seule, j'ai vécu d'abnégation et de sacrifice pendant ces huit années et sans voir, hélas! mon espoir se réaliser.

C'est bizarre ; elle épouse ce garçon pour qu'il lui fasse des enfants, il est bon, loyal, il l'aime... il fait tout ce qui dépend de lui pour satisfaire son désir (nous allons le voir plus loin) et madame vit d'abnégation et de sacrifice pendant ces huit longues années!...

En 1831, ils sont initiés au Saint-Simonisme; très enthousiastes tous deux, ils entrent dans la famille et adoptent toutes les idées du Père. — Voilquin, dit sa femme, ne se croyait pas alors être un des premiers appelés à justifier sa *foi* par la pratique.

Qui sait ? le cœur humain a de ces abîmes.

C'est alors qu'elle prit la résolution de n'être plus qu'une *sœur* pour lui, ce qui n'était pas fa-

cile; elle dut s'y appliquer longuement, vous
pensez, avec une nature comme celle de Voilquin,
trente-quatre ans et aimant passionnément les
femmes. Elle donnait des soirées chez elle et
parmi les personnes qu'elle recevait, il y avait
une jeune femme, Julie Parsy, qui devint amou-
reuse de Voilquin; elle s'en aperçut vite. — Je
ne provoquai pas ce sentiment, dit-elle, mais je
le laissai naître, persuadée, si je le voyais partagé, d'avoir en moi la force de le sanctifier, en
cédant à Julie, auprès de celui qu'elle aimait,
ma fonction d'ange gardien ainsi que tous les
droits dont la Société m'avait investie.

C'est-à-dire qu'elle fut enchantée de cet événement qui allait lui permettre de se débarrasser
de son mari et de mettre un terme à ces huit mor-
telles années de sacrifice et d'abnégation. Julie
Parsy était jolie probablement, car Voilquin n'hésita pas longtemps, il aima Julie. Heureuse de ce
résultat, Mme Voilquin, après lui avoir déclaré que
le mariage sans amour lui paraissait une prostitution, lui annonça qu'il fallait désormais renon-
cer à toute relation intime; il comprit et céda,
trouvant cependant la chose un peu dure. — Je
dois l'avouer, dit Mme Voilquin, ce moment eut
quelque chose de douloureux et de solennel
tout à la fois pour tous les deux.

[Ils écrivirent au Père pour lui annoncer leur résolution ; je ne sais pas ce que contenait la lettre du mari, mais il y avait dans celle de la femme, cette phrase tout à fait saint-simonienne :
— Voilquin s'est montré grand ; oui, je le dis avec orgueil, j'ai mis un homme au monde, je l'ai donné à tous.

Julie Parsy et Voilquin, bien unis et s'appartenant légitimement aux yeux du Père comme aux yeux de Mme Voilquin, partirent pour la Nouvelle-Orléans ; le but de Mme Voilquin avait été de conquérir sa liberté sans exploitation pour son associé, — de lui éviter le plus de douleur possible, et de coopérer de tous ses moyens à récomposer son bonheur intime.

Quant à Voilquin, il est d'abord un peu troublé ; il écrit à son ami Ernest Javary que son départ n'est pas une fuite, que s'il s'éloigne, c'est avec l'assentiment de sa bonne Suzanne, puis il tartine sur la doctrine. Peu à peu, il s'enhardit et écrit à Mme Voilquin : — Je n'oublierai jamais les efforts que tu as faits pour me donner un bonheur que Dieu et ta santé compromise par moi (je n'oublierai jamais cette nuit d'orage qui faillit te coûter la vie plus tard) ne t'avaient pas permis de t'accorder.

Il lui parle de sa profonde reconnaissance pour

sa haute moralité : — Tu as travaillé, dit-il, à me faire trouver cet amour que mon imagination avait rêvé ; nous partons, Julie et moi, pour pratiquer l'œuvre que *femme de théorie* tu as conçue ; — il touche ensuite deux mots des enfants qu'il espère avoir avec Julie et signe : *Celui qui fut ton époux et qui se glorifie aujourd'hui d'être le premier de tes frères.*

. . . .

. . . .

Les mariages saint-simoniens ! j'en sais d'autres et de curieux... mais, je l'ai déjà dit, nous ne donnerons à la publicité que ce que ces pauvres femmes ont jugé convenable elles-mêmes de lui livrer.

N'oublions pas cependant l'épisode de la *dame au voile bleu*, qui causa quelque trouble dans la ruche saint-simonienne sans toutefois laisser d'autres traces, je crois, que quatre ou cinq pages dans les *Mémoires* du vieux chansonnier saint-simonien Vinçard.

C'est un véritable drame antique où rien ne manque, action simple et solennelle, passion véhémente, défi audacieux du héros, foudroiement final de la victime par la fatalité inexorable remplacée ici par le devoir triomphant piteusement de toute cette fièvre, de toute cette effervescence. Il n'y manque même pas le chant du bouc Τραγος ῳδὴ : tragédie !.... tragédie dont j'ai à vous faire l'hypotypose exacte et sincère.

PREMIÈRE JOURNÉE

On est en hiver et il est sept heures du matin ; les saint-simoniens, auxquels une jeune femme restée inconnue a donné, par l'entremise de Bazin le vieux gardien de la maison de Ménilmontant, ce rendez-vous matinal, attendent impatiemment. Mais l'exactitude est un mot féminin qui ne s'applique qu'au masculin et il est huit heures passées quand la famille saint-simonienne transie et morfondue voit sans grand enthousiasme apparaître la personne en question. |

Une jeune blonde aux yeux bleus, vêtue d'une large robe bleue drapée à la grecque et qu'un camée antique attache en gros plis sur la poitrine, la tête couronnée de roses blanches que retient un voile bleu rejeté en arrière, s'avance pâle et tremblante ; longtemps silencieuse et réfléchie, elle finit enfin par dominer son émotion et fait la déclaration suivante :

.. — J'ai vingt et un ans, j'ai atteint l'âge de ma majorité et je me voue à l'apostolat saint-simonien. Je veux rejoindre le père Enfantin en Égypte ; j'ai besoin pour faire ce voyage d'un homme qui me dirige et qui me défende dans ma mission et je fais appel au plus aimant, au plus intelligent, au plus fort d'entre vous. »

Elle dit, et de nouveau se recueille.

Les saint-simoniens un peu engourdis, puis mécontents d'être restés froids devant « cet acte extraordinaire d'apostolat », vont dans le jardin où ils chantent pour s'échauffer une chanson de Jules Mercier (un pauvre diable de saint-simonien qui devait se suicider plus tard) :

> *Parmi nous, femme douce et chère,*
> *Viens pacifier l'univers,*
> *A ses enfants viens donner une mère,*
> *Viens, nos bras et nos cœurs te sont toujours ouverts.*

Cette poésie, qui n'a pourtant rien de très passionnant, réchauffe tout le monde, et la jeune personne, pleinement rassurée, les ajourne à un mois au sujet de la réponse qu'elle attend d'eux.

DEUXIÈME JOURNÉE

Entre temps, le bruit s'est répandu que la femme-Messie est arrivée..., aussi est-ce devant

une foule considérable, au milieu de beaucoup
d'hommes que se présente bravement cette fois
la jeune fille au voile bleu; elle va tranquillement s'asseoir sur un fauteuil qu'on lui a préparé et qui domine l'assemblée, puis, se tournant
vers tous ces hommes, elle dit simplement ce
mot : — « J'attends. »

Il y a là Massol, Rigaud, Roger, Duguet, quatre
apôtres ardents mais qui cependant ne répondent
rien — et, je pense, baissent timidement les
yeux. Le silence devient gênant pour tout le
monde et presque discourtois pour la demoiselle,
quand un vieux brave, Demersant, voulant sauver l'honneur de son sexe, s'écrie : — « Madame,
puisque les plus forts qui sont ici hésitent ou
semblent vouloir s'abstenir, je viens, moi, loyale-
ment répondre à votre appel. »

Et il s'élance vers le fauteuil le bras tendu
comme pour engager sa foi, quand la jeune fille,
que la raison seule guide, se lève vivement et
lui dit : — « Vous êtes sans doute le cœur qui me
comprend mais votre bras serait impuissant à me
défendre » et elle explique à l'assemblée que
cette tâche demande toute la vigueur et la fou-
gue passionnée de la jeunesse.

Sur quoi, le père Demersant regagne sa place
tandis que certains jeunes saint-simoniens pré-

somptueux se présentent dans l'arène la plume
au vent mais sont repoussés par l'étonnante jeune
fille comme ne remplissant pas toutes les conditions qu'elle exige.

La situation devient critique, personne n'ose
bouger et tout le monde, l'oreille basse, semble
se consulter du regard quand un jeune homme
se précipite vers la jeune femme et lui dit avec une
sorte de brutalité fougueuse : — « Je me nomme
Chancel, je suis républicain et n'appartiens en
rien à la doctrine saint-simonienne, mais je suis
indigné qu'après une démarche aussi grande que
la vôtre, si peu d'hommes parmi cette foule soient
touchés de votre acte de dévouement. Eh bien !
moi, étranger à vos croyances, je m'offre corps et
âme pour l'œuvre que vous entreprenez ; dites un
mot d'adhésion et je suis prêt à vous suivre partout où votre volonté me dirigera. »

Elle est visiblement émue, et se tournant vers
les saint-simoniens, elle leur dit : — « Comment
se fait-il que des personnes qui ne partagent pas
notre foi s'introduisent ainsi dans nos réunions ?
Comment se fait-il que se trouvent au milieu de
nous des hommes qui ne sont pas saint-simoniens ? »

— « C'est le meilleur moyen de le devenir, » réplique Chancel.

— « Et moi, je vous refuse, répond-elle, jusqu'à ce que vous ayez le droit de prendre place à nos côtés. »

Ainsi se termina cette deuxième séance.

TROISIÈME JOURNÉE

Quelques jours se sont écoulés ; la famille est de nouveau réunie, et, au moment où la jeune fille va prendre la parole, un bruit confus se fait entendre au dehors ; une femme, grande et belle, traverse la foule, s'écriant : — « Ma fille, ma fille ! rendez-moi ma fille ! » et tombe en proie à une violente attaque de nerfs.

Et sa fille froide et résolue s'écrie à son tour d'une voix brève et impérative : — « A genoux vous tous, voici ma mère ! »

Subjugués, étourdis par l'étrangeté de cette scène, les saint-simoniens se sont agenouillés et pendant qu'on emmène les deux femmes se demandent comment tout cela va finir.

La jeune fille reparaît sombre et morne : — « Je cède à ma mère, murmure-t-elle, je rentre dans

mon tombeau; prenez mon voile, suspendez-le
pieusement en souvenir de mon acte. »

Elle dit, tend son voile à un saint-simonien et
se retire.

Le voile fut suspendu au-dessus de la porte par
laquelle elle sortit de la galerie pour ne plus rentrer à Ménilmontant et il fut convenu que personne désormais n'en franchirait le seuil.

ÉPILOGUE

Quelque temps après, un jour que les saint-
simoniens se promenaient dans la galerie, arriva
de voyage Pol Justus — artiste au caractère fan-
tasque — un des quarante apôtres de Ménilmontant, et qui, voulant surprendre ses amis, essaya
de passer par la porte condamnée. Comme il
s'acharnait après cette porte, ceux-ci lui crièrent
de l'intérieur de faire le tour ; vainement il tenta
encore de l'enfoncer et prit finalement le parti de
passer par la porte du milieu. Les saint-simoniens lui racontèrent alors l'histoire du voile
bleu, mais lui, plein de fureur, arracha le voile,
le déchira et le jeta au vent.

Là-dessus, Vinçard nous présente tranquillement ce particulier comme étant le seul des

saint-simoniens qui à ce moment eût pu remplir les conditions rêvées par la jeune fille.

Pauvre folle, elle l'avait doublement échappé belle !

CHAPITRE IV

Apostolat des femmes. — Claire Démar. — Double suicide.
— Une loi d'amour. — Deux lettres de faire-part. — Cri
d'affranchissement. — Épreuve de la nature par la nature,
ESSAI DE LA CHAIR PAR LA CHAIR. — Réhabilitation de la
chair. — Réalisation de l'individu social. — Théories com-
munistes.

Mais qu'est-ce que Suzanne Voilquin et la
jeune fille au voile bleu auprès de Claire Démar,
que du reste va nous présenter Mme Voilquin, qui,
libre désormais, s'est consacrée tout entière à
l'apostolat des femmes.

Claire Démar avait près de trente-cinq ans ;
c'était une petite brune, bien faite, qui avait le
pied et la main jolis, mais dont le visage flétri
avait une expression de dureté qu'accentuait encore une parole abondante, facile, mais dure et
heurtée ; elle était très passionnée, très exaltée,
mais point tendre au fond. Elle avait, paraît-il,
profondément fouillé par sa vie pratique dans la

fange du vieux monde, elle en était sortie avec
dégoût, jeune encore mais brisée par ce contact ;
aussi pouvait-elle parler, elle avait pour se faire
écouter toute l'autorité de l'expérience. Ses préoccupations étaient tournées vers un seul but :
transformation de la morale et recherche d'une
nouvelle conception où les deux sexes pussent se
livrer sans honte et sans dégradation à ce besoin
si puissant et si naturel d'aimer.

Elle venait de publier une petite brochure intitulée *Appel d'une femme au peuple sur l'Affranchissement de la femme* et n'écrivait pas à *la Tribune des femmes* dont elle trouvait les allures
trop modérées et les collaboratrices — ces dames
dont nous venons de parler — trop retenues, trop
résignées. Du reste, ce qu'elle avait à dire les eût
fait reculer (c'est elle qui s'exprimait ainsi) et son
exaspération n'avait pas de bornes quand elle entendait Suzanne Voilquin se dire femme de liberté
et d'indépendance tout en déclarant qu'elle sen-
tait la nécessité d'un lien général pour rallier
toutes les individualités et en prétendant qu'après
avoir établi un principe de morale, large autant
que possible, il fallait absolument le régler si on
voulait le faire passer, sans anarchie, dans la vie
pratiqué.

« La liberté absolue ne peut exister seule, disait

Suzanne, attendu qu'il y a ordre hiérarchique et unité dans l'univers ; tous nos efforts doivent donc tendre à unir pour le bonheur des sociétés ces deux principes : liberté, autorité. »

Claire trépignait.

Or, le 3 août 1833, à onze heures du soir, une détonation mettait en émoi les locataires d'une maison de la rue Folie-Méricourt et, quand le commissaire de police pénétra dans la chambre d'où venait le bruit, il trouva étendus sur le même lit un homme et une femme qui s'étaient asphyxiés, comme l'indiquait un réchaud placé au milieu de la pièce. Le charbon ne suffisant pas pour détruire la forte existence de la femme, elle s'était fait sauter le crâne, c'est ce qui avait éveillé l'attention des voisins.

Cette femme s'appelait Claire Démar et, comme le disait durement le *National*, était saint-simonienne et arrivée déjà à cette époque de la vie où les femmes renoncent ordinairement à plaire et à briller dans le monde ; l'homme se nommait Perret Desessarts et avait une douzaine d'années de moins que la femme. Il était des environs de Grenoble ; très exalté, aigri du peu de succès de quelques publications dont il était l'auteur, il avait écrit peu de temps avant au curé de son pays une lettre dans laquelle il lui détaillait tous les reproches qu'il croyait devoir faire à la société et lui annonçait qu'il était sur le point de se tuer comme Escousse et Lebras dont il exaltait le courage et la vertu.

Bien certainement, vous pensez que Claire était la maîtresse de Perret et celui-ci l'amant de celle-là...

Pour qui a sondé le cœur humain, vous dira Mme Voilequin, ce fai treste invraisemblable s'ils eussent aimé, ils eussent eu foi en eux.

Eh bien, il est possible qu'il n'y eût pas entre eux de rapports intimes... je m'efforce de le croire, mais alors ce serait pour la cause contraire ; c'est-à-dire qu'ils s'aimaient, mais Claire, trop expérimentée, put redouter ce qu'elle appelait l'épreuve de la chair et préférer mourir avec celui qu'elle aimait plutôt que de risquer de le perdre... sur ce moment psychologique.

Nous rencontrerons cela dans ses théories.

On trouva deux lettres, toutes deux adressées à Charles Lambert et un rouleau de papier soigneusement scellé et sur lequel Claire avait écrit : — Je désire que ce rouleau de papier, formé de deux cahiers ayant pour titre *Ma loi d'avenir*, soit remis à M. Vinçard, rue Beaubourg, n° 44, pour être lu à la famille saint-simonienne de Paris et ensuite déposé entre les mains du Père Enfantin.

Voici les deux lettres.

Lettre de Claire Démar à Charles Lambert.

Lambert, il est quelque chose de plus fort que les volontés individuelles, les promesses particulières ; nous ne pouvons mentir ou faire défaut à cette autre volonté plus forte.

Les dernières promesses que je vous ai faites, il était dans ma volonté de les tenir ; les dernières paroles que je vous ai adressées étaient sincères... qui donc a changé tout cela ?... Oh, ce n'est ni une parole ni une volonté d'homme.

Pourtant je ne pars pas seule... Avec qui ? Ai-je besoin de vous le dire ?

Mais si sa voix ne m'a pas entraînée, si ce n'est pas lui qui est venu me convier à cette dernière fête, du moins je n'ai pas hâté son voyage : depuis longtemps il était prêt.

Nous nous sommes rencontrés à l'entrée d'une même route et nous nous sommes tendu la main, voilà tout.

Une fois déjà, nous avions cru que l'heure avait sonné pour l'un comme pour l'autre. Nous nous trompions ; et les douleurs qui nous déchiraient l'un et l'autre en étaient la preuve. Nous étions l'un pour l'autre comme deux démons luttant au bord d'un gouffre, au fond duquel l'un ne veut pas se précipiter sans y entraîner l'autre avec lui !

Nous avions des sueurs et des grincements de dents ; aujourd'hui nous sommes comme de bons et francs amis ; aujourd'hui pour l'un comme pour l'autre, le voyage nous est léger.

Lambert, je vous l'affirme ! Nous sommes calmes, très calmes. Je ne croyais pas qu'on pût être aussi tranquille.

Lorsque vous me vîtes l'autre fois, j'avais la fièvre. Vous n'avez vu qu'un des périodes de cette crise étrange ; l'autre est beaucoup moins effrayant.

Pour être autant qu'il est en moi fidèle à ma parole, je suis allée à Ménilmontant, je vous ai demandé.

Deséssarts était avec moi ; n'ayant pu voir personne, nous avons laissé une carte à Mme Bazin.

Lambert, adieu. Sous quelqu'aspect que vous considériez cet acte, ne vous en affligez point, ne le dites point mauvais.

C'est l'instant pour un homme religieux de confesser la Providence et ses mystères.

CLAIRE DÉMAR.

Lettre de Perret Desessarts à Charles Lambert.

3 août.

Lambert, à l'instant où je suis on est sobre de paroles.

Comme pourtant il en est qui sont curieux de connaître les raisons, les causes des événements, je crois devoir laisser à quelqu'un les moyens de satisfaire la curiosité et de raisonner.

Écoutez :

Je ne désespère ni de l'humanité, ni de ceux qui ont pris sa sainte cause entre les mains, sous quelque drapeau qu'ils marchent, à quelque voix qu'ils répondent, à quelque signe qu'ils obéissent.

De ce que je fais, on pourrait tout au plus induire que je doute de moi.

J'imagine quelque chose de plus consolant que tout cela. Voici : la fonction et le fonctionnaire s'éteignent en même temps, nous l'avons répété souvent : car l'un ne peut manquer à l'autre. Eh bien ! moi qui fus toujours l'homme de la lutte et de la solitude, moi qui ai toujours marché seul à l'écart, enveloppé comme d'un voile contre le regard de tous, moi, protestation vivante contre l'ordre et l'union ; qu'y aurait-il d'étonnant que je me retire, peut-être à l'instant où les peuples vont s'unir d'un lien religieux, quand leurs mains vont se rapprocher pour former cette auguste chaîne ? moi qui n'y peux trouver place, qui ne saurais harmoniser mes pas aux leurs, mettre ma voix à l'unisson de leurs voix, je me retire !

Je vous le répète, à ceux qui diraient que c'est signe de mort, vous pouvez leur crier que peut-être c'est présage de vie ! A ceux qui crieraient : anathème à vous, ou malheur à l'humanité, dites : louons Dieu et salut à l'humanité.

Lambert, je ne voulais dire qu'un mot, j'ai été plus long que je ne croyais ; je me suis adressé à vous parce que vous êtes des hommes du *collège*, celui en qui je me sens le plus de foi.

Lambert, je meurs à côté d'une femme, avec elle !... Quelles que soient les suppositions que pourraient se permettre ceux qui ne savent pas fouiller au fond du cœur humain, ou s'arrêter dans un religieux silence devant une tombe, je dois le déclarer, ce n'est pas moi qui l'ai déterminée ; elle ne m'entraîne pas non plus ! Nous nous sommes compris et ayant à atteindre le même but, nous suivons la même route en nous soutenant !

Lambert! je ne doute pas de l'humanité, vous ai-je dit! je ne doute pas de la Providence non plus... mais dans les temps où nous vivons tout est saint même le suicide!... Malheur à celui qui ne se découvrirait pas devant nos cadavres, car celui-là est impie !

Adieu.

3 août, 10 heures du soir.

PERRET DESESSARTS.

Je vous abandonne l'homme pour ce qu'il vaut ; revenons à la femme.

Le rouleau de papier, comme elle l'avait demandé, fut lu avec solennité puis porté au Père par toute la famille. Quelques jours après Mme Voilquin recevait ce mot :

Ma chère Suzanne,

Le Père me charge de vous remettre le manuscrit de Claire Démar, qui paraît être adressé plus particulièrement à *la Tribune des femmes*. Il s'en rapporte à vous pour l'usage le plus convenable et le plus utile qui devra en être fait, tant pour la mémoire de Claire Démar que pour la cause des femmes.

HOLSTEIN.

Ménilmontant — le Père Michel — août.

Mme Voilquin le croyant utile à la cause, le

publia tout en s'attendant au reproche d'immoralité que le monde allait lui adresser : Si mon nom, dit-elle, désormais inséparable de celui de Claire, vient à être sali malgré la pureté de mes intentions..... qu'importe ! je suis prête, je donne toute ma vie au présent et ma mémoire à l'avenir. C'est le cri de liberté le plus énergique qui ait été jeté au monde par une voix de femme.

En tous cas, c'est certainement ce que j'ai lu — écrit par une femme — de plus curieux sur ce sujet.

.... « Et moi, femme, je parlerai, qui ne sais pas tenir ma pensée captive et silencieuse au fond de mon cœur, qui ne sais pas voiler ses formes mâles, rudes et hardies, mettre à la vérité une robe de gaze, arrêter aux bords des lèvres une parole franche, libre, audacieuse, une parole nue, vraie, acerbe, poignante, pour la clarifier au filtre des convenances du vieux monde, la passer au crible mystique de la pruderie chrétienne..... »

Elle parle de l'heure glorieuse où tous les peuples unis verront, pour la première fois, l'homme et la femme obéissant aux lois d'une divine attraction, confondus sur le sein l'un de l'autre, couple sublime, réaliser enfin l'individu social jusqu'à cette heure impossible ; et quelle gloire pour la Femme-Rédemption d'avoir la première, oublieuse de toute individualité, fait entendre un cri d'affranchissement ?

Pas une femme forte n'a osé s'expliquer là-dessus ; elle va le faire, elle ; mais pour cela, il lui faudra remuer toute la pourriture des vieilles institutions et d'une loi morale impuissante, et alors sa parole sera soudainement révoltante, car elle sera la plus large et conséquemment la plus satisfaisante à toute nature, à toute volonté.

Vous êtes prévenu, la voilà partie.

A propos d'une brochure de M. James de Laurence, les *Enfants de Dieu* ou la *Religion de Jésus*, la *Tribune des femmes* avait dit que la société de l'avenir reposerait sur la confiance et non sur le mystère, car le mystère prolongerait encore l'exploitation du sexe féminin : la publicité et la confiance devant former les bases de la nouvelle morale.

Là-dessus, indignation de Claire Démar qui répond que jamais l'union des sexes n'a été plus hautement affichée qu'aujourd'hui. La publicité manque-t-elle donc à cette union, qui, contractée en face de la foule, se traîne lentement à travers une orgie de vins et de danses, jusqu'au lit nuptial, devenu le lit de la débauche et de la

prostitution et permet à l'imagination délirante
des conviés de suivre, de pénétrer tous les détails, tous les accidents d'un drame lubrique joué
sous le nom de jour de noces.

Elle frissonne de dégoût à la pensée de cette
jeune mariée, palpitante et craintive, livrée ainsi
aux regards audacieux de toute une assemblée
nombreuse, prostituée aux désirs effrénés, aux
révoltantes railleries d'hommes échauffés, exal-
tés par les fumées d'une fête licencieuse.... —
« Si vous n'êtes pas indignées, mesdames, je m'y
perds ! » Et elle continue :

« Mais c'est aussi de la publicité que l'inscription des filles sur les registres de la police, c'est
aussi la publicité qui préside à ces unions bru-
tales d'une heure, que la malheureuse prostituée
commence auprès d'une borne, à l'angle de la rue
et vient achever à grande hâte, dans un réduit,
sur l'autel de la débauche pour recommencer un
instant après. »

Puis, elle examine en quoi le mystère pourrait prolonger l'exploitation de la femme et elle
conclut :

« Quoi donc, parce qu'elle n'ouvrirait pas portes
et fenêtres lorsqu'elle voudrait, s'abandonnant
aux bras d'un homme, lui prodiguer ses baisers
et ses caresses..... quoi donc ! une femme serait

exploitée et malheureuse, parce que sans crainte de les voir se déchirer, se haïr, elle pourrait donner simultanément satisfaction à plusieurs hommes dans leur amour, faire une part de bonheur et de plaisir à tous ceux qui ne croiraient pouvoir trouver bonheur et plaisir qu'auprès d'elle et par elle. »

Vous avez bien lu, n'est-ce pas! Continuons.

Le mariage d'amour la fait sourire ; elle en a peu vu se former sans que quelques mois de libre contrat, d'entière jouissance aient suffi pour abattre ces grandes ardeurs ; si bien qu'au sortir de la lune de miel, le mariage d'amour. d'inclination, fondé sur des sympathies presque toujours étudiées, ressemble à s'y tromper au mariage de convenance.

L'union des sexes dans l'avenir devra donc être le résultat des sympathies les plus larges, les mieux étudiées, sous tous les points de vue possibles, sans l'intervention d'aucune volonté étrangère, sans le concours d'aucune circonstance déterminante, autre que le libre arbitre, né le plus souvent du bouillonnement d'un sang enflammé, de l'exaltation des sens. Ce sera donc avec le temps, avec l'étude, à la *rencontre* simultanée de deux individus s'aimant immédiatement, au choc.....

Elle ne s'illusionne pas sur les difficultés, mais en prend son parti, car elle ajoute : Et que de fois hélas ! il faudra bien, après tout, s'avouer qu'on s'est trompée, qu'on a été le jouet de quelques faux semblants, de quelques décevantes apparences !... j'en appelle enfin, mesdames, à votre expérience de femme.

Les temps sont venus où la chair doit être réhabilitée, *où la matière sera l'égale*, non l'esclave de l'esprit, où un principe ne se développera plus au détriment de l'autre..... alors, enfin, seulement l'homme sera l'image de DIEU.

Mais aussi, elle voudrait qu'on eût la franchise de reconnaître, de proclamer hautement cette nécessité, sans baisser des *paupières menteuses*, sans *rougir* d'une pudeur *mystique* qu'elle ne comprend pas. Soyons un peu conséquentes avec nous-mêmes, dit-elle, nous toutes qui proclamons la réhabilitation de la matière, la sanctification de la chair ; tenons compte du principe *matériel*, donnons satisfaction à la chair.

Elle le répète : lors même que l'union des sexes dans l'avenir serait le résultat des sympathies les plus larges, les mieux étudiées, lors même qu'on aurait occasion d'une parfaite unité de sentiments, de pensées, de vouloir, tout cela pourrait bien encore venir se briser contre une dernière

épreúve décisive, mais nécessaire, indispensable.

L'ÉPREUVE de la MATIÈRE par la MATIÈRE; l'ESSAI
de la CHAIR par la CHAIR.

Et toute frémissante, cette malheureuse femme
s'arrête, inquiète, alarmée et parle des combats
douloureux qu'elle a eu à soutenir contre elle-
même au moment de venir jeter ainsi à la publicité le repos de sa vie solitaire et ignorée; mais
elle reprend vite courage, et, défiant la calomnie
avec son cortège de railleries piquantes, de mots
amers, d'insinuations perfides, elle parlera.

Je suis prête, ma vie toute murée ne s'écoule
pas au jour sombre, voluptueusement mystérieux
des rideaux de soie d'un boudoir! Et quelle que
soit l'heure à laquelle on frappe à ma porte, toujours elle s'ouvre au visiteur. Vienne l'anathème,
la persécution, encore une fois je suis prête, et
j'estime qu'il était bien, qu'il était bon, que celle-
là fût toute chrétienne, toute spiritualiste dans
ses actes, qui oserait plaider la cause de l'amour
matériel.

Et elle revient sur la nécessité d'un essai tout
physique de la chair par la chair, parce que bien
souvent, au seuil de l'alcôve, une flamme dévo-
rante est venue s'*éteindre;* c'est que bien souvent,
pour plus d'une grande passion, les draps parfu-

més du lit sont devenus un *linceul de mort;* c'est
que plus d'une, peut-être, lira ces lignes qui le
soir était entrée dans la couche d'hymen, palpitante de *désirs* et d'*émotions*, qui s'est relevée le
matin *froide* et *glacée.*

Elle se met en scène : « C'est que, MOI qui parle,
j'ai pu *volontairement* reposer seulement une
heure dans les bras d'un homme, et que cette
heure ait élevé une barrière de satiété entre lui
et moi, et que cette heure, la seule possible pour
lui, ait été assez longue pour le replacer vis-à-vis
de moi dans la foule nombreuse des indifférents,
et que lui soit redevenu pour moi une de ces
unités qui ne laissent de trace dans notre vie
qu'un souvenir commun, froid et banal, sans valeur comme sans plaisir, sans regrets. »

Rien ne l'arrête, elle ira jusqu'au phénomène,
jusqu'au monstre et parlera des déceptions qui
peuvent résulter de l'étrange et énorme sacrifice
au péril duquel, sous le ciel brûlant de l'Italie,
plus d'un jeune enfant court la chance de devenir
un chanteur célèbre... comme aussi de celles qui
trouvent leurs causes dans les libéralités dispro-
portionnées d'une nature cruelle moqueusement
prodigue...

Maintenant, où finit la période de l'essai, où
commence la phase du mariage? vous demande=

rez-vous. Hélas! elle a grand'peur que le mariage ne soit une sorte d'essai qui doive tôt ou tard aboutir, pour les natures mobiles, inconstantes, à un refroidissement, à une séparation. Aussi examine-t-elle la loi de constance ou d'inconstance, de mobilité et d'immobilité, sur laquelle les saint-simoniens font pivoter toute l'organisation morale de l'avenir et, comme eux, elle proclame l'existence d'une nature mobile, et déclare l'inconstance sainte et divine, parce qu'elle *est* et que tout ce qui *est* vient de *Dieu*, est de *Dieu*, est Dieu.

Puis, elle interpelle vivement les femmes au sujet de leur pruderie de commande, de leur rougeur menteuse, et les supplie de répondre la main sur la conscience à cette question : — « En est-il parmi vous une seule, mesdames, qui, au sein de l'union la plus féconde en bonheur et en joie, n'ait pendant un moment, si court soit-il, détourné son regard de son époux ou de son amant, pour le reporter avec complaisance et plaisir sur quelque autre homme et, établissant à son insu une comparaison tout à l'avantage de ce dernier, désiré que l'amant ou l'époux lui fût semblable! S'il y en a une seule, qu'elle se lève et me condamne, car j'aurai calomnié et dit une parole imprudente.

Du moment où vous avez regardé un homme
avec plaisir, avec satisfaction, qu'il vous a semblé
plus beau, plus spirituel que votre époux, l'adultère moral est consommé. Qu'importe que l'acte
n'ait pas suivi la pensée ? C'est souvent par une
nécessité pénible dont plus d'une a gémi, et cette
prétendue constance n'est que mensonge et trom-
perie. »

Lucrèce l'a toujours fait rire de pitié ; ne lui
parlez pas de ce parangon de vertu, qu'elle vous
prie de ne pas troubler dans sa tombe et de laisser
dormir par commisération pour sa mémoire. Lucrèce! qui vous dit qu'elle n'ait pas dû sa vertu
au visage repoussant et à la trop hâtive précipi-
tation de son fougueux adorateur ; peut-être qu'à
l'heure où il se présentait à elle, l'œil enflammé
de lubricité, la menace à la bouche, elle rêvait,
cette pauvre Lucrèce, d'un amour bien tendre,
bien mystérieux, avec quelque fashionable Ro-
main, à la figure pâle et souffrante, au corps
grêle ; peut-être n'a-t-elle reculé que devant
l'impétuosité d'un amour trop emporté, trop
énergique? Pourquoi se ruer ainsi à l'improviste,
jeune homme imprudent, sans même être annoncé, dans le boudoir de celle que tu aimes?
C'est ton ardeur qui t'a perdu ; une paire de gants,
un flacon d'huile mélaïnocome, et quelques jours

d'attente... auraient peut-être vaincu cette vertu modèle.

Pour la seule femme vertueuse que l'antiquité nous a laissée, ce n'est vraiment pas de chance.

Mais si elle est sévère, — et peut-être juste après tout envers cette malheureuse Lucrèce, elle ne l'est pas moins envers elle-même. Pendant longtemps elle s'est crue constante, et ce n'est que plus tard, lorsqu'elle est parvenue à mieux déchiffrer le problème de son individualité, elle s'est aperçue qu'elle n'était que jalouse, très jalouse, et la jalousie, dit-elle, ne prouve rien autre que l'amour de la propriété. Alors j'ai bien compris qu'assurée du silence et du secret, je ne sais trop en vérité ce qui aurait pu advenir de ma fidélité! Parmi tous les hommes, il en est un que certes j'ai aimé au-dessus de tous les autres, vers lequel mon affection me ramenait toujours de préférence; mais enfin, d'autres aussi se sont rencontrés qui me plaisaient plus ou moins, et avec lesquels j'aurais bien pu volontairement de temps en temps oublier le premier, certaine de conserver toute sa tendresse, grâce à son ignorance.

Donc, la fidélité n'a presque toujours reposé que sur la crainte ou l'impuissance de faire mieux ou autrement et la mobilité étant la condition

6.

nécessaire du progrès, la femme ne sera vérita-
blement affranchie que par la proclamation de la
loi d'inconstance. Pour l'union des sexes, il devra
y avoir sympathie de l'*esprit* avec l'*esprit*, de la
matière avec la *matière, essai plus ou moins long
de l'un et de l'autre par l'un et l'autre*, cohabitation
plus ou moins prolongée. Mais pour cela le mystère, qui est la garantie indispensable de la liberté pour la femme, devient chose absolument
nécessaire. Ainsi, mesdames, alors même que ce
système devrait nous conduire à un grossier et
dégoûtant pêle-mêle, il faut conclure contre votre
avis, que l'association reposera un jour sur une
liberté sans limite, entourée de mystère.

La base sur laquelle repose l'autorité paternelle et maternelle la fait ricaner; quoi, parce
qu'un homme et une femme, obéissant à l'impé-
rieuse volonté des sens, entraînés l'un vers l'autre par ce besoin de plaisir auquel Dieu, dans sa
prévoyance et sa bonté, a attaché la conservation
de notre race, se jettent aux bras l'un de l'autre,
confondant leur vie dans un long embrassement,
oublieux des conséquences naturelles et probables
qui doivent surgir de cette union, par un divin
mystère impénétrable..., ils auraient des droits
sur le produit!

Amère dérision! — Et elle élève la voix pour

la loi de liberté, d'affranchissement, contre la loi
du sang, la loi de génération ; plus d'esclavage,
plus de tutelle, émancipation pour tous, pour les
esclaves, les prolétaires, les mineurs grands et
petits !

Elle cite à l'appui de sa thèse et non pour les
conclusions qu'en tire son auteur, M. James de
Laurence et sa théorie sur la filiation ; brisant
l'ancienne loi d'héritage, ce dernier proposait de
substituer l'hérédité de mère en fille, la succes-
sion ombilicale, et ceci pour les raisons suivantes : — Personne ne peut savoir avec certitude
quel fut son père... — quel couple peut dire : nous
venons de faire un enfant. Le succès de leur opé-
ration doit rester quelque temps incertain. Une
mère qui a plusieurs amants, peut soupçonner,
mais ne peut démontrer quel est le père de son
enfant.

Qu'un couple ait eu plusieurs rencontres, la
mère même sait-elle de laquelle son enfant pro-
cède ?

Dès qu'on ne fait pas les enfants à volonté,
leur conception peut être attribuée par les sceptiques au hasard et par les dévots à la Providence.

Les conclusions que M. de Laurence en tire,
au point de vue de l'hérédité, sont, comme je l'ai

dit, très indifférentes à Claire Démar, puisqu'elle ne veut plus de propriété, encore moins d'héritage et de privilèges de naissance.

.. Oh.! ne tremblez pas, elle a soin de vous rassurer par quelques bonnes paroles... — Qu'est devenu l'esclavage, vous demandera-t-elle, cette grande propriété détruite? Qu'est devenue l'hérédité du fief couvert de vassaux chargés de dîme? Qu'est devenue l'hérédité de titre qui conférait des droits et des privilèges? La terre a-t-elle tremblé, la société été anéantie!

En somme, elle ne veut plus de maternité, plus de loi de sang; la femme délivrée du joug, de la tutelle, tenant son existence, sa position sociale de sa capacité et de ses œuvres, devra remplir une fonction quelconque et par cela même ne pourra s'occuper de ses enfants.

. Qu'en fera-t-on? vous demandez-vous avec inquiétude, comme si tout dans la communauté n'avait été prévu et réglé de la façon la plus équitable.

Vous voulez affranchir la femme, n'est-ce pas? eh bien, du sein de la *mère de sang*, portez le nouveau-né au bras de la *mère sociale*, de la *nourrice fonctionnaire* et l'enfant sera mieux élevé puisqu'il le sera par celle qui a capacité d'élever, de développer, de comprendre l'enfance, et toute-

femme pourra se classer suivant sa *capacité* et recevoir rétribution de ses œuvres.

Et Claire Démar conclut : alors, seulement alors, l'homme, la femme, l'enfant seront tous affranchis de la loi du sang, de l'exploitation de l'humanité par l'humanité! Alors chacune et chacun, toutes et tous seront les filles et les fils de leurs œuvres et seulement de leurs œuvres.

. . . .

. . . .

On voit quelle part effrayante cette malheureuse femme fait aux passions et on comprend sans peine que le *mystère* tant réclamé par elle soit indispensable à sa théorie; son nom proscrit, sa personne injuriée, sa mémoire flétrie... rien ne l'arrête dans l'accomplissement de ce qu'elle regarde comme son devoir, c'est-à-dire dans l'exposé de sa doctrine et cependant, malgré son défi à la persécution, avant de le livrer à la publicité, elle s'effraye et se tue — pour ne pas en mourir plus tard.

Pauvre femme !

CHAPITRE V

Une héroïne de Juillet. — Julie Fanfernot. — Une séance
célèbre dans le Saint-Simonisme. — Profession de foi. —
Reine Guindorff. — Plaisanteriès anti-saint-simoniennes.
—Protestation et abjuration. — Commerce et *Fouriérisme*.
— Aliénation mentale. — *L'Étincelle*. — L'Hôpital.

Passons à une autre saint-simonienne dont le
nom fit quelque bruit vers la même époque. Elle
s'appelait Julie Cécile Lefranc, femme Fanfernot, et signait *décorée de Juillet;* ses démêlés avec
la presse lui donnèrent un instant une sorte de
célébrité tapageuse et ironique.

Décorée de Juillet en 1830, elle passe en cours
d'assises le 22 novembre 1831, prévenue d'avoir
par des cris séditieux provoqué à la rébellion.
Elle a trente ans, sa mise est recherchée, sa physionomie expressive, et si le ruban de Juillet qui
décore sa poitrine témoigne de son exaltation, il
témoigne aussi qu'aux jours de danger elle n'a
manqué ni de courage, ni de patriotisme. Elle n'a

pas de peine à repousser l'accusation qui pèse sur elle et qui l'a amenée en cour d'assises ; la chose est même ridicule : — un vieillard, décoré de Juillet, est pris par les agents dans un groupe de particuliers dont les paroles n'avaient, paraît-il, rien de flatteur pour le gouvernement ; il est brutalisé par les agents, traîné par les cheveux... à cette vue, Julie Fanfernot ne peut s'empêcher de crier à ceux qui l'entourent : *Lâches ! laisserez-vous emmener un de vos défenseurs ?* — Elle ne dit que cela, mais saisie à son tour et frappée de coups de bâton dont elle a longtemps porté les marques, elle est entraînée par les soldats et les agents.

Le Président : — Vous devriez comprendre que vos paroles étaient imprudentes.

Julie Fanfernot : — Ce vieillard ne faisait rien et je n'ai pu voir avec indifférence les brutalités qu'on exerçait sur lui. Quand on maltraite un homme, c'est comme si on lui disait : *Défends-toi*, et comme c'était un vieillard trop faible pour se défendre, j'ai cru qu'il était du devoir de tous les citoyens de le protéger.

Les témoins, qui sont des agents de police, n'ajoutent rien à ce récit, sinon que depuis on n'a même jamais pu retrouver le vieillard en question et cette sotte affaire ne prouve qu'une chose, le trop de zèle que la magistrature française a toujours montré aux gouvernements nouveaux.

Quelques jours après ces événements, vingt-trois femmes se présentaient salle Taitbout pour recevoir la consécration saint-simonienne ; le Père suprême préside la séance assisté du Père Olinde Rodrigues, chef du culte ; à la gauche de l'estrade et près du Père suprême sont tous les membres du clergé saint-simonien, prédicateurs, artistes, enseignants ; à la droite et près du Père Olinde Rodrigues sont les autres membres attachés au culte. Tous les degrés qui montent à l'estrade sont occupés par de petits enfants.

Holstein, directeur du personnel, présente ces dames à Olinde Rodrigues qui leur fait un discours et termine ainsi : « Enfants, nous vous aimons, aimez-nous? » et, comme ces dames répondent : « oui, » il ajoute : « Il ne suffit pas de dire j'aime ce que vous aimez, je crois ce que vous croyez; il faut que vous soyez décidées à pratiquer ce que nous pratiquons. » Elles font un signe d'assentiment et Holstein prend la parole : « Oui, mes filles, ayez foi en nous, ayez foi en Dieu qui, par la bouche de notre Père suprême Enfantin, nous a chargés de nous occuper du sort de vos enfants, qui dès aujourd'hui deviennent les nôtres. »

Là-dessus, le chef du culte Olinde Rodrigues donne deux baisers à chaque récipiendaire, le premier sur la joue droite, le second sur la gauche ; les toutes jeunes filles reçoivent un baiser supplémentaire sur le front,—et tout le monde est content.

Julie Fanfernot qui a assisté à cette scène est vivement impressionnée et, à la séance suivante, demande la parole.

« Ce qui se passe ici, dit-elle, me pénètre d'une émotion si profonde, d'une admiration si grande, que je ne puis résister au besoin de vous le dire. Mais avant tout sachez quelle est celle qui vous parle en ce moment. C'est une femme qui jusqu'à présent n'a signalé l'amour qu'elle a pour ses semblables que par des actes de haine, de destruction et de vengeance, parce qu'elle n'a pas su trouver d'autres moyens de donner cours aux sentiments dont son cœur était animé. C'est une femme qui a paru, il y a un mois, devant la cour d'assises comme accusée d'avoir conspiré contre le gouvernement. (*Mouvement de surprise.*)

Lorsque éclata la Révolution de Juillet à laquelle je pris une part active, j'ai cru comme tous ceux qui combattaient alors que nos efforts n'étaient point stériles ; mon âme alors s'est élevée

7

à toute la joie et au bonheur que je croyais réservés à mon pays. »

Ici, Mme Fanfernot raconte son arrestation et son acquittement; elle continue :

« Tout ce que j'ai fait, je l'ai fait pour mon pays, mon pays que j'aime aujourd'hui plus que jamais, car les saint-simoniens m'ont appris la meilleure manière de l'aimer. J'avais vu son bonheur dans un ordre de choses que rêvent les cœurs généreux; j'avais été éblouie par le faux éclat de la bannière qu'ils arboraient. Tous ces sentiments de républicanisme ont fait place à ceux que le Saint-Simonisme inspire : c'est là désormais la bannière devant laquelle je me prosterne. C'est avec elle que j'irai chercher les citoyens, j'irai les chercher, non pour les mener braver la mort comme je le fis en Juillet, mais pour les faire vivre de cette vie d'amour, de cette vie dont l'expression me manque, car ce que l'on sent trop vivement ne saurait avoir d'expression assez forte; mais des cœurs comme ceux des saint-simoniens doivent me comprendre. Dès aujourd'hui, je le dis hautement, j'abjure tous ces moyens dont je me suis servie jusqu'à présent pour satisfaire les sentiments qui brûlaient dans mon cœur; je les abjure, je veux me montrer digne de la nouvelle foi religieuse que j'embrasse... »

Mᵐᵉ Fanfernot s'arrête épuisée ; sa parole est entrecoupée, son émotion ne lui permet plus de se faire entendre. Le Père Olinde essaye de la calmer et de lui donner en même temps quelques notions saint-simoniennes. — « Je ne connais point, lui dit-il, d'opinions républicaines dans cette enceinte. La république est impossible, elle ne sera jamais réalisée et le nom même de république doit disparaître pour faire place à l'idée d'association. Je nie que la république soit la religion saint-simonienne à laquelle je ne veux point attacher une chimère. Ainsi donc, femme, si vous êtes saint-simonienne, sachez bien que ce n'est pas la république que nous voulons. »

Puis il lui promet de lui donner la parole à la prochaine séance, lorsqu'elle sera remise de l'émotion qu'elle éprouve en ce moment et qu'elle aura recouvré le calme nécessaire pour que sa profession de foi puisse être acceptée par la famille saint-simonienne.

En effet, huit jours après, le Père Olinde Rodrigues raconte que Julie Fanfernot est venue le voir et qu'elle lui a dit sa vie ; aujourd'hui, il la connaît et il lui rend la parole qu'il lui avait retirée. — « Julie, dites ce que vous sentez, ce que vous désirez ? »

Julie Fanfernot : — « J'ai médité vos paroles

depuis dimanche, mon Père. Ma vie passée répond aujourd'hui de ma sincérité. Je me sens la force, et quand je le dis on peut m'en croire, de détruire en moi les passions et la haine dont je m'étais nourrie et inspirée jusqu'ici... J'éprouve aujourd'hui devant vous la réalisation de tout ce que j'avais pressenti à travers des malheurs inouïs, des infortunes extraordinaires qui m'ont souvent poussée vers un précipice affreux... »

Ici, Julie Fanfernot raconte tout ce qu'elle a souffert depuis son enfance ; l'émotion profonde qu'elle éprouve en retraçant les scènes de sa vie qui lui rappelaient les souvenirs les plus déchirants a gagné l'auditoire et l'a forcée elle-même de suspendre son récit.

— « Julie, dit le Père Olinde, je veux ajouter à ce que tu viens de dire quelques détails de ta vie que tu m'as confiés et qui te feront mieux connaître. » Et il la montre dès l'âge de quatorze ans vivant et faisant vivre plusieurs familles du travail de ses mains, du travail de son intelligence industrielle. Un jour, tout lui fut enlevé; elle avait été malade et, en rentrant chez elle, elle ne retrouva rien, pas même les instruments de son travail. Elle se remit courageusement à la peine, et comme le père nourricier, chez lequel elle avait mis son enfant, ne voulait le lui rendre que contre

le remboursement de sommes qu'elle n'avait pas;
elle fit quarante lieues à pied, s'établit près de
cet enfant, loin des habitudes de son industrie,
moissonna, travailla à la terre, gagna longtemps
douze sous par jour... mais parvint cependant à
retirer son enfant. Son rêve est de constater la
puissance industrielle de la femme, de la femme
livrée à ses propres ressources et se développant
au milieu du monde par sa propre énergie.

Mais le Père Enfantin se lève et gravement
s'adresse à la récipiendaire : — « Julie, lui dit-il,
tu as demandé tout à l'heure une famille nouvelle. Tu pourras la trouver dans la nôtre. Mais
j'ai besoin de te voir plus intimement, j'ai besoin de connaître moins ta puissance politique,
ton intelligence industrielle, que ton cœur, que
tes sympathies. La politique et l'industrie, jusqu'à présent les femmes ne s'en sont pas occupées, et ce sont des merveilles, des phénomènes
extraordinaires que les femmes qui s'y livrent
avec autant d'ardeur que tu l'as fait. Les femmes
qui se livrent, comme tu l'as fait, aux passions
politiques, qui, en même temps, refont quatre
fois leur fortune, ce sont, dis-je, des exemples
rares et ce sont ces exemples que nous, saint-
simoniens, pouvons seuls découvrir dans le
monde et mettre en lumière devant tous. Oui,

nous avons besoin de femmes qui sortent des habitudes ordinaires de la vie féminine. Nous avons besoin de femmes ardentes, désireuses de changer ce monde, de lui donner des preuves de la puissance éclatante qui est dans la femme et de s'associer aux travaux de l'homme. — Mais je te le répète, Julie, j'ai besoin de te mieux connaître. Je t'ai vue, je t'ai entendue en public. J'ai besoin de causer avec toi; demain je t'attends. »

Julie Fanfernot demande à ajouter un mot; elle désire que l'on trouve la preuve de sa sincérité dans l'hommage qu'elle va rendre publiquement au gouvernement. Elle raconte alors qu'après sa conduite après les trois glorieuses il fut question d'elle à la cour; mais déjà la perte des espérances républicaines lui avait rendu son orgueil et sa fierté. Elle ne voulait pas faire antichambre chez les ministres, et *descendre de la hauteur où l'avait placée le danger;* si elle avait mérité une récompense on devait la lui accorder sans la lui faire solliciter. C'est alors que le ministre de l'instruction publique lui envoya une nomination pleine de bienveillance, un trousseau complet et une bourse pour son fils, cet enfant pour lequel elle avait tant souffert. Pour la première fois, en parlant de ce bienfait, elle ne se sent pas

le cœur oppressé et se trouve heureuse de dire
qu'elle en est reconnaissante. Elle attribue ce
sentiment au Saint-Simonisme qui l'envahit tout
entière.

Cette séance, dans laquelle on entendit encore
une Allemande, Reine Guindorff, âgée de dix-
neuf ans, parler de l'état d'abaissement de la
femme, resta célèbre dans les annales du Saint-
Simonisme et provoqua autour de nos apôtres une
joie vive et bruyante dont on retrouve les éclats
un peu partout, en vers comme en prose, au
théâtre comme dans le journal.

Aujourd'hui cela paraît des plus fades, comme
on peut s'en convaincre par la paraphrase suivante de la séance dont nous venons justement
de parler :

LE PÈRE SUPRÊME.

Julienne Fanfernaud, approche, tu diras,
Ce que tu sens, sentis et que tu sentiras.

BALTHAZAR.

Quel air déterminé! tudieu! la belle fille.

COLAS, à Balthazar.

L'Allemande est je crois plus douce et plus gentille.

BALTHAZAR.

Attention.

FANFERNAUD.

Moi, grande aux grands jours de juillet,

Moi dont brûlait le cœur, dont la tête bouillait,
Qui criais sur les toits : Vive la République !
Me voilà radoucie, aimante et pacifique.

. . . .

Adieu bonnet ancien, sabre que je regrette,
Ma transfiguration désormais est complète !
Quel sentiment inné ! Quel instinct naît en moi !
Je ressens un bien-être, un... un je ne sais quoi
De doux, de ravissant ! Du bonheur c'est l'aurore
Présageant l'avenir à mon cœur qui l'implore !

. . . .

A ces émotions qui viennent me surprendre
Ma faible voix à peine se fait ici entendre...
(L'émotion de Fanfernaud électrise l'auditoire
à plusieurs reprises.)

. . . .

J'ai fait le coup de feu ! le ruban me décore ;
On voulut m'adresser aux ministres du roi :
Moi, m'avilir, ramper ; non, qu'ils montent à moi !
Ils ont fait leur devoir.

BALTHAZAR.

Voilà qu'elle improvise !
Pauvre fille, vraiment, je crains quelque sottise.

FANFERNAUD.

Ils ont placé mon fils au collège.

BALTHAZAR.

Comment ?
Elle, un fils !... J'ignorais qu'elle eût fait un enfant.

FANFERNAUD.

J'en ai trois.

RODRIGUES.

Fanfernaud, dis-moi, femme inconnue,
Serais-tu par hasard la Messie attendue

Qui doit, unie au chef de la religion,
Couple révélateur propager Saint-Simon?
Es-tu la femme libre? Es-tu la femme aimante?
L'es-tu?

BALTHAZAR.

Papesse ou non, je la trouve charmante.

LE PÈRE SUPRÊME.

Sur ce point, il me faut quelqu'éclaircissement :
Fanfernaud, viens demain me voir intimement.

BALTHAZAR.

Fanfernaud, dites non.

LE PÈRE SUPRÊME.

        J'ai besoin de connaître
Moins cette intelligence infuse dans ton être,
Ton politique instinct, ton but industriel,
Que ton cœur, Fanfernaud, voilà l'essentiel!
Saint-Simon a besoin de femmes courageuses
Dans leurs impressions, ardentes, désireuses
De changer l'univers à leurs soins confié,
Beau sexe au sexe fort triomphe associé!
Fanfernaud, sois pour nous une utile conquête:
Avec toi j'ai besoin d'avoir un tête-à-tête!

BALTHAZAR, à Fanfernaud.

Dites non.

FANFERNAUD.

Oui, j'irai.

BALTHAZAR.

        Tâchons de la revoir.
(Il s'élance sur l'estrade.)
C'est moi! pour en finir, père Enfantin il faut
Que j'épouse aujourd'hui Julienne Fanfernaud.

7.

En voilà assez, je pense, sur ce sujet ; revenons sérieusement à Julie Fanfernot qui, on le voit, était une recrue brillante pour les saint-simoniens, mais

> *Souvent femme varie,*
> *Bien fol est qui s'y fie.*

Soit qu'elle n'eût pas compris de suite tout ce qu'on attendait d'elle, lorsque le Père Rodrigues lui avait dit : il ne suffit pas de dire j'aime ce que vous aimez, il faut être décidée à pratiquer tout ce que nous pratiquons, soit qu'elle ait obéi à des motifs d'un ordre inférieur, nous la retrouvons peu de temps après hors des voies saint-simoniennes, essayant de mettre en pratique les théories industrielles du fouriérisme auquel elle vient de passer avec armes et bagages.

Elle reste même quelque temps à Condé, près de Rambouillet, dans un essai de phalanstère créé par un M. Baudet-Dubary ; mais les actionnaires, dit-elle, sont à cent pieds au-dessous de leur œuvre ; ne prétendent-ils pas *qu'avec le sentiment au lieu d'argent le phalantère sera une œuvre avortée?...* Elle les quitte et cherche alors à fonder un journal, *l'Etincelle,* avec un nommé Stourm, que j'ai rencontré dans presque toutes les publications féminines de ce temps et qui déclarait que *l'Etincelle* ne ferait pas de politique, mais de la science sociale en dehors de toute coterie et d'influence étrangère, en dehors de ce pathos métaphysique où sont plongés tant d'hommes que la cause de l'humanité réclame ; — pathos dont n'était pas toujours exempt le dit Stourm lui-même.

C'est au sujet de cette publication qui, du reste, ne vit pas le jour, que Julie Fanfernot croit devoir entretenir le public de ses travaux et de ses espérances.

Elle s'adresse au peuple de Paris, au peuple des faubourgs, dans une prose où le lyrisme se marie agréablement à l'exaltation. C'est au Louvre, dit-elle, lorsque, esclaves désarmés, nous luttions contre des esclaves armés, faibles de nombre, impuissants de moyens, dans les angoisses d'une périlleuse incertitude, nous jetions vers le ciel des regards suppliants en invoquant des secours ; il nous envoya ton âme courageuse, tes bras musculeux et ce sang déjà consacré par tant de sacrifices, qui vient encore se régénérer sous l'étendard de nos anciennes victoires. Tu nous parus alors environné de prestige, tu portais vingt pieds de haut, tes guenilles paraissaient à nos yeux éblouis de l'or et de la pourpre,

instinctivement tu nous paraissais digne de la
revêtir, etc., etc.

Puis elle se lamente de ce que cela n'a pas
duré; elle était encore en extase devant ce magnifique horizon, quand elle fut pétrifiée d'horreur en voyant les lauriers de Juillet et la couronne de ces héros subir tant de hideuses méta-
morphoses!...

Comme bien d'autres, la bonne dame se trouvait volée et voyait déjà poindre la *pensée du
règne;* mais il n'était pas dans sa nature de se
plaindre longtemps, et, après avoir donné quelques regrets à un passé glorieux, plein d'espérances..., elle va nous apprendre que, protégée à
son insu par l'excès de son infortune, elle a fait
de l'instrument forgé pour la détruire la sonde
indispensable du pilote incertain et nous montrer ce qu'elle a trouvé au fond de l'ornière fan-
geuse où l'ont poussée brutalement les instruments aveugles de sa destinée.

Elle se mit donc à étudier les œuvres de Saint-
Simon, dont les théories lui avaient déjà laissé,
au lendemain de la révolution de Juillet, de fortes
impressions; bientôt, vaincue par la lecture quotidienne du *Globe* et le mérite reconnu de plusieurs saint-simoniens (*sic*), elle adhéra à leurs
théories politiques, mais recula devant la mons-

trueuse théorie morale conçue par Enfantin qui
déclarait être le père de l'humanité.

— « Je protestai le 13 janvier 1832 contre l'article
de Duveyrier, ce qui n'empêcha pas le lendemain
mon nom, dont j'avais refusé la citation dans des
circonstances honorables, de devenir pendant plusieurs mois le synonyme d'une chose ridiculement
fanatique, et cela par la triste nécessité où certains journaux sont de remplir leurs colonnes
quand même ; mais me ressentant de l'influence
pacifique qu'exercent les saint-simoniens, je me
contente de déplorer le sort d'un journaliste, qui,
sans quelquefois s'en douter, subit la triste nécessité qui l'engage à flétrir d'un coup de plume
une existence tout entière. »

Elle continua donc sa route, comme un voya-
geur impatient que ne peuvent arrêter de pareils
croassements ; mais tout le monde, paraît-il, ne
partagea pas cette noble indifférence, car quelques
jeunes gens qu'elle ne connaissait pas, manifes-
tèrent l'indignation que leur causaient ces calomnies avec une telle énergie, qu'elle craignit
un instant d'avoir à en déplorer les suites bien
qu'elle ne s'approprie pas la part tout entière de
cette démarche.

Toujours pénétrée des idées régénératrices de
Saint-Simon, mais apercevant toutes les erreurs

qu'elles avaient charriées, elle se mit à l'écart de tout principe, n'ayant recueilli de tant d'espérances qu'un germe d'avenir dont la fermentation l'agitait cruellement, lorsqu'une nouvelle manifestation du malaise social vint mettre à découvert ces plaies douloureuses.

Elle parle de l'émeute de 1832, et s'écrie : — Je n'eus plus d'autre ressource que d'envoyer aux députés cette adresse que je fis porter le 6 juin, à sept heures du soir, à M. Laffitte : — « Sans guide, sans chef, mais avec l'espoir d'un meilleur avenir, nous combattons depuis deux jours contre des masses aveuglées. Ah ! citoyens députés, si vos tristes prévisions nous ont jetés sur la place publique, n'auriez-vous plus d'inspirations pour nous y rendre victorieux?... »

La mise en état de siège de Paris, les traces fumantes du carnage de la veille, les cris des condamnations à la peine de mort hurlés à ses oreilles plus disposées à entendre des cris de liberté, tous ces efforts pour inspirer la crainte et la terreur, et arrêter par de *petits cailloux* la marche solennelle du progrès, appelèrent de nouveau ses méditations sur un autre ordre de choses invoqué par tous de fait et de désir.

On devine ce qu'elle veut dire, mais quel charabia !

Elle quitte Saint-Simon et va à Charles Fourier, tout en protestant contre le Phalanstère qui insultait les républicains et les saint-simoniens dont les erreurs, dit-elle, ne furent funestes qu'à eux seuls, tandis que la cloche qu'ils ont sonnée a retenti et retentit encore pour appeler l'humanité *dans la sphère qu'exige l'âge que commence à atteindre notre civilisation.*

La voilà donc en plein fouriérisme, étudiant avec persévérance, faisant plus, c'est-à-dire essayant autant que possible de mettre en pratique les théories industrielles sur lesquelles elle avait pâli. Elle s'aperçut bientôt de la facilité avec laquelle on pouvait simplifier le mécanisme social, éviter le frottement des rouages inutiles et faire converger dans un même centre ce grand nombre de forces dépensées isolément, afin qu'elles se développent et qu'elles tournent directement au profit général.

C'est ce tribut de douleurs et d'études qu'elle vient apporter au peuple, pénétrée de ses souffrances parce qu'elle les a partagées, orgueilleuse de son mérite parce qu'elle en a eu sa part, ardente et désireuse de son avenir qui est celui de ses enfants.

Des hommes, dont les antécédents sont différents des siens et qu'on ne peut suspecter *d'alié-*

nation (sic) veulent bien l'aider dans la tâche qu'elle s'est imposée et qu'elle remplira jusqu'au bout, méprisant de nouveau les insultes et les outrages et faisant vœu de répondre avec la véhémence de ses convictions, ce que Thémistocle disait à Euribiade : *frappe, mais écoute.*

Une petite note, plus douloureuse peut-être que ce factum incohérent, va nous expliquer pourquoi elle présente ses collaborateurs comme *non suspects d'aliénation :* — « La plupart des personnes avec lesquelles j'étais en relation de commerce et d'affaires me supposent atteinte de folie lorsqu'ils me voient sacrifier mon intérêt personnel à la cause générale ; tant que cette opinion n'a eu d'influence que sur mon sort, je n'ai fait qu'en rire, aujourd'hui je revendique mes droits à la confiance publique, parce que cette confiance est indispensable à ma secte *(sic)*, c'est ce qui m'a décidée à faire l'exposé de mes sentiments et de mes actes défigurés par la haine et la sottise. »

En 1838, elle est à Marseille en ménage avec une sorte de brute qu'elle appelle son ours ; il ne desserrait jamais les dents mais lui obéissait comme un chien... Elle l'avait rencontré au bord de la mer dans un moment où il voulait se suicider... « *Je le sauverai*, s'écria-t-elle, *j'en ferai un homme !* » en attendant, il remplissait à l'intérieur les fonctions de femme de ménage et à l'extérieur celles de commissionnaire ; il livrait la marchandise et allait chercher les fournitures, car à cette époque elle était enceinte, avait un enfant en bas âge à soigner et de petits travaux de tapisserie lui prenant tout son temps faisaient seuls vivre ce ménage bizarre.

Je dis bizarre..., car dans ce pauvre logement, Julie Fanfernot recevait un grand nombre de jeunes gens appartenant à des familles riches et auxquels elle enseignait *tout ce que son cœur généreux avait trouvé dans la doctrine...*

Qu'arriva-t-il de tout cela ?... Hélas ! nous la retrouvons un peu plus tard mourant sur un lit d'hôpital et, de tout l'amour qu'elle avait pour l'humanité, n'ayant plus au fond du cœur qu'un profond sentiment de haine contre les hommes, repoussant ses amis, les accusant d'ingratitude et maudissant la société où elle n'avait trouvé qu'amertume et déception.

Et cependant, c'était une vaillante et une courageuse qui, par son dévouement pour son enfant et ses tentatives industrielles, me semble préféràble aux femmes d'aujourd'hui dont la plupart n'ont encore témoigné dans la poursuite des droits de la femme que d'un peu de plume et de beaucoup de langue.

CHAPITRE VI

Flora Tristan. — L'abbé Constant. — Querelles de ménage.
Les Pérégrinations d'une Paria. — Séparation de corps. —
Tentative d'assassinat. — Vingt ans de travaux forcés. —
Le triomphe de la femme. — L'apôtre du prolétariat. —
Le Testament de la Paria. — A FLORA TRISTAN, *les travail-
leurs reconnaissants.*

Celle-ci était un peu phalanstérienne, un peu
saint-simonienne, un peu ceci, un peu cela,
mais surtout très exaltée, au point de passer pour un mythe à ses propres yeux et de se
croire sincèrement la femme-Messie. Ce n'est
pas la moins curieuse de notre galerie.

Il paraît que le récit détaillé des complications
fatales de son histoire nous entraînerait, dit le
citoyen Stourm, dans d'inconvenantes particularités. Le citoyen a probablement raison, seulement au lieu de particulariser, il pourrait étendre
cette observation à toutes les dames au milieu
desquelles je le retrouve toujours tartinant sur

les droits de la femme ; en tous cas, nous ne nous laisserons pas entraîner..... et fidèle à notre système, nous ne donnerons que ce que la dame elle-même nous aura donné — et vrai, c'est bien suffisant.

Elle était fille naturelle d'une Française qui avait émigré et épousé clandestinement un Péruvien, don Mariano de Tristan dont la famille s'opposait à ce mariage. Un prêtre — émigré également — les aurait unis, mais Mariano de Tristan étant mort subitement avant d'avoir pu faire régulariser son mariage devant l'état civil, Flora - Clémentine - Thérèse - Henriette Tristan n'en était pas moins enfant naturel. J'insiste là-dessus, pour montrer que les oppressions sociales, qui plus tard la poussèrent à la révolte, l'avaient prise pour ainsi dire au berceau.

Elle avait dix-huit ans, quand elle épousa contre son gré un homme qu'elle ne pouvait, disait-elle, ni aimer, ni estimer, un certain François Chazal, peintre et imprimeur-lithographe chez lequel elle avait travaillé comme ouvrière coloriste. Elle était fort belle, avait le teint un peu bronzé, mais des yeux superbes et qu'est-ce que ce devait être, puisque beaucoup plus tard un de ses amis, ancien Sulpicien, qui avait quitté le séminaire où, selon ses expressions, la fréquentation des jeunes gens et des jeunes filles auxquelles il enseignait le catéchisme lui avait appris qu'il était impropre au célibat, l'abbé Constant, que nous retrouverons tout à l'heure, faisait ainsi l'examen de Flora.

— « Avez-vous vu, s'écriait-il avec ivresse, la captieuse douceur de ses magnifiques yeux noirs, sa main d'ivoire antique faite à désespérer le ciseau de Phidias? sa plantureuse et luxuriante chevelure que le temps jaloux, semblable à une araignée patiente, voudrait enlacer dans un réseau d'argent? son port de reine, sa parole infaillible, mais complaisante et facile, tomber de ses lèvres si vermeilles et si pures? Avez-vous vu Flora dans la coquetterie de son négligé dédaigneux?..... ceux qu'elle aime, elles les tue (au moral, entendons-nous), c'est une sirène qui ne chante pas mais qui dévore, c'est un adorable vampire qui vous tue l'âme et qui vous laisse votre sang..... elle est simple et douce à vous jeter dans des accès d'hydrophobie, et vous sortez de ses amitiés caressantes avec je ne sais quelle envie de mordre quelqu'un... ou quelque chose... »

Polisson d'abbé! mais quelle heureuse idée avec ce tempérament d'amateur d'avoir quitté Saint-Sulpice!

Revenons à Flora ; elle s'était mariée en 1821 ;
— en 1825, monsieur reprochait à madame de
l'avoir ruiné par son luxe et déshonoré par le
nombre de ses amants, et madame répondait
que monsieur, ayant perdu sa fortune au jeu,
voulait qu'elle se prostituât afin de le faire
vivre.

La situation n'était pas tenable ; ils se sépa-
rèrent d'un commun accord et Mme Chazal se
faisant passer pour veuve prit le nom de son
père et partit pour le Pérou où elle resta quelques années. Elle en rapporta son livre : *Les Pérégrinations d'une Paria*, livre où elle se met en
scène et dans lequel on lit des choses comme
celle-ci :

« Je regardai M. C., dit-elle (M. Chabrié, capitaine du vaisseau sur lequel elle fit le voyage) et
je vis que j'étais réellement aimée ; cette découverte produisit sur moi un élan de ravissement,
car l'amour comme je le comprends c'est l'esprit
de Dieu, » etc.

Là-dessus, elle s'embarque dans un pathos
double et composé, mais s'arrête peut-être avec
trop de complaisance sur le désespoir qui la prend
lorsqu'elle pense au malheur de sa situation,
situation qui ne lui permet pas de s'unir à
l'homme qu'elle aime, etc.

Plus tard, à Lima — le beau capitaine n'étant plus là — elle crut s'apercevoir que si elle inspirait de l'amour à Escudero, elle pourrait prendre sur lui une grande influence, désirant la faire servir aux intérêts d'un pays qu'elle s'était habituée à regarder comme le sien et dont les malheurs la faisaient souffrir. L'idée de s'asseoir aux côtés de cet homme spirituel, audacieux et insouciant, souriait à son imagination, la voix du devoir eût été peut-être impuissante pour la faire résister à la tentation — la plus forte qu'elle ait éprouvée de sa vie, mais elle craignit...

Je vous donne en mille à deviner ce qui la retint ?

Elle redouta la dépravation morale que la jouissance du pouvoir fait généralement subir, elle craignit de devenir criminelle, despote, dure, comme tous les tyrans passés, présents et futurs !

Avouez que vous ne vous attendiez pas à celle-là !

Ce sacrifice était d'autant plus grand, qu'Escudero lui plaisait. Il était laid aux yeux de bien du monde mais pas aux siens. Il pouvait avoir de trente à trente-trois ans, était de moyenne taille, très maigre, avait la peau basanée, les cheveux très noirs, les yeux brillants, langoureux et les dents comme des perles. Son regard, son sourire mélancolique donnaient à sa physionomie un caractère d'élévation qui l'entraînait ; avec cet homme, il lui semblait que rien ne lui eût été impossible. — Devenue sa femme, dit-elle, j'aurais été fort heureuse ; dans les tourmentes de notre position politique, il m'eût chanté une romance ou joué de la guitare avec autant de liberté d'esprit que lorsqu'il était étudiant à Salamanque.

Elle eut peur d'elle-même et jugea prudent de se soustraire par la fuite à ce nouveau danger.

Cela et d'autres choses encore jettent Chazal dans la plus vive exaspération ; il publie un Mémoire contre sa femme qu'il accuse de toutes les turpitudes possibles, de tout faire pour se procurer de l'or ; il veut sauver sa fille des pernicieux exemples de sa mère (les malheureux avaient deux enfants, un garçon et une fille). Le Mémoire se termine par ces mots : liens moraux, liens sociaux, liens maternels, liens conjugaux, elle a tout brisé et, femme sans pudeur, elle a sans honte, sans remords compromis tout l'avenir de l'homme qui lui a donné son nom, de l'homme qui l'a retirée de la misère ! Honte et mépris sur elle !

Flora Tristan, de son côté, accuse son mari

d'avoir commis des attentats sur sa fille, qu'il faisait coucher avec lui alors qu'il y avait deux lits dans la chambre ; la fille était grande, elle aussi accuse son père..... Cependant après enquête — il y eut ordonnance de non-lieu.

Maître Dupin, qui dans la séparation de corps, plaidait pour Flora, conclut ainsi : — Nous ne sommes pas maîtres de notre organisation, mais nous le sommes de nos actions et aucun acte ne peut lui être reproché ; — à quoi Jules Favre, qui défendait Chazal, répond : — Lorsque après de nombreuses querelles il lui a plu de mettre l'Océan pacifique entre elle et son mari (*hilarité*), sans revenu, jeune et jolie, elle a brillamment existé, comment a-t-elle vécu ?

La séparation de corps fut prononcée à la requête et sur la demande de Flora le 14 mars 1838 et, aux termes du jugement, le fils fut confié au père et la fille entra en apprentissage.

Je vous fais grâce ici des enlèvements d'enfants, des poursuites du mari, des fuites de la femme... ; en somme, le jugement ne reçut pas son exécution et la jeune fille resta avec sa mère, ce qui causa à Chazal la plus profonde irritation.

L'idée de tuer sa femme l'envahit peu à peu. Le 20 mai, il passe la journée à faire un dessin

sépulcral, pour la pierre qu'il se propose de
mettre sur la tombe de Flora Tristan.

LA PARIA

Il est une justice que tu fuis qui ne t'échappera
pas. Dors en paix pour servir d'exemple à ceux
qui s'égarent assez pour suivre tes principes im-
moraux. Doit-on craindre la mort pour punir un
méchant ! ne sauve-t-on pas ses victimes ?

Deux de ses amis auxquels il avait fait part de
son aimable projet essayèrent de l'en détourner,
puis prévinrent le maire de Montmartre qui, de
son côté, fit ce qu'il put pour calmer Chazal ; —
la mère de Flora Tristan fut aussi avertie. On lui
renvoya son fils, mais cela ne lui suffisait pas ; il
demanda une entrevue à sa femme qui la refusa,
puis il écrivit au procureur général : « Quand
vous recevrez ce Mémoire, justice sera faite et je
serai à votre discrétion. »

Il recommanda son fils à diverses personnes et
partit pour la rue du Bac.

Là, il attendit longtemps dans la rue ; Mme Flora
Tristan habitait au 100 bis avec sa fille, elle sortit enfin ; à peine était-elle dehors qu'il courut
sur elle et lui tira un coup de pistolet par der-

rière ; elle tomba, puis se releva toute sanglante
et se précipita chez un marchand de vins voisin. Chazal, impassible, la regardait aller ; un
concierge se jeta sur lui et lui enleva un second
pistolet qu'il tenait à la main ; il ne fit aucune
résistance et comme le commissaire de police lui
demandait s'il n'avait pas gardé ce pistolet pour
se faire justice :

— Oh! non, répondit-il tranquillement, c'était
pour faire feu une seconde fois, si le premier
coup avait trahi ma vengeance et si je ne l'ai pas
tuée, c'est que j'ai eu peur de blesser quelqu'un.

On crut d'abord Flora Tristan perdue ; or le
coup avait été tiré de si près que la balle perdit
de sa force, mais n'en entra pas moins profondément dans les chairs et ne put être extraite.
Elle ne s'en guérit jamais bien, et depuis traîna
une vie languissante ; elle avait alors trente-cinq
ans.

Chazal, lui, avait quarante-deux ans ; il fut
condamné à vingt ans de travaux forcés.

Oh ! it was the cronning act of this bloody clead!

On comprend que cette vie agitée, couronnée
par cette tragédie, n'était pas faite pour ramener
une pareille femme dans les sentiers battus de
la vie ordinaire ; aussi, se remit-elle plus ardemment à la lutte, et ses propres malheurs — quand

même sa nature exaltée et généreuse ne l'y eussent point poussée — l'entraînèrent vers ceux
qui souffrent et la rejetèrent dans l'apostolat et
la révolte.

Comme Claire Démar, elle déclare également
saintes la chair' et l'âme, et se préoccupe beaucoup de la question des sexes dans les destinées
futures de la femme ; elle veut arriver au salut
des femmes par la purification des sens. Elle ne
réclame pas l'affranchissement, mais bien la souveraineté, le triomphe de la femme. Son utopie,
dit l'aimable abbé Constant, est la république des
abeilles, et ce qu'elle paraît vouloir conquérir,
ce n'est pas l'égalité et la justice, c'est la réaction
et la vengeance.

La femme maîtresse de ses faveurs, d'après le
vœu de Flora Tristan, animera qui il lui plaira
du feu sacré de l'amour, et elle fera participer
un instant à son privilège de mère celui qu'elle
aura choisi. Elle ne se donnera jamais à un
homme, elle honorera un homme de son choix,
l'élèvera jusqu'à sa souveraine et le renverra en
lui imposant silence.

L'abbé Constant, dans un petit livre intitulé
l'Émancipation de la femme ou *le Testament de
la Paria*, ouvrage posthume de Mme Flora Tristan, complété d'après ses notes et publié par A.

Constant et dans lequel il est assez difficile de
démêler ce qui vient de Flora ou appartient en
propre à l'abbé, nous apprend que Flora Tristan
a été son amie selon l'esprit et que pendant un
temps il a partagé toutes ses croyances.

Tous nos compliments, monsieur l'abbé !

Mais il ajoute un peu légèrement que depuis il
a changé ; — « Pourquoi ai-je changé ? demandez
au temps pourquoi tout change. Flora n'a pas
changé de la même manière ; mais elle est morte,
ce qui est un changement bien plus complet et
bien plus terrible. »

Avant de quitter ce philosophe, je citerai une
note amusante dans laquelle il raconte qu'une
femme célèbre parmi celles qui tiennent des maisons de prostitution, Pauline la Juive, montre à
qui veut un certificat de moralité irréprochable
donné par le commissaire de la place du Palais-
Royal et signé par vingt propriétaires principaux
de ce quartier qui constatent que pendant trente
ans elle a mérité à tout titre ce certificat.

Libre à vous de croire que ces vingt propriétaires étaient vingt saint-simoniens.

Revenons au *Testament de la Paria.*

J'y retrouve bien la fièvre et l'irritabilité de
Flora Tristan, son fatras philosophique et indi-
geste, son style prétentieux, à sonneries de trom-

8.

pette et menant plus grand bruit que raison, mais j'y trouve aussi un côté biblique qui me semble devoir être la propriété de M. Constant. Il lui fait dire : « J'ai crié, j'ai pleuré et vous avez ri ; je me suis tue ; je me suis traînée à vos pieds et vous m'avez mis le pied sur la tête ! que suis-je moi ? qu'importe ce qui m'arrive ? n'ai-je pas donné ma vie pour ce peuple ! c'est bien : flétrissez-moi, emprisonnez-moi, calomniez-moi... n'est-ce pas vous tous les élus de la mangeaille, de la buvaille, de la valetaille, ventres toujours repus et toujours avides, enflés d'orgueil et rassasiés d'infamies, n'est-ce pas que ce peuple est bien gourmand et que des drôles pareils sont bien hardis de prétendre qu'ils veulent manger... »

Puis elle parle de Jésus-Christ et déclare qu'elle veut accomplir ce que rêvait sans doute au pied de la croix Madeleine la pécheresse ; elle veut aimer comme Jésus-Christ et mourir comme il est mort afin de pouvoir féconder le veuvage de l'Évangile et laisser aussi un héritage pour le confondre avec le sien.

— A moi aussi, s'écrie-t-elle, il me faut un calvaire pour y proclamer en mourant l'émancipation de la femme.

Et si on lui demande (et croyez que ce n'est pas

moi, mais bien elle qui se pose cette question
pour y répondre) à elle qui parle ainsi, pourquoi
elle ne s'est jamais approchée avec sa fille de la
communion catholique, elle répond qu'elle ne
pouvait ni ne voulait livrer sa dignité de femme
et l'innocence morale de sa fille aux questions
impures d'un prêtre, car elle regarde le célibat
des prêtres comme une chose impie et les assi-
duités des femmes au confessionnal comme une
sorte de profanation des droits de la nature. Le
mariage spirituel est beau sans doute, dit-elle,
et je le comprends, moi qu'on a fait passer pour
une femme débauchée, parce que je règne assez
sur mes sens pour dédaigner la pruderie; mais
désirer sans cesse et n'oser pas! et mentir toujours et respirer fortement un souffle qui vous
donne la fièvre et dissimuler dans des capuci-
nades hypocrites les émotions passionnées du désir.... fi! c'est infâme.

Apôtre dévouée à la classe ouvrière, elle avait
publié outre ses *Promenades dans Londres*, *Mé-
phis* ou *le Prolétaire*, etc., une brochure l'*Union
ouvrière* dans laquelle elle engageait la corpora-
tion des travailleurs à former une association générale afin de se soutenir par leurs propres ressources et de créer des écoles pour les enfants et
des asiles pour les invalides et les vieillards. L

moyen d'y arriver était des plus simples : il y a
7,000,000 d'ouvriers en France ; que chacun d'eux
donne 50 centimes par mois, ce qui ne fait pas
2 centimes par jour, ils auront un budget de
42,000,000 de francs, c'est-à-dire que les prolétaires seront d'un douzième plus riches que
les autres classes, qui toutes ensemble n'ont
pas trois fois ce revenu-là ; — et la révolution
serait faite.

Et là-dessus, Flora Tristan se mit à parcourir
la France, prêchant l'émancipation de la femme
et le relèvement du prolétariat, ce qui faisait
dire un peu cruellement au *Petit Rivarol
de* 1843 : — Depuis son malheur, cette bonne dame
a fait vœu de chercher sans relâche la *femme
libre* et il faut voir comme emportée par son zèle
apostolique... elle bat la campagne.

Malade, n'en pouvant plus, épuisée de toutes
les façons, la pauvre femme vint mourir à Bordeaux le 14 novembre 1844 ; ses obsèques eurent
lieu le surlendemain au milieu d'ouvriers et de
gens de lettres de la Gironde qui, avant de se séparer, organisèrent une souscription pour élever
un monument à sa mémoire.

Et elle n'était pas oubliée, lorsque quatre ans
plus tard eut lieu l'inauguration de ce monument.
Quinze cents ouvriers appartenant à diverses

corporations se réunirent le dimanche 22 octobre 1848 et se rendirent au cimetière des Char-
treux, précédés d'un drapeau tricolore voilé d'un
crêpe et portant cette inscription : ASSOCIATION,
DROIT AU TRAVAIL ; en chemin, le cortège se gros-
sit et il y avait au cimetière de 7 à 8,000 personnes. Sept discours furent prononcés qui prou-
vèrent au moins la reconnaissance que ces braves
gens portaient à la pauvre âme qu'ils avaient vue
quatre ans auparavant arriver au milieu d'eux
son petit livre à la main, jamais lassée, jusqu'au
jour où elle était tombée pour ne plus se relever.

« — Reposez en paix, Flora Tristan, s'écria le
citoyen Auguste Dacosta, le peuple a lu vos ouvrages, le progrès social avance, l'heure de
l'émancipation sonnera. Demain peut-être, nous
reviendrons encore au pied de cette tombe, remercier celle qui succomba en travaillant pour
nous. »

Un menuisier, le citoyen Mainvielle, termine
ainsi son discours : « — Ah ! que ne l'avez-vous
entendue comme moi, quand d'une voix mourante
elle prononça ces paroles : — « Si Dieu me rappelle
à lui, c'est que j'ai accompli ma tâche ; que ceux
qui ont dans le cœur force, activité, amour, intelligence, se mettent à l'œuvre. »

Puis vient le citoyen Paulin Caperon : « — Et

vous, tombe modeste, qui renfermez une idée immortelle, soyez témoin de notre serment. Un jour, Flora, nous vous porterons de nouvelles couronnes et nous viendrons vous dire : La Vérité a vaincu. » Un autre, le citoyen Welty, déclare que c'est Flora Tristan qui la première a lancé ce mot sublime : *Régénération sociale*, que sa vie entière a été vouée au bonheur des masses, des déshérités de la terre et qu'elle est allée rejoindre ses nobles compagnons en démocratie Godefroy Cavaignac, Armand Carrel, etc. Un citoyen déiste, le sieur Auguste David, s'écrie : — « Frères, que notre esprit se détache de la terre. Chapeau bas ! chapeau bas ! car Dieu est devant nous. » Puis, il ajoute : « L'enfant de son amour fut le SOCIALISME ; elle le prit au berceau, le conduisit par la main, le vit grandir, grandir... Mais hélas ! elle mourut avant que sa tâche fût accomplie ; elle le légua alors au peuple qui l'a posé comme drapeau sur les barricades de France. Pendant toute sa vie elle avait été calomniée, souffletée, elle que les travailleurs regardaient comme l'émanation d'une pensée d'amour de la Providence ; à travers le microscope de la foi, elle avait regardé l'amour, etc. »

Les discours continuent, continuent...; c'est un poète, le citoyen Vigier, tonnelier, qui clôt la cérémonie par une longue pièce de vers :

Elle est là, Travailleurs, la Sainte humanitaire!
Sur une simple pierre on a gravé son nom!
Hélas! les défenseurs du pauvre prolétaire
N'ont pas encor de Panthéon.

Et l'on se sépare après avoir jeté sur la tombe au nom des ouvriers de France, au nom de l'*Association au droit au travail,* des fleurs, des couronnes d'immortelles et le crêpe attaché au drapeau.

. . . .

Hier, je me suis trouvé devant ce monument rongé par le temps et oublié des hommes ; c'est une colonne brisée, entourée d'une guirlande de chêne tenue par une main comme symbole de la force des classes laborieuses, et dont le piédestal porte cette inscription qui n'a rien de commun avec celle que lui destinait son mari et qu'on déchiffre encore facilement :

A la mémoire de
MADAME FLORA TRISTAN
Auteur de l'*Union ouvrière,* les Travailleurs reconnaissants
LIBERTÉ, ÉGALITÉ, FRATERNITÉ
Solidarité
Flora Tristan, née à Paris le 7 avril 1803, morte à Bordeaux le 14 novembre 1844 .
Solidarité

CHAPITRE VII

Au moment où Flora Tristan tombait sous la vengeance de son mari, une autre femme qui était devenue républicaine à force de secourir les malheureux, de tendre la main aux persécutés, mais que l'exaltation dans des sentiments de charité et d'abnégation mettaient hors de toute mesure, tombait aussi frappée à mort par quarante de ses concitoyens, quarante jurés, que cette exaltation avait rendus féroces.

Cette femme avait la grâce, l'esprit, la considération sociale que donnent la richesse et le nom, elle n'avait à venger aucune infortune propre... une âme généreuse, un dévouement à toutes les misères l'entraînaient seuls vers les déshérités.

« Sa tête, dit Louis Blanc, était d'une républicaine audacieuse et son âme d'une sœur de charité. Elle s'appelait Laure Grouvelle et se trouvait impliquée dans le complot Huber et Steuble dont le but était de détruire le gouvernement par la suppression de son chef, affaire ridicule comme en trouvent les gouvernements inquiets et avilis; elle eut à répondre de ses sentiments républicains, comme aussi de toute sa vie entièrement consacrée à des œuvres de pitié et de générosité. »

— Accusée Grouvelle, levez-vous, lui dit le président, un sieur Delahaye; vous avez été signalée dans l'instruction et presque dans le public, comme distribuant des secours abondants aux malheureux; vous visitez les hôpitaux et les prisons. Une lettre du sieur Viginet apprend que pendant le choléra, vous étiez allée à l'hospice du Lazaret et que là, vous donniez des secours à lui et aux autres. Cependant l'instruction fait remarquer que vos secours s'appliquaient principalement à ceux qui professaient l'opinion républicaine.

Et l'accusée de répondre simplement : — Cela n'a rien d'étonnant, ils étaient les plus persécutés,

les plus malheureux et je partage leur manière
de voir politique.

Elle avait trois ans quand mourut son père, le
conventionnel Grouvelle, celui dont Mme Roland
disait qu'il était médiocre, froid et vain, et fut
élevée par sa mère, femme d'un cœur chaud et
dévoué, de convictions ardentes, imbue des principes de pure égalité et qu'avaient émancipée les
orages révolutionnaires qu'elle avait traversés.
Occupée sans relâche de soulager toutes les infortunes, elle chercha à pénétrer la jeune âme
de son enfant des sentiments qu'elle-même nour-
rissait. Aussi celle-ci débute-t-elle de bonne
heure dans cette carrière de charité et d'abnégation et, à peine âgée de huit ans, se jette à l'eau et
sauve un enfant de son âge qui se noyait; elle
n'a pas douze ans, qu'entraînée par sa mère,
toutes deux essayent de sauver Bories et sont per-
sécutées comme elle l'est aujourd'hui — et, dit-
elle, qui oserait aujourd'hui me faire un crime
de cette conduite?

Lors de la célèbre évasion de Sainte-Pélagie,
Mlle Grouvelle fut arrêtée; M. Zangiacomi lui dit
positivement qu'elle était avec M. Arago à la porte
de la maison de la rue Copeau par laquelle les
prisonniers s'étaient échappés. — Je n'ai rien à
vous dire, répondit-elle, prouvez-moi que j'y

étais, cela sera, sinon cela n'est pas. Du reste, si
mes amis avaient eu besoin de moi je les aurais
aidés.

Eh bien, elle pouvait facilement établir qu'elle
n'était pour rien dans l'évasion, mais alors on
eût arrêté, persécuté Mme Guinard qui était la
personne qu'on avait vue avec M. Arago et comme
elle était mère de famille, Mlle Grouvelle préféra
rester en prison plutôt que d'attirer sur cette
dame les poursuites de la justice.

Tout cela l'a affranchie de la timidité inhérente
à la femme et lui a fait contracter certaines allures d'indépendance dans son langage et dans
ses actes qui l'entraînent loin... ; parce que les
femmes passent vite et sans s'en douter de ce qui
est juste et raisonnable à ce qui n'est ni l'un ni
l'autre. On va voir à propos de Huber pourquoi
je dis cela d'une femme à laquelle je ne marchande certes ni ma sympathie, ni mon admiration.

En 1830, son frère se bat dans les rangs du
peuple, et sa mère, qu'un cruel accident cloue
sur son lit auprès duquel elle n'a cessé de veiller, lui dit : — Va ma fille, je n'ai plus besoin de
toi quand ton frère brave la mort. Va à l'aris,
s'il a succombé tu me le rapporteras, s'il est
blessé tu le soigneras.

C'est alors qu'on vit Laure Grouvelle aller pendant cinq ans de la Force à Sainte-Pélagie et de Sainte-Pélagie à la Conciergerie, consolant les uns, rassurant les autres, apportant à tous un soulagement ou une espérance et suppléant à la force physique qui lui manquait par l'excès de son zèle et l'énergie de sa volonté. Pendant le choléra, sa conduite est au-dessus de tout éloge ; malade, se traînant à peine, elle et une autre femme, Mlle Ledoyen, se signalent tellement par leur héroïsme que, sur la proposition de l'administration des hospices et du maire du dixième arrondissement, M. Bassas-Lamégie, celui-ci leur remit au nom du préfet des médailles nationales qui avaient été votées dans cette occasion. Personne ne peut se figurer, dit un témoin, — le directeur de la maison de santé du faubourg Saint-Denis — et messieurs les jurés se feront difficilement une idée du dévouement de Mlle Grouvelle ; elle soignait jour et nuit les malades et j'étais obligé d'invoquer l'intérêt des malades eux-mêmes pour obtenir qu'elle prît quelques moments de repos. Je n'ai pas remarqué qu'elle fût animée par l'esprit de parti dans les soins qu'elle prodiguait.

Et elle était d'une santé frêle et délicate ! cela donna même lieu à cet incident douloureux :

Le défenseur de Laure Grouvelle, Jules Favre demande à un témoin le docteur Brouard si sa cliente n'est pas atteinte d'une affection grave et si, malgré cela, elle n'a pas porté des secours aux malades avec le plus grand dévouement.

— Tout le monde connaît l'humanité de Mlle Grouvelle, répond le témoin, quant au reste de la question, il me semble difficile d'y répondre devant la malade.

Mlle Grouvelle. — Parlez sans rien dissimuler, je n'ai pas peur.

Le témoin. — MM. Broussais et Magendie ont cru reconnaître en Mlle Grouvelle une lésion des poumons et du cœur. Mlle Grouvelle a de fréquents crachements de sang.

Un autre témoin s'avance; j'ai rarement vu de déposition plus dramatique et plus saisissante que celle-ci. C'est un officier de marine, il a quarante-trois ans et est aveugle; sa femme l'a lâchement abandonné et il marche appuyé sur le bras d'une jeune personne, sa belle-sœur, qui depuis son malheur l'a recueilli chez elle et depuis ce jour a été son fidèle soutien. Il connaît Mlle Grouvelle depuis plusieurs années et s'est occupé avec elle de sociétés de bienfaisance, de distributions de secours; il fait longuement l'éloge de son courage et de sa charité, puis s'arrête et paraît en proie à une vive émotion.

Le président l'invite à s'asseoir, il remercie et continue :

— « Il y a quelques années, à deux lieues de Paris, un homme fut reçu chez un de ses amis : il était sans ressources. On l'accueillit comme un frère. Il devint le commensal de la maison. Profitant de l'absence de son ami, ce misérable foula aux pieds les saintes lois de l'hospitalité et ne craignit pas de souiller le foyer domestique où il avait été reçu si généreusement. Surpris et chassé, le lâche, sous prétexte d'un duel sans témoins, attira celui qu'il avait outragé dans un guet-apens et profitant d'un instant où son adversaire était baissé et tourné vers un arbre, il lui tira à bout portant un coup de pistolet dont la balle en lui traversant la tête, lui broya les deux yeux.

La victime, c'était moi, messieurs!... »

L'émotion lui ôte la parole ; après quelques instants, il continue :

« La nouvelle de ce crime se répandit promptement dans Paris ; Mlle Grouvelle, avec cet élan de bienfaisance qui lui est si naturel, n'hésita point à quitter sa mère, malade alors, pour venir me prodiguer des soins généreux auxquels je dois d'avoir été miraculeusement rappelé à la vie. »

Mais ce ne fut pas tout. Comme on désespérait de sauver le malade, Mlle Grouvelle passait les jours et la plus grande partie des nuits au chevet de son lit ; or, un soir elle entendit marcher sur le balcon qui était de plain-pied avec la chambre à coucher et aperçut au travers de la porte vitrée un homme qu'elle ne reconnut pas et pensa que c'était un domestique de la maison.

Elle n'y fit pas autrement attention et alla prendre quelques instants de repos dans une chambre voisine et qui lui était destinée. Mais le lendemain, quelqu'un de la maison lui ayant dit que ces dispositions-là étaient changées et que dorénavant elle coucherait à l'étage supérieur, la prévenant en outre de ne pas se déranger quelque bruit qu'elle entendît, elle ne répondit rien et lorsqu'on vint l'engager à se retirer, elle déclara qu'elle passerait la nuit auprès du malade. Elle abaissa l'abat-jour de la lampe et se plaça dans l'ombre. Vers une heure du matin, du bruit se fit entendre sur le balcon et elle vit apparaître l'horrible figure de l'assassin, l'homme au guet-apens.

Elle saisit une paire de pistolets de poche accrochée à la cheminée, fit du bruit et se précipita la fenêtre dont elle ferma vivement les volets intérieurs.

Comme on n'avait pas encore déposé de plainte contre lui, l'homme venait évidemment pour achever sa victime, espérant, en lui ôtant la vie, ensevelir son crime dans l'oubli.

« De ce moment, ajoute le témoin, Mlle Grouvelle ne confia plus à d'autres le soin de veiller sur moi. Elle se fit dresser un lit dans la chambre même et y resta constamment pendant vingt jours et vingt nuits; mais elle ne parla à personne de l'événement nocturne dont elle avait été le témoin, car elle avait compris mon silence, et lors de la déclaration que je fis en sa présence à l'autorité, elle s'associa à la pensée généreuse qui m'engagea à ne soulever qu'un coin du voile dont cette horrible et mystérieuse affaire était enveloppée.

J'ai pensé que c'est à Mlle Grouvelle que deux fois j'ai dû la vie ; aussi je lui ai donné le surnom de Notre-Dame-de-Bon-Secours que tous les malheureux lui ont conservé. »

. . . .

De quelle pâte était donc pétrie l'âme de ces quarante jurés qui, contre toute attente, — on peut s'en convaincre en lisant les journaux de l'époque amis ou ennemis, et qui n'étaient que

l'expression de l'opinion publique — condamnè-
rent si durement une pareille femme !

Hélas ! à côté de ce dévouement sans bornes,
à côté de la sœur de charité, il y avait l'exaltation
politique, la femme fanatisée ; c'est celle-ci qu'ils
frappèrent cruellement, exaspérés par les couronnes d'immortelles portées processionnelle-
ment sur les tombes de Pépin et de Morey, les
lambeaux de vêtements et les cheveux des sup-
pliciés que des enthousiastes se disputaient entre
eux.

Morey, ce vieillard à l'âme ardente, à la figure
austère, possédé par une unique passion et qui
avait dit à ceux qui lui proposaient du poison : —
j'aime mieux être guillotiné, je veux que mon
sang leur coule sur la tête, était bien fait pour
impressionner vivement une imagination comme
celle de Mᴵˡᵉ Grouvelle. Aussi avait-elle écrit à
M. Lally-Tollendal, après l'exécution d'Alibaud,
une lettre dans laquelle elle déplorait le sort de
Pépin, de Morey, les exaltait, parlait de leur
magnanimité...

Dans une autre lettre, elle écrivait : « — Je vous
envoie ci-incluse une partie d'une lettre écrite
par un ami de Londres, adressée à Godard de
Rouen. Vous y verrez qu'un individu a dit à Londres qu'il avait en sa possession les cordes qui

attachaient-les corps de Pépin et de Morey quand ils marchaient au supplice. Veuillez dire tout haut que celui qui prétend avoir touché les corps de Pépin et de Morey en a menti, et, quant aux cordes, que nul n'en a que moi ; nul n'a touché les corps que moi et Biet. Il y avait là une vingtaine de patriotes présents, mais aucun n'a touché les corps. Quant aux dépouilles des victimes, elles sont cachées loin de Paris et je sais seule où elles sont. »

Pour Alibaud, elle parle de sa belle âme, fait autographier sa signature, ne pense à lui qu'en pleurant, et comme Huber, qui ne le connaissait pas, avait demandé dans sa prison d'être confronté avec lui pour simplement lui dire : *Courage, brave Alibaud, ne te laisse pas intimider par ces gens-là*, ce fait l'enthousiasme et elle s'écrie : « La conduite d'Huber envers Alibaud a un cachet particulier d'élévation. C'était l'élan du cœur et certains actes de sa vie portent l'empreinte d'une rare et calme intrépidité : l'homme s'est révélé tout entier. Quel que soit l'avenir que les circonstances lui gardent, il y a dans cet homme du Morey et de l'Alibaud. »

Bref, accusée dans ce complot d'avoir inspiré Huber et Steuble, d'avoir groupé autour d'elle des hommes d'action tout prêts à servir la violence de ses passions politiques, le jury la déclare coupable et, tout en admettant des circonstances atténuantes, la condamne à cinq ans de prison, le 25 mai 1838.

Ce jour-là, on ouvrait une souscription chez M. Aumont-Thiéville, notaire et député de l'opposition, pour venir au secours de la sœur de Camille Desmoulins qui était dans la plus profonde misère ; — tous les journaux donnaient des extraits de la *Chute d'un ange* que venait de publier M. de Lamartine et M. Paulin Limayrac écrivait à M. de Lamennais :

> *Je ne suis pas non plus soldat dans la cohorte*
> *Qui ne croit qu'au présent et n'estime que l'or,*
> *Mon cœur est jeune et fier, mon âme ardente et forte,*
> *Au bien, à l'avenir, à Dieu, je crois encor !*

Malade comme elle l'était, le cœur brisé, Laure Grouvelle traîna sa vie, perdit l'esprit et, avant que l'expiration de sa peine fût arrivée, mourut à Montpellier, en 1842, complètement folle.

Moins de huit mois après, à la suite de reproches de sa mère dont il fut vivement affecté, Steuble, qui subissait sa peine au Mont-Saint-Michel, se coupa la gorge en maudissant Huber qu'il accusait de sa mort mais bénissant Laure Grouvelle.

Quant à Huber... on sait ce qu'il fit en 1848 et plus tard...; une lettre en date du 29 février 1852, adressée à M. le comte de***, et que j'ai là sous les yeux, en dit juste assez pour savoir à quoi s'en tenir sur ce particulier; — il lui fait l'exposé de la profonde détresse dans laquelle il se trouve; le Prince Président de la République ne peut laisser incomplète l'action généreuse de sa libération. Un emploi dans l'un des différents services du gouvernement lui est indispensable pour vivre et il donne la liste de ceux dans lesquels il pourrait être placé.

. . . .

Quel que soit l'avenir que les circonstances lui réservent, avait dit Laure Grouvelle, il y a dans cet homme du Morey et de l'Alibaud. (!!!)

CHAPITRE VIII

Émotions et commotions politiques. — Suicide et folie. —
Age climatérique. — Les nuits de jeune fille de Mme Ro-
land. — L'empire des sens. — Mlle Louise Crombach. —
Les chercheuses d'infini.

N'oublions pas une autre femme, Mme de P.,
filleule du comte de Vauban et veuve d'un colonel du génie ; elle comptait parmi ses amis La
Fayette, de Gérando, de Crouzas, les généraux
Lamarque, Valazé, Haxo, Berthezène. Elle était
bonne, distinguée, ardente patriote, mais de violents chagrins l'avaient amenée à une sorte d'hy-
péresthésie ; son excessive sensibilité lui avait
fait suivre avec une inquiétude fébrile la marche
des événements qui précédèrent la révolution de
Juillet ; elle se plaignait de ne pouvoir y participer d'une façon plus active et mettait à la disposition de M. L., chirurgien et professeur à
Montpellier, qu'on venait de destituer pour opi-

nion politique, une somme de 76,000 francs afin
de le rendre éligible. — Notre situation politique m'afflige autant que vous, lui écrivait-elle,
mais par cela même je fais des vœux ardents pour
que la puissance d'agir des derniers soutiens de
la chose publique ne se laissent point annuler.

Elle voit venir la Révolution, ne doute pas de
son succès; l'espoir du triomphe la surexcite encore. Elle ne s'est pas trompée; elle écrit le lendemain : « Dès à présent, je me réjouis avec vous
de la glorieuse régénération de notre patrie et de
ce qu'il m'a été permis d'assister au plus admirable spectacle dont l'histoire d'aucun peuple
fasse mention. »

Plus loin, malgré ses *ardeurs sacrées* de patriotisme, — ce sont ses propres expressions, —
elle ne peut s'empêcher d'entendre les cris dis-
cordants de l'émeute, et elle ajoute ces derniers
mots tracés d'une main mal assurée : « Il était
temps que nos ouvriers se calmassent... Je suis
épuisée des émotions qui m'ont assaillie succes-
sivement depuis notre ère nouvelle. »

Et là-dessus, la pauvre femme se jette à l'eau !
Elle était âgée de trente-six ans.

Les commotions politiques exercent une certaine influence sur le développement de la folie

chez les esprits hésitants et mal équilibrés, mais pas aussi vive ni aussi déterminante qu'on est porté à le croire ; elles ne font pas naître la folie, plus souvent elles lui fournissent un sujet, un thème à développements. Sans partager l'opinion de certains aliénistes qui déclarent que la modération, le calme, l'absence de passion, la placidité, la sagesse, la philosophie (je ne dis rien pour la philosophie) sont d'aussi bons conducteurs de la folie que l'excentricité, l'extravagance, et qui constatent chez les gens les plus posés les actes les plus intempestifs ou les plus déraisonnables, je n'ai besoin pour classer les personnes dont nous venons de nous occuper que de faire remarquer qu'elles sont femmes et qu'elles ont trente-cinq ans !

Trente-cinq ans Claire Démar lorsqu'elle s'est suicidée ; trente-cinq ans Flora Tristan lors de son procès en séparation ; trente-cinq ans Laure Grouvelle à l'époque de sa condamnation... Et nous allons en trouver d'autres !

La nature a plus d'action sur elles que sur les hommes ; elles la subissent de bonne heure, et si les sens les dominent plus ou moins, ils exercent toujours sur leur imagination une influence contre laquelle elles n'ont point trop de toute leur raison pour réagir.

Mme Roland avait le menton un peu retroussé et certains signes que les physionomistes indiquent pour être ceux de la volupté. — « Lorsque je les rapproche de tout ce qui m'est particulier, dit-elle, je doute que personne fût plus faite pour elle et l'ait moins goûtée ; je ne me suis mariée qu'à vingt-cinq ans et avec une âme telle qu'on peut la présumer, des sens très inflammables, beaucoup d'instruction sur divers objets ; je l'avais si bien évitée sur certains autres que les événements du mariage me parurent aussi surprenants que désagréables. »

Elle penchait alors pour la philosophie stoïcienne et tâchait de ne pas se laisser vaincre par la douleur : « Hélas ! dit-elle, une première nuit de mariage renversa mes prétentions que j'avais gardées jusque-là ; » il est vrai que la surprise y fut pour quelque chose et qu'une novice stoïcienne doit être plus forte contre le mal prévu que contre celui qui frappe à l'improviste, surtout lorsqu'elle attend tout le contraire.

Et il faut se reporter à ce passage de ses *Mémoires* où elle raconte que, jeune fille, elle avait été tirée quelquefois du sommeil le plus profond d'une manière surprenante. L'imagination n'y était pour rien ; elle l'exerçait sur des choses trop graves, et sa conscience timorée la gardait trop soigneusement de s'amuser à d'autres, pour qu'il lui fût possible de se représenter ce qu'elle ne se permettait pas de chercher à comprendre. Mais un bouillonnement extraordinaire soulevait ses sens dans la chaleur du repos, et, par la force d'une constitution excellente, opérait de lui même un effet qui lui était aussi inconnu que sa cause. Le premier sentiment qui en résulta fut, elle ne sait pourquoi, une sorte de crainte. Elle avait remarqué dans le *Philothée* de saint François de Sales qu'il ne nous est pas permis de tirer de nos corps aucune espèce de plaisir, excepté en légitime mariage ; ce précepte lui revint à l'esprit. Ce qu'elle avait éprouvé pouvait s'appeler un plaisir ; elle était donc coupable, et dans le genre qui pouvait lui causer le plus de honte et de douleur, puisque c'était celui qui déplaisait le plus à l'agneau sans tache ! Grande agitation dans son pauvre cœur, prières et mortifications ; comment éviter pareille chose ? Car, enfin, elle ne l'avait pas prévue ; mais, à l'instant où elle l'avait éprouvée, elle ne s'était pas mise en peine de l'empêcher. Sa surveillance devint extrême ; elle s'aperçut que telle situation l'exposait plus que toute autre, elle l'évita scrupuleusement. L'inquiétude fut telle qu'elle parvint ensuite à se réveiller avant la catastrophe. Lorsqu'elle n'avait pu la sauver, elle sautait au bas du lit, les pieds nus sur un carreau frotté, malgré le froid de l'hi-ver, et, les bras en croix, elle priait le Seigneur de la garder des pièges du démon. Elle s'imposait aussitôt quelques privations, et il lui arriva de pratiquer à la lettre ce que le prophète-roi ne nous a transmis peut-être que comme une figure du style oriental, de mêler de la cendre avec son pain en l'arrosant de ses larmes ; et ces sortes de déjeuners ne lui faisaient pas plus de mal que les accidents nocturnes pour la réparation desquels elle se mettait à cet extravagant régime.

Mais il fallait révéler cela à son confesseur ; à force d'y songer, elle trouva cette phrase :

— Je m'accuse d'avoir eu des mouvements contraires à la chasteté chrétienne.

— Mais y avez-vous contribué?

— Je ne sache pas ; il n'y avait point de volonté.

— N'avez-vous pas fait de mauvaises lectures?

— Jamais.

(Elle mentait : *Candide, les Contes* en vers de Voltaire, etc.).

— N'avez-vous pas nourri de mauvaises pensées?

— Oh! non ; elles me font peur.

Le prêtre la rassura, mais en l'invitant à veiller sur elle.

« Je n'eus plus de remords, dit-elle, mais je con-
tractai pour ma vie une habitude de retenue qui
prit sur moi un tel empire, que je conservai par
morale et par délicatesse la sévérité que je n'a-
vais d'abord que par dévotion. Je suis demeurée
maîtresse de mon imagination à force de la gour-
mander ; je suis parvenue à acquérir une sorte
d'éloignement pour tout plaisir brutal et solitaire ;
et, dans des situations périlleuses, lorsque la sé-
duction m'aurait entraînée à oublier la raison ou
les principes, je suis restée sage par volupté, ne
voyant le plaisir comme le bonheur que dans la
réunion de ce qui peut charmer le cœur comme
les sens et ne point coûter de regrets. » Et elle
ajoute :—Mais cela ne met point à l'abri de ce qu'on
appelle une passion, et peut-être même reste-t-il
plus d'étoffe pour l'entretenir.

Fait-elle allusion dans cette dernière phrase à
la grande passion — la passion qu'elle semble
avoir toujours redoutée — qui la prit plus tard
(elle avait alors 36 ans) et qu'elle emporta avec
elle dans la mort ?

Mais pour une qui se sauve combien se perdent,
et quelle part dans le gouvernement d'un État
peut bien être attribuée à des êtres sur lesquels
l'imagination et les sens ont tant de prise ?

Voici Louise Crombach, par exemple, jeune femme spirituelle, écrivain déjà remarquée puisqu'elle a publié deux ouvrages *Hélène et Laurence* et *Le Jeune libéré* et que ce dernier a même obtenu de l'Académie française le prix Montyon de 1,500 francs. Elle suit les doctrines de Fourier, mais loin d'imiter Mme Gatti de Gamond qui, tout en poursuivant ardemment la réalisation de l'utopie de Fourier, proteste contre la partie de cette doctrine qui traite des mœurs harmoniennes, elle semble, méprisant le *vestalat* et le *damoisellat*, avoir cherché dans le groupe des *bayadères* et des *bacchantes* un contrepoids aux mécomptes amoureux, à l'amour déçu, à l'amour dédaigné. Elle a lu dans Clarisse Vigoureux que si la discorde règne c'est parce que les vieillards font les lois, qu'ils les interprètent et qu'ils les appliquent ; que les vieillards sont des hommes faussés dans une société établie à contresens de la nature humaine et des vœux du Créateur. Et cette Clarisse Vigoureux, subissant probablement l'influence de son nom, se demande où peut bien être la supériorité des vieillards dans un milieu social où l'homme se détériore.....

Louise Crombach est une fouriériste, je l'ai dit ; c'est une harmonienne qui rêve le bonheur suprême dans une dernière union avec les matières impondérables, lorsque l'harmonie se sera établie sur la terre entre toutes les âmes réunies aux matières pondérables. En attendant, elle pense qu'il est de l'intérêt général de nous rendre sur la terre, les uns les autres, mutuellement heureux.

Eh bien! quatre ans après, nous la trouvons sur le banc de la cour d'assises ayant à répondre de l'évasion d'une détenue de Saint-Lazare, prison dont elle était dame inspectrice.

Vous allez voir sous quelle perversion des sens cette pauvre femme a succombé.

Entrée comme employée à Saint-Lazare en 1842, elle était dame inspectrice en 1844 lorsqu'elle se lia de la façon la plus étroite avec une certaine Joséphine Magnier dite femme Quinard qui était renfermée là pour escroquerie ; naturellement, Mlle Louise Crombach croyait à son innocence.

La femme Quinard prit vite un ascendant énorme sur cette âme généreuse et passionnée, la circonvint de toutes les façons, la compromit même avec plusieurs individus tant et si bien que la pauvre fille ne put faire autrement que d'être convaincue elle-même d'avoir été jouée par la dernière des intrigantes.

Mais là n'est pas le côté le plus douloureux de

l'histoire. Le tribunal de Laon, jugeant plus tard cette femme Quinard, écarta la faute d'escroquerie, mais constata qu'elle s'était fait remettre de la fille Crombach de l'argent à l'aide de complaisances honteuses.

Au président qui lui rappelle ce fait, Mlle Crombach répond simplement: «Le tribunal peut s'être trompé. »

C'est possible..... Mais pourquoi écrivait-elle à la femme Quinard des choses comme celles-ci :

« Bonsoir, belle amie, dormez bien sur votre couche de pauvre captive; vous valez mieux à vous seule, qu'un million d'âmes qui reposent sous le toit des palais.

« Mon beau diamant, ne t'en va pas de ma couronne.

« Ma Joséphine, combien je vous aime ! allons, aimée, venez vers moi. Ne me dites pas de si belles choses de moi..... Je vous aime; voilà-t-il pas un acte bien sublime.

« Je vous aime parce que vous avez au cœur un foyer d'attraction qui vous attire....., parce que vous exercez une sorte de magnétisme, qu'on se sent heureux de vivre à vos côtés. Joséphine ! ma bonne amie, je n'ai rien qui me rende digne de vous, rien qu'une amitié profonde et capable de me faire donner tout mon sang pour un de tes cheveux. »

Mᴸˡᵉ Crombach avoue qu'elle est sans mesure dans ses expressions, mais en somme que cela ne prouve que son attachement.

Malgré cela, après avoir été indignement trompée par cette femme qui n'est qu'une habile comédienne, Mˡˡᵉ Crombach se lie de nouveau étroitement avec la fille Joséphine Chaylus, se disant comtesse de Caylus ou comtesse de Marsan qui attendait à Saint-Lazare sa comparution devant la cour d'assises sous l'inculpation de faux en écriture de commerce.

Le 6 février 1845, cette fille s'évade de Saint-Lazare à quatre heures du soir avec l'aide de Mˡˡᵉ Crombach qui favorise son évasion de tous les moyens dont elle peut disposer comme dame inspectrice de la maison. Après avoir laissé les soupçons s'égarer sur quelques employés de la prison, Mˡˡᵉ Crombach avoue tout et raconte que cette fille s'est jetée à ses pieds et lui a dit : « C'en est fait, si vous ne me sauvez pas aujourd'hui, je suis morte avant ce soir. Devant Dieu je suis innocente de toute faute, mais le malheur m'accable, je serai flétrie devant les hommes ! » — Il n'y a pas là de flétrissure, répondis-je, si ce n'est devant Dieu et en vous donnant la mort, vous perdez votre âme. — A dater de ce moment cette femme m'avait séduite, car je pleurais et je promis de sauver une âme en prévenant un suicide.

Dans le cours des débats, le directeur de la prison Saint-Lazare avait dit : — J'ai entendu certains bruits...

Le Président.—Vous devez tout répéter, M. le Directeur.

Le Directeur. — Dans une maison comme Saint-Lazare, aussitôt qu'il y a intimité entre deux femmes... Ce sont là les bruits qui s'élèvent.

Un Juré. — Je désirerais savoir quels sont ces bruits? (*Rumeur prolongée.*)

Le Président. — C'est bien compris! c'en est assez sur ce point.

Ce juré est intéressant, n'est-ce pas? Polisson, mais sévère, il ne condamne pas moins l'accusée à deux ans de prison.

Cette malheureuse Louise Crombach jette un *Cri de l'âme :*

> *Et je ne suis pas morte encore!*
> *Et sur mon front sanglant que la honte dévore*
> *Nul ne vient par pitié frapper un dernier coup.*
> *Plus rien autour de moi! plus rien que des abîmes.*
> . . . .
> . . . . *Se tromper pour punir!*

Se tromper, quand on joue une existence entière!
Oh! je me suis trompée aussi comme geôlière;
Mais c'était pour sauver et me faire bénir!

Si la forme est défectueuse, la pensée est bonne ; je préfère cependant à ce *Cri de l'âme*, le *Cri du cœur* de Baudelaire :

Maudit soit à jamais le rêveur inutile
Qui voulut le premier dans sa stupidité
S'éprenant d'un problème insoluble et stérile,
Aux choses de l'amour mêler l'honnêteté.

O vierges, ó démons, ó monstres, ó martyres,
De la réalité grands esprits contempteurs,
Chercheuses d'infini, dévotes et satyres,
Tantót pleines de cris, tantót pleines de pleurs,

Vous que dans votre enfer mon âme a poursuivies,
Pauvres sœurs, je vous aime autant que je vous plains
Pour vos mornes douleurs, vos soifs inassouvies,
Et les urnes d'amour dont vos grands cœurs sont pleins.

La Cour de cassation cassa l'arrêt et renvoya l'affaire devant la Cour d'assises de Versailles, qui, malgré l'avocat de Mlle Crombach, jugea à huis clos. Grand désappointement ; on fit évacuer la salle qui était pleine de dames en brillantes toilettes ; beaucoup de femmes de lettres et parmi elles Mme Desbordes-Valmore...

Cette fois — le juré qui voulait savoir... n'y étant pas — la cour acquitte Louise Crombach.

Laisse du vieux Platon se froncer l'œil austère,
Tu tires ton pardon de l'excès des baisers.

CHAPITRE IX

1848. — Les Droits de la femme. — Les Vésuviennes. —
Leur Constitution. — *La République des femmes, journal
des cotillons.* — Mme Niboyet. — Fleurs d'excentricités. —
Victor Considérant et le bon samaritain Coquerel. — Ohé,
les divorceuses! — George Sand. — Les candidats de la
Voix des femmes.

Nous sommes au lendemain de la révolution
de 1848, les pavés ne sont pas encore remis en
place que les femmes sont dans la rue pétitionnant,
manifestant, interpellant ce malheureux Gouvernement provisoire qui avait bien d'autres
soucis.

Les unes parlent, les autres écrivent, toutes
font du bruit.

Celle-ci, Maria M. dit aux peuples de mettre bas
les armes; le temps est l'étoffe dont se font les
choses; elles ne marchent pas comme par miracle
et votre impatience vous précipiterait à votre
perte. « Peuples, les nations vous regardent,

craignez les méchants qui attendent une mauvaise issue de ce nouvel ordre de choses. Dieu vous regarde aussi, et s'il punit les rois indifférents, il punit les peuples ingrats. »

Le 2 mars, elles demandent du travail et remettent à M. Louis Blanc, président de la Commission pour l'organisation du travail, une pétition à cet effet : « Beaucoup de femmes isolées sont dans une situation désespérée, vous ne voudriez pas qu'elles continuent à être exposées à la misère et au désordre ; les bonnes mœurs font la force des républiques et ce sont les femmes qui font les mœurs. »

Rien de plus juste et de plus légitime ; mais voilà les *Sages-Femmes unies de Paris* — si utiles et si honorables, dit *la Voix des femmes* — qui, considérant l'influence morale de leur état sur les familles et désirant l'exercer comme un sacerdoce de bonté, de douceur et de fraternité, sollicitent l'honneur d'être regardées comme fonctionnaires publics payées par l'État, afin que ce corps puisse vivre de la rétribution due à son travail. La jeune république doit saluer la naissance de chacun de ses membres, elle le doit, car tous sont appelés à concourir à son bonheur.

Et c'est Mme Allix Bourgeois, professeur d'histoire naturelle et présidente d'une *Société des droits de la femme* qui réclame auprès du gouvernement le droit électoral pour les femmes. Puis Mme Eugénie Niboyet qui, tout en ne voulant pas compliquer les difficultés du moment, ni susciter des embarras aux chefs du Gouvernement provisoire, lesquels ont du reste ses sympathies les plus vives, n'en fit pas moins la même demande à Etienne Arago.

Le 23 mars, quatre déléguées du *Comité des Droits de la femme* se présentent à l'Hôtel-de-Ville et déposent une adresse tendant à obtenir la pleine liberté de ces droits; c'est Marrast qui les reçoit, il ne peut que leur donner des espérances, mais il les leur donne. Les citoyennes du *Comité des Droits de la femme* avaient invité les citoyennes de *la Voix des femmes* à venir discuter ensemble, mais celles-ci, piquées de se voir prévenues, je présume, regrettent de ne pouvoir se rendre à cette invitation et répondent d'un air pincé : « Mais nous aussi, nous serons réunies en comité à la même heure et dans le même but peut-être, sans qu'il y ait pour cela ni rivalité, ni concurrence. »

Jeanne Deroin réclame l'universalité des votes et l'égalité devant la loi; Eugénie Niboyet lui dit:
— Courage, femme, vous êtes forte, vous êtes

patiente ; aux sarcasmes de l'impuissance vous opposez une vie pure ; la sainte cause de nos libertés est bien entre vos mains.

Une autre, Mme Antonine André de Saint-Gieles, écrase de sa logique le gouvernement : « Autrefois, lui dit-elle, un concile s'assemblait pour décider cette grande question, savoir *si la femme a une âme*, la femme fut sur ce point déclarée par le saint concile *la compagne et l'égale de l'homme*. Cet exemple puisé dans l'histoire nous engage à vous prier de vouloir bien aujourd'hui vous prononcer sur cette question : *la femme peut-elle jouir des droits politiques et sociaux et sera-t-elle reconnue l'égale de l'homme*, dans toutes les fonctions qui ne sont pas, de leur nature, l'apanage exclusif de la force?...Vous dites que notre glorieuse Révolution s'est faite pour tous ; or, étant la moitié du tout, comment ne sommes-nous pas à côté du *peuple-roi ;* il faut de toute nécessité proclamer le *peuple-reine* ou mieux encore les comprendre tous deux dans le *peuple souverain.*

Vous dites que les peines afflictives et infamantes, les condamnations et les jugements, les cas de démence constatés, peuvent seuls priver du premier des droits civiques ; or, la qualification de femmes ne rentrant d'elle-même, que nous sachions, dans aucune de ces catégories et

10.

le droit électoral lui appartenant dès lors par toutes ces preuves, comment ne voterions-nous pas ? »

Puis elle exécute des variations quelque peu socialistes sur ce thème : *Il n'est pas bon que l'homme soit seul.*

Il n'y avait rien à répondre à cela, c'est ce que fit le gouvernement, mécontentant du même coup Mme de Saint-Gieles et un grand nombre de femmes artistes qui avaient appuyé sa demande.

A côté de ces citoyennes que nous retrouverons plus tard, il y avait un sieur Borme, Borme fils, inventeur de machines de guerre, de feu gré-geois, etc., et auteur d'un moyen avec lequel 2,000 citoyennes peuvent lutter contre 50,000 hommes ; ce particulier avait fait placarder dans Paris l'affiche suivante :

AUX CITOYENNES PARISIENNES
MES SŒURS EN RÉPUBLIQUE

Citoyennes,

La République vous doit le quart de son existence ; c'est par vos exhortations que vos pères, vos frères, vos amis ont affronté la mitraille, le 24 février.

Vous avez mérité de la patrie, citoyennes, et c'est pour cette considération que j'ai demandé au Gouvernement provisoire de vous enrégimenter sous le titre de VÉSUVIENNES.

L'engagement sera d'un an ; pour être reçues, il faut avoir quinze ou trente ans au plus et n'être pas mariées.

Présentez-vous tous les jours de midi à quatre heures, 14, rue Sainte-Apolline, où vos noms, prénoms, professions, âges et demeures seront inscrits.

Salut et fraternité..

Vive, vive et vive la République !

BORME, fils.

Cela a l'air d'une gageure, et Borme fils vous fait l'effet d'un simple farceur si ce n'est de pis ; pas du tout, la chose prend corps, les citoyennes s'organisent en communauté à Belleville, où le logement, la nourriture et une somme de 10 fr. par mois sont assurés à chacune d'elles, et le 26 mars, à onze heures et demie, une légion de jeunes femmes, avec bannière tricolore sur laquelle on lit ce mot : VÉSUVIENNES, se réunit place Vendôme, et se rend à l'Hôtel-de-Ville, pour demander aide et protection au Gouvernement provisoire... ....

Le journal *la Voix des femmes*, d'allures plus modérées, les loue de leur tenue admirablement décente ; il est sympathique à leur œuvre, une chose seule le chiffonne, pourquoi ce nom de *Vésuviennes ?* Leur jeunesse, leur dévouement à la cause publique l'autorise, l'intérêt général le commandait-il ?

En effet, le serpent Borme avait eu la main
heureuse, *Vésuviennes* était une trouvaille ; ces
dames mordirent à belles dents dans cette nouvelle pomme, et quand elles présentèrent leur
Constitution (car il leur fallait une Constitution
comme bien vous pensez), elles la placèrent sous
ce vocable malgré les quolibets et le ridicule
qu'il leur avait attirés. Elles voulaient le réhabi-
liter, — car, disaient-elles, il peint merveilleuse-
ment notre position, et plus qu'aucun autre, il
exprime notre pensée ; seulement la lave si
longtemps contenue, qui doit enfin se répandre
autour de nous, n'est nullement incendiaire, elle
est toute régénératrice.

Leur Constitution est une pièce trop curieuse
pour ne pas trouver ici sa place ; elle est pré-
cédée de quelques considérations sur les femmes :

— Non, la femme n'est pas vouée à l'obéis-
sance, la mère des générations futures, celle de
qui doivent naître les glorieux citoyens d'un
monde régénéré... etc.

— Non, elle n'est pas vouée au silence, sa voix
s'élèvera puissante et généreuse, afin de réclamer le droit d'accomplir tous ses devoirs... etc.

— Non, elle ne doit pas s'abandonner à *l'amour
confiant*, l'égoïsme des hommes en a toujours
abusé... etc.

— Non, elle n'est pas vouée au dévouement obscur, chaque grande époque de l'histoire nous la montre héroïque... etc.

Puis vient un appel aux femmes :

— Femmes ! le jour de notre affranchissement est enfin arrivé ! un avenir meilleur sourit à nos pauvres âmes... les hommes ne sont forts que parce qu'ils comptent sur notre faiblesse ; ils ne sont arrogants que parce qu'ils connaissent notre timidité. Sachons donc un peu nous faire estimer en relevant notre dignité compromise... etc.

C'est la paraphrase de l'épigraphe du journal de Prudhomme : les grands ne sont grands que parce que nous sommes à genoux, levons-nous !

— L'arme avec laquelle les hommes nous ferment la carrière politique, est le ridicule qu'ils jettent sur les soins de la vie privée ; or, comme on ne ridiculise pas ce que l'on fait soi-même, forçons-les à partager les soins du ménage, ils ne pourront plus s'armer contre nous du ridicule qui les blesserait à leur tour.

Ceci dit, elles lancent leur *Constitution* dont voici les parties essentielles :

PREMIÈRE PARTIE

Toute femme née et domiciliée en France, âgée

de quinze ans accomplis, toute étrangère âgée de quinze ans accomplis qui, domiciliée en France, *épouse* un Français ou *adopte* un vieillard est admise à l'exercice des droits de citoyenne française. — Cet exercice des droits se perd par le mariage avec un étranger, par la prise de l'habit religieux dans une communauté cloîtrée, par la condamnation à des peines infamantes.

Cet exercice des droits est suspendu par le refus de se marier après vingt-un ans accomplis, par l'état d'accusation, par la condescendance avouée ou prouvée aux opinions du mari.

Seront également privées de leurs droits, sans pour cela être exemptées des devoirs, les Françaises qui ne connaîtraient pas la lettre et l'esprit de leur Constitution.

Toutes les citoyennes sont admissibles aux emplois publics soit civils, soit religieux, soit militaires sans autres motifs de préférence que la vertu et le talent.

Les maisons où l'honneur de la femme se vend avec l'autorisation de la police, sont à jamais fermées.

Les femmes ont le droit de manifester leurs opinions en toute liberté, sans contrôle marital. Toutes les citoyennes ont également le droit de

pétitionner, de s'associer et de s'assembler paisiblement et sans armes.

DES DEVOIRS

Les citoyennes devront fournir leur contingent
aux armées de terre et de mer ; leur enrôlement
se fera comme celui des hommes par le tirage au
sort ; il durera cinq ans, de quinze à vingt ans.

Les enrôlées formeront une armée, dite de réserve, qui sera partagée en trois corps, LE CORPS
DES OUVRIÈRES, LE CORPS DES VIVANDIÈRES, LE CORPS
DE CHARITÉ. — Ils seront reportés selon l'urgence
entre les divisions militaires. — Sont exceptées
du tirage au sort les aspirantes aux divers emplois prévus par la loi.

Les citoyennes âgées de quinze ans accomplis
formeront une garde civique qui donnera 1° LE
SERVICE DES HOSPICES et 2° LA GARDE DES MAISONS
DE CHARITÉ ET DES MONUMENTS RÉSERVÉS AUX
SCIENCES ET AUX ARTS.

Ces différents services seront commandés
comme dans la garde nationale. Un congé de
deux mois sera en tous les temps accordé à chaque citoyenne sur la présentation du certificat du
chirurgien-major de sa compagnie. — L'équipe-
ment et l'armement seront réglés par une ordonnance spéciale.

DEUXIÈME PARTIE

Vie privée.

1° Le mariage est une loi sacrée de la nature, il est obligatoire pour les deux sexes, à vingt-un ans pour les femmes, à vingt-six ans pour les hommes.

2° Un tribunal *bi-sexuel* jugera les cas d'exceptions et condamnera les contrevenants au service militaire à perpétuité dans leurs corps respectifs.

3° Le veuvage sans enfants ne pourra durer plus de deux années, si la femme a moins de quarante ans et l'homme quarante-cinq ans.

4° Les époux sont des associés, des amis unis d'intérêts et d'affections, aucun d'eux ne doit ni ne peut être un maître.

5° Le mariage se fait devant l'autorité avec l'approbation des familles et en présence de témoins. En cas de refus des parents, le tribunal prononce.

6° Le mariage est contracté pour la vie et n'est brisé que par le divorce ; le divorce est dans la nature, mais c'est un remède plutôt qu'un besoin ; il ne pourra être prononcé que dans ces trois cas : *sévices ou injures graves, condamnation infa-*

mante, adultère. Les divorcés qui n'ont pas d'enfants peuvent se marier après un an révolu ; ceux qui ont des enfants auront besoin de l'autorisation du conseil de famille ;...... etc.

L'époux adultère est puni par la loi qui ne peut agir avec trop de sévérité.

Le mariage n'est plus permis après un second divorce. — La séparation de biens n'est pas un motif de divorce.

Des soins du ménage.

Le mariage étant une association, chacun des deux époux doit partager tous les travaux.

Tout mari qui refusera de remplir sa part des soins domestiques, sera condamné par un tribunal *ad hoc* à prendre au lieu de son service personnel dans la garde nationale, le service de sa femme dans la garde civique. — La femme qui, par faiblesse, ne se conformerait pas à cet article sera punie par des gardes hors tours.

Les femmes doivent travailler insensiblement à effacer les différences qui existent entre le costume masculin et le féminin sans pour cela dépasser les limites de la pudeur et du ridicule, ni même s'éloigner des formes gracieuses et de bon goût. Ce sera du reste un changement dont les

11

hommes, à voir leur tenue de croque-mort, n'auront guère à se plaindre.

Les enfants des deux sexes seront élevés dans la pratique de ces principes.

. . . .

Tout cela se termine par une mise en demeure très nette et très catégorique, et à laquelle je conserve sa physionomie typographique :

— Enfin, messieurs, que voulez-vous être ?

Devons-nous vous regarder comme

des tyrans,

des philosophes,

ou des niais.

Êtes-vous bien décidés à n'agir que despotiquement ?

Préférez-vous raisonner ?

Ou n'auriez-vous envie que de rire !

Tyrans ! nous vous combattrons par tous les moyens.

Philosophes ! nous raisonnerons avec vous de nos désirs et de nos prétentions.

Niais ! nous vous méprisons.

Etc., etc. — Ne traitez pas nos projets de chimères, ils sont sérieux, très sérieux ; ne mettez pas en avant, avec votre présomption habituelle, *ce faux principe que notre pudeur, notre plus bel apanage, ne se conserve que dans la solitude...*

Oui, présomption ! car vous ne valez pas mieux que nous.

Oui, faux principe ! car notre pudeur n'est pas le fait des circonstances, ni des localités, mais de nos vertus...

Frères, oubliez nos paroles amères, ne vous souvenez que de notre amour.

Frères, n'éteignez pas pour vous-mêmes le flambeau de la justice en voulant nous le cacher.

Ont signé ce document, les citoyennes Élisa D., Marie N., Élise de W., Marie C., Julie H., Sophie T., Clémence S., Angéline P., Anna de Sch., Henriette B., Désirée L.

Vous pensez si ce fut une joie universelle ! Édouard de Beaumont les représentait généralement en armes, bien qu'il ne soit pas certain qu'elles en aient jamais porté, et *la République des femmes, journal des cotillons*, feuille inepte rédigée tout en chansons, se moquait d'elles avec des essais de *Marseillaise :*

Tremblez, tyrans portant culotte !
Femmes, notre jour est venu,
Point de pitié, mettons en note
Tous les torts du sexe barbu !
Voilà trop longtemps que ça dure,
Notre patience est à bout.

> *Debout, Vésuviennes, debout,*
> *Et lavons notre vieille injure,*
> *Liberté, sur nos fronts verse tes chauds rayons;*
> *Tremblez, tremblez, maris jaloux,*
> *Respect aux cotillons !*
> *Tremblez, tremblez, maris jaloux,*
> *Respect aux cotillons.*

Nous ne parlerons pas des ordures mensongères du sieur Chenu et Cᵉ, ce n'est pas à prendre avec des pincettes.

Revenons aux citoyennes Eugénie Niboyet, Jeanne Deroin, Pauline Rolland, etc., qui, relativement plus modérées dans leurs actes, ne sont pas les figures les moins intéressantes de cette époque.

La citoyenne Niboyet avait déjà fondé plusieurs journaux : *le Conseiller des femmes* à Lyon en 1834, à Paris depuis 1835 *l'Ami des familles,* *la Paix des Deux-Mondes, l'Avenir,* quand elle lança *la Voix des femmes* destinée à préparer l'émancipation toute morale et toute pacifique de la femme.

Elle a rompu avec le Saint-Simonisme quand Enfantin a tenté de proclamer la femme libre, lorsqu'il a désigné comme prêtresse de l'avenir l'odalisque indolente, la femme ignorante et sensuelle, et elle tient pour Rodrigues qui voulait conduire l'homme à l'égalité sainte de la fraternité.

Mme Niboyet ne dit pas si elle était encore fusionienne, mais elle l'avait été, et ce bon M. de
Tourreil, celui qui préparait au socialisme une
morale et une religion, lui écrivait une lettre de
faire part que nous donnons ici à titre de curiosité fusionienne.

Le 19 juillet, an 1er de l'ère fusionienne.

La famille fusionienne vient de perdre un de ses
membres les plus distingués; notre frère bien-aimé Louis
Gin, artiste et poète, vient de mourir près de Lille, le
9 de ce mois; nous vous engageons à vous réunir à
nous lundi prochain à 8 h. 1/4, pour consacrer entre
lui et nous la fusion de la société visible avec la société
invisible.

La Voix des femmes ne s'annonça pas d'abord
comme un organe à opinions bien subversives ;
pensant que les petits rentiers, gens du peuple
économes, petits marchands retirés aimeraient
la République si celle-ci leur garantissait *la paix
des écus* et le maintien de l'ordre, elle cherche
une combinaison qui assure le bien-être de tous
sans rien déranger aux habitudes rentières afin
de *consolider le crédit, ce pivot de l'intérêt des
masses.*

Elle fait même précéder quelques lignes du
sieur Stourm (que naturellement nous retrouvons là) sur Flora Tristan, de ces mots sévères :

— Nous devons le dire, dans l'ordre moral Flora
Tristan n'a pas été un type et nous ne reconnais-
sons pas en tout point sa supériorité. — Et
certaine rédactrice du journal ayant parlé d'un
costume national, surtout d'un chapeau républicain pour l'été en paille avec calotte basse et
ronde..., *la Voix des femmes* déclare que c'est par
inadvertance qu'on a laissé passer cet article et
qu'au surplus le costume ne signifie rien.

Aussi ce journal reçoit-il de chaleureuses
lettres d'adhésion : « — L'idée d'un journal
calme et juste me plaît, écrit une dame qui signe
Octavie de Tryon Montalembert; je vous offre
quelques articles de modes, de politique et même
quelques feuilletons qui porteront mon nom,
déjà connu dans la littérature; de plus, je pro-
mets de venir en aide aux sociétaires de *la Voix
des femmes.* »

Cette dame avait raison, le nom qu'elle portait
était en effet déjà connu dans la littérature...,
mais trions, trions (puisque Tryon, il y a),
elle faisait probablement allusion à Mme de
Comarieu, marquise de Montalembert, auteur
d'*Élise Duménil* et du *Château des Ombres*.

Puis c'est un monsieur Collin, membre de
l'ancienne Société royale académique des sciences, homme de lettres et professeur, qui ne craint

pas d'assurer Mme Niboyet que Dieu l'a choisie
pour être son interprète en faveur de la femme,
son ouvrage comme l'homme, qu'elle est appelée
à consommer ce grand œuvre et que c'est à elle
à qui l'humanité devra de voir la femme reprendre sa dignité...

Mais *la Voix des femmes* a de la méfiance et
ne mord pas à toutes les grappes ; elle a été
sans doute trompée si souvent. Aussi se dé-
fend-elle contre ceux qui prêchent la liberté avec
des restrictions mentales et surtout contre ceux
qui s'enflamment pour l'affranchissement de la
femme — nos amis les ennemis. Descendant
en droite ligne du serpent tentateur, ils possè-
dent par héritage l'art des raisonnements spé-
cieux et ils savent donner au mensonge l'appa-
rence de la vérité; elle se méfie par-dessus tout
des hommes entièrement *dévoués à la cause des
femmes.*

Il y a du bon dans cette manière de voir.

Il n'y avait pas jusqu'à Mme Hermance Lesguillon à qui j'aurais cru plus d'ardeur et qui
disait tout tendrement que chacun devait rester
à sa place, les hommes dicter des lois à l'Assemblée nationale et les femmes dicter dans leurs
maisons les lois de la moralisation et de l'amour:
ils sont fiers d'être dictateurs, nous sommes

fières d'être aimées d'eux, nous les inspirons, ils écrivent.

Malgré tout cela, *la Voix des femmes* demandait l'élection et le vote en fait, elle pensait bien qu'en posant les principes des droits de la femme, elle n'obtiendrait pas raison sur tous les points, mais elle voulait prendre date en face de l'histoire ; en réclamant le principe tout entier de leurs libertés sur le pied de l'égalité, ces dames ne s'engageaient pas pour cela à porter le fusil et faire la patrouille ; elles ne confondaient pas Théroigne de Méricourt avec Mme Roland ; c'est aux noms de leurs devoirs seulement qu'elles réclamaient leurs droits. Plus on les élèvera comme citoyennes, moins elles s'écarteront du foyer domestique.

Elles adressent une pétition au gouvernement et le supplient de rendre un décret qui consacre en *principe* la reconnaissance *absolue* des droits civiques de la femme et d'admettre les majeures veuves et non mariées à jouir de l'exercice du droit électoral sur la simple présentation d'actes authentiques constatant leur majorité ou leur émancipation légale. Les principales raisons qui les poussent à faire cette demande sont d'abord l'état d'immobilité des patriarcaux, des sauvages et des barbares qui soumettent le sexe à

toutes les tortures du servage physique et moral,
état qui atteste l'impuissance du sexe fort à réaliser seul le progrès de la civilisation, puis la
situation dépendante des Françaises *adultes* dont
un petit nombre seulement ont un PROTECTEUR
légal et discret, le mariage n'étant accessible qu'à
une imperceptible minorité dans une société où
la misère est le partage du plus grand nombre.

D'autres, une citoyenne Marie par exemple,
déclarent nettement que ce n'est pas de l'homme
qu'elles attendent la régénération du monde.
L'homme a perdu le sens moral; la pureté de
l'ange semble être antipathique à sa nature; non
seulement il n'est pas pur, mais il ne veut pas
l'être et il se prend de haine pour la femme qui
veut lui imposer la chasteté; aussi le but de la
citoyenne Marie n'est pas de conquérir un titre
qui lui permette de faire le mal avec ceux qu'a-
buse l'erreur, mais de contribuer, par de persé-
vérants efforts, à tirer l'humanité de la fange. A
quoi miss Schelley répondait de Turin : « Nous
avons dans l'âme, nous autres républicaines, tout
ce qui sert de correctif à ces lois acerbes promul-
guées par les républicains... Il y a toujours un
grain d'amour et de charité qui se mêle à nos
jugements; ce qui est bien différent de cet esprit
de parti qui fait du pour et du contre un combat à

mort... Vous avez fait bien des progrès, chère amie, depuis un mois. »

Et continuellement ce sont des appels aux femmes, dont la plupart, paraît-il, dorment ou raillent comme si, dans ce temps de révolution, la possession des droits ne dépendait pas de la stricte observation des devoirs, et si chacune n'avait pas sa tâche à remplir. Celles qui sont à l'œuvre rappellent que leurs sœurs de la grande Révolution avaient exercé une action politique par l'affiche, par le pamphlet, par le club, qu'elles prirent part à tout et que souvent elles donnèrent l'impulsion. Leur énergie ne s'effrayait point de ces obstacles; leurs convictions étaient telles que leur âme planait dans un monde d'idées où la faiblesse n'a pas d'accès. Mais qui donna l'élan, qui marqua le pas?

Marie-Antoinette!

Marie-Antoinette, dont l'esprit indépendant se trahissait au sein des grandeurs, Marie-Antoinette qui bannit l'étiquette de la cour, se passionna pour le projet de convocation des notables et se complut dans les intimes causeries d'une fraternelle indépendance...

Avouez que vous ne vous attendiez pas à trouver Marie-Antoinette dans cette affaire! — Ces dames avaient lu les ouvrages du vicomte de Ségur, voilà tout... cela ne tirait pas autrement à conséquence.

N'oublions pas de citer, pour la singularité du fait, un journal anti-émancipateur, *l'Enfer et le paradis du peuple* (plus tard *l'Amour de la patrie*) rédigé par une femme, Mme Legrand de Beaufort, qui ne vient pas la dague au point, le bonnet phrygien sur la tête, proclamer les droits des femmes, les engager à discuter les lois pour ou contre elles et à reviser les actes plus ou moins politiques du gouvernement. Elle, qui n'est ni bas-bleu, ni femme savante, ni bel esprit, vient au contraire simplement prouver que nées femmes, elles doivent rester femmes...

Ce journal était malheureusement la proie quotidienne de vers comme ceux-ci :

Femmes! votre part est donnée,
L'heure du devoir a sonnée!

qui le rongèrent rapidement.

Victor Considérant fut le seul des neuf cents membres de la Constituante qui, dans le comité de Constitution, réclama le droit politique de la femme; plus tard, Pierre Leroux, au milieu des rires de ses collègues, développa son amendement en faveur du droit électoral pour les femmes dans les élections communales, et ce fut

Athanase Coquerel qui proposa la loi d'exclusion
contre les femmes, Coquerel, auquel miss Knigth
disait:—Vous, Coquerel, soyez le bon Samaritain,
ne passez pas dans l'autre camp, et que ces pauvres âmes blessées vous doivent leur rachat.

Plus tard, indignée, elle lui écrit : — Est-il possible que toi, mon frère, un ministre de la religion, tu aies tenu un langage si contraire au
commandement de ton divin maître, car c'est
ainsi que je te l'ai entendu nommer; ce divin
maître a dit : Fais à autrui ce que tu voudrais
qu'il te fût fait. Eh bien, aimerais-tu qu'il te fût
défendu de former des réunions et d'y exposer
tes opinions?

Et de fait, Athanase Coquerel, qui ne détes-
tait pas parler, n'eût pas aimé cela du tout.

La Commune sociale et *la République* réclamèrent les droits de la femme, et *la Démocratie pacifique*, après avoir parlé de la puissance souveraine de la femme pour la pacification et pour
l'accord des âmes, écrivait : Si l'on veut prévenir
une nouvelle émeute de la faim et de la haine, il
faut s'en remettre aux femmes. A elles appartient de donner le signal de ce soulèvement fraternel et religieux.

Je me souviens aussi d'un long article de M. A.
Laya, dans le *Bien-être universel*, sur les droits

de la femme, article qui souleva une polémïque assez vive entre ce journal et *La Patrie.*

Une des premières affiches, qui couvrit les murs de Paris après la révolution de 1848 et qui, pendant quinze jours, fut continuellement renouvelée, avait été celle-ci :

LA MORALE PUBLIQUE

RÉCLAME IMPÉRIEUSEMENT

LE RÉTABLISSEMENT DU DIVORCE

Le divorce, disait *Le Père Duchêne*, est une institution vraiment républicaine. Il paralyse une disposition de nos codes (la séparation de corps) qui établit pour la femme la position la plus révoltante par son anomalie et par son immoralité. A quoi *Le Bonhomme Richard* répondait : — Le divorce est la plus téméraire, la plus orgueilleuse insulte du droit humain contre le droit divin, de la créature contre le créateur.

Favorablement accueillie après la révolution de 1830, la proposition du rétablissement du divorce fut repoussée par la Chambre de 1848 comme inopportune. Une députation féminine se rendit auprès du citoyen Crémieux pour appuyer le décret sur le divorce; elle était composée de

cinq femmes, disent certains journaux. Ces cinq
malheureuses femmes furent huées par la foule
et forcées de se réfugier dans un hôtel de la place
Vendôme.

— Ohé! les divorceuses! criaient les polissons.

La citoyenne Niboyet protesta de la manière la
plus énergique contre cette démarche intempes-
tive, et le *Pamphlet* — comme trait final — déclara que les amis de l'ordre public étaient
enchantés d'avoir vu cette émeute tombée en
quenouille.

Pleins d'excellentes intentions, les membres
organisateurs de *la Voix des Femmes*, parmi
lesquels je remarque MM^{mes} Gay, G. d'Altenheim,
Deland, Voilquin, Deroin, Sabatier, Lemonnier,
Duparc, Eugénie Foa, cherchaient, par tous les
moyens honnêtes que peut indiquer un dévouement éclairé, à venir en aide au gouvernement
au sujet de la crise financière, et dans ce but
donnaient des concerts, faisaient des quêtes — et
de temps en temps quelques sottises, pour n'en
pas perdre l'habitude.

Ainsi, ne voulant manquer aucune occasion
d'appliquer, au profit des femmes de toutes les
catégories sociales, les grands principes d'égalité,
de liberté et de fraternité, les voilà qui prient le

citoyen ministre de l'instruction publique de
prendre immédiatement un arrêté qui rende
obligatoire pour les pensionnats de demoiselles
le grand congé universitaire de dix jours accordé
à l'occasion des élections de l'Assemblée nationale.

Mme Eugénie Foa, de son côté, demande qu'on
constitue un corps de vingt femmes prises dans
les femmes les plus remarquables par leur talent
ou leur position sociale, sous le nom d'*Institut
national des femmes*. Cela me rappelle que jadis
M. de Castellane, je crois, eut l'idée de créer une
académie de femmes ; un mot de Mme de Girardin
fit avorter l'entreprise : « On l'appellera la Couronne d'immortelles, aucune femme n'en voudra
faire partie. »

On se demande pourquoi Mme Eugénie Foa voulait des femmes remarquables, puisque leur destination principale devait être d'arracher au vice le
troupeau d'ignorantes jeunes filles que la misère
y conduit et de faire des quêtes dans leur quartier
accompagnées d'une femme déléguée par le gouvernement. Point pour cela n'était besoin de
femmes remarquables... lesquelles, du reste, ont
bien d'autres soucis.

La Voix des femmes se met aussi en tête de
porter la candidature de George Sand — qu'une

méprise tératologique a faite de l'autre sexe, disait Geoffroy Saint-Hilaire — et s'attire de la part de son candidat cette réponse un peu vive :

Un journal rédigé par des dames a proclamé ma candidature à l'Assemblée nationale. Si cette plaisanterie ne blessait que mon amour-propre, en m'attribuant une prétention ridicule, je la laisserais passer...

Mais on pourrait croire que j'adhère aux principes dont ce journal se fait l'organe...

1° J'espère bien qu'aucun électeur ne voudra perdre son vote en prenant fantaisie d'écrire mon nom sur son bulletin.

2° Je n'ai pas l'honneur de connaître une seule des dames qui forment des clubs et rédigent des journaux.

3° Les articles qui pourraient être signés de mon nom ou de mes initiales dans ces journaux ne sont pas de moi.

Je demande pardon à ces dames qui certes m'ont traitée avec beaucoup de bienveillance de prendre des précautions contre leur zèle.

Stupéfaite d'abord de tant d'ingratitude, *la Voix des femmes*, considérablement vexée, répond aigrement qu'il eût été plus convenable de lui adresser cette lettre plutôt que de la publier dans la *Réforme*, où elle aurait pu ne pas la lire...; ensuite qu'elle s'était contentée de recommander la candidature de George Sand qu'avait lancée un club où les femmes mêmes ne sont pas admises.

— Nous avons fondé un journal, est-ce une faute? Mme George Sand n'écrit-elle pas dans les journaux?

— Quant aux initiales G. S., elles appartiennent à Mme Gabrielle Soumet, *dont le nom est assez beau*, *assez populaire* pour qu'elle ne tienne pas à se débaptiser.

La Voix des femmes finit un peu solennellement en lui disant que la République n'a pas aboli les privilèges du talent, mais elle les a limités en leur imposant des devoirs.

Attrape, George Sand!

George Sand, on le sait, s'est toujours défendue de s'être passionnée pour les faiseurs de système : « Je ne suis pas plus engouée de M. de Saint-Simon, écrivait-elle en 1845 à M. le comte de Villeneuve, que de Fourier et consorts. Enfantin est un homme que l'on dit fort intelligent et fort beau, mais que je n'ai jamais voulu voir, quoique l'École me désirât pour remplir le rôle de *papesse.* »

Évidemment, ce n'était pas pour aller avec Mme Niboyet et Mme Foa, dont la manière de voir en politique — talent à part, bien entendu — n'était cependant pas plus ridicule (ou l'était autant) que l'utopie chère à George Sand, si tant est qu'on puisse démêler quelque chose de net au

milieu des révoltes d'*Indiana*, de sa résignation
chrétienne, de ses passions violentes et de la religiosité des derniers temps, où, pour finir,
elle s'en remettait à Dieu, qui n'abandonne pas
la France et qui ordonnera d'elle ce qu'il lui plaira
sans la consulter ; et elle, George Sand, trouvera
en ce monde ou en l'autre sa vérité, sa justice,
sa bonté.

Qu'est-ce que tout cela veut dire et n'est-ce
point ce qu'on peut appeler les bêtises finales?

Au fond, comme disait je ne sais quel journal
de l'époque, l'avènement de Dieu, le règne de
l'amour, la défaite du mensonge, l'histoire de
Xercès fouettant la mer, tels sont les sujets ordinaires sur lesquels s'exerce son lyrisme. Avec
cela faites des Constitutions, reconnaissez votre
chemin, soyez démocrate, soyez pur, organisez
le travail : les idées de Mme Sand vous indiquent
la voie.

Furieuse, méconnue, *la Voix des femmes* se
rejette sur les hommes, un entre autres qu'elle
veut absolument envoyer à l'Assemblée nationale ; il ne se porte pas, c'est vrai, mais tous les
vœux de ces dames le portent. Il s'agit de M. Legouvé qui réclame pour les femmes une exten-
sion progressive des droits et qui va presque jusqu'à l'égalité des deux sexes ; mais il veut avant

tout que la femme soit chrétienne. Et que vient
faire ici M. Legouvé avec son libéralisme incon-
séquent, puisque, parlant des couvents, il a déclaré que la femme n'a été libre que là... de
quelles libertés étranges veut-il donc les doter
aujourd'hui ?

Néanmoins *la Voix des femmes* engage ces
dames à entraîner leurs frères au cours que
M. Legouvé fait au Collège de France, puis, de
retour au logis, à se montrer bonnes et douces au
point qu'ils votent de cœur *selon leur inspiration*
pour M. Legouvé qui, par ses enseignements, les
a révélées à elles-mêmes.

Quant aux candidats que ces dames recom-
mandent tout particulièrement, ce sont les citoyens Caussidière, dont la parole est d'une éloquence irrésistible, d'une éloquence où le sentiment féconde et déborde la pensée, — l'énergie
de Danton mêlée aux sympathiques effusions de
Vergniaud; Pierre Leroux, Proudhon, E. Stourm,
Schœlcher, Vidal, Toussenel, Olinde Rodrigues, Cabet, Esquiros, Thoré. Sont recommandés, mais moins chaudement, les citoyens Grand-
ménil, Dupoty, Pascal, Kersausie et Raspail.

Un mauvais plaisant ayant ajouté sur une affiche, à la suite de cette mention : RECOMMANDÉS
PAR *la Voix des femmes*, ces six mots : *séparées*

judiciairement qui demandent le divorce, cette polissonnerie causa dans la ruche une agitation extraordinaire ; aucune d'elles n'étant séparée judiciairement et n'ayant pas même l'intention de recourir au divorce s'il était rétabli, toutes voulaient poursuivre en diffamation l'auteur anonyme de cette calomnie.

Car, cela n'allait pas toujours tout seul à *la Voix des femmes*. Henriette, *artiste* (sic), une des exaltées de la maison, dénonçait avec rage à l'indignation publique les journaux républicains qui, avec un entêtement très condamnable, ne parlaient pas plus de *la Voix des femmes* que si elle n'eût pas existé. A dire vrai, les souscriptions n'abondaient pas ; Olinde Rodrigues prit quatre actions de 50 francs et fut cité en tête du journal avec tous les honneurs que ces dames purent rendre à cette extravagance qui, du reste, n'eut pas de caractère contagieux. Des individus, plus fous encore, voulurent aussi empêcher la vente de *la Voix des femmes* sur la voie publique... ; bref, les pauvres citoyennes connaissaient déjà toutes les misères qui accablent la femme écrivain, quand elles songèrent à adjoindre à la plume un outil qu'elles maniaient avec encore plus de facilité, — la langue !

CHAPITRE X

1848 (*suite*). — Les femmes dans les clubs et les clubs de
femmes. — Pauline Rolland. — Jeanne Déroin, candidate.
— Plaisanteries et épigrammes. — *Du droit de pétition.*
— Chapot et Quentin Bauchard. — Sociétés anglaises et
américaines. — Journaux et banquets. — Louise Julien.
— Les Martyres. — V. Hugo et Proudhon.

Le club du citoyen Cabet fut longtemps le seul
où ces dames purent pénétrer ; puis il y eut *le
Club des Amis fraternels* présidé par Brige qui
en 1845 publiait un journal intitulé *la Fraternité,*
organe communiste-égalitaire ; il demandait l'admission des femmes (leur capacité reconnue) à
tous les emplois ; au *Club lyonnais,* une femme
prit même la parole et fut écoutée. Il est vrai
qu'elle demandait entre autres choses pratiques,
que la jeune fille séduite et abandonnée pût garder son enfant sans pour cela être déshonorée et
que la honte retombât sur son séducteur ; elle
demandait aussi l'abolition des nourrices merce-

naires, attendu qu'une mère qui transmet ses devoirs à une autre n'est pas digne de l'être, sauf cependant quelques exceptions ; pour terminer, elle réclamait que les femmes fissent partie de la Chambre des députés.

Elles étaient reçues aussi au *Club de la Montagne*, rue Frépillon, présidé par l'ex-abbé Constant dont nous avons parlé précédemment ; après avoir jeté par-dessus tous les clochers froc et rabat et avoir fait publier par les journaux qu'il était mort, le digne abbé était venu à Paris et y avait épousé en 1846 une jeune et jolie fille de seize ans, Mlle Noémi. Mme Constant était le secrétaire de ce club que fréquentaient Mmes Louise Collet et Adèle Esquiros, ainsi que MM. L. Gallois, Valette, Alfred Bougeart, A. Bougielis, le tailleur Constant Hilbey et le *mapah* Ganneau, lequel ne parlait jamais de sa femme qu'en ces termes : *Résignée* est restée à la maison, j'ai dit à *Résignée* de faire ceci, etc.

Au *Club de l'Émancipation des peuples*, elles eurent même une heure de succès : une femme s'était présentée et, au milieu des sifflets, des hurlements et des trépignements de l'assemblée, avait demandé la parole ; le citoyen Suau qui présidait finit cependant par obtenir qu'elle lui fût donnée. Calme, grave, un peu pâle, elle tra-

verse la salle d'un pas assuré et monte à la tribune ; elle leur reproche d'avoir ri, ce qu'elle a
à leur dire n'étant pas risible : pendant qu'ils
discutent sur les malheurs de la Pologne et de
l'Irlande, à côté d'eux meurent de douleur et de
faim de pauvres filles du peuple. C'est au secours
de ces infortunées qu'il faut d'abord venir ; et,
s'animant, elle s'écrie : — Commes filles, comme
épouses et comme mères, permettez-nous d'élever la voix et d'éclairer votre religion sur ce que
vous êtes appelés à faire pour les malheureuses
filles du peuple. Et vous, travailleurs affranchis
d'hier, ne riez plus, car c'est la cause de vos
sœurs encore dans l'esclavage, que nous demandons à défendre.

Les bravos éclatent dans toute la salle et le
président décide qu'une quête va être faite par
la citoyenne à laquelle le général Montholon
offre son bras et qui reçoit un bouquet de l'assemblée.

Mais cela ne faisait pas leur affaire ; depuis
longtemps, elles agitaient la question d'avoir des
assemblées publiques pour femmes seules. Beaucoup d'entre elles se réunissaient déjà au café de
l'*Union*, rue du Roule-Saint-Honoré, et Victor
Hennequin écrivait dans la *Démocratie pacifique* :
« Vous parlez des clubs ; ceux qui les ont vus en

activité savent très bien que dans tous ceux où les femmes étaient admises, leur présence imposait au public entier plus de réserve, aux orateurs plus de modération... » — Ce qui n'est pas d'une exactitude rigoureuse.

Plusieurs clubs de femmes se fondèrent ; il y eut le *Club fraternel des lingères*, présidé par Désirée Gay, chef de division de l'atelier national de la cour des Fontaines et qui fut destituée comme révolutionnaire par le ministre des travaux publics. Elle avait fait avec convenance et politesse, dit *la Voix des femmes*, de justes réclamations en faveur des femmes; c'est probablement elle qui avait demandé à l'Assemblée nationale de commanditer les ouvrières qui présenteraient des garanties de capacité et de probité voulues pour être associées responsables, en leur imposant toutefois la condition que les femmes employées par l'association seraient aussi associées quoique sans responsabilité. Ce crédit national devait affranchir les unes et les autres des patrones qui les exploitent et des protecteurs qui les déshonorent.

Puis les femmes ouvrières ayant appris que des menaces avaient été faites contre Louis Blanc, n'avaient-elles pas décidé de protester par une adresse et de se réunir au besoin en colonnes nombreuses pour prouver par une manifestation énergique, qu'elles aussi savent se dévouer pour le bien de l'humanité ?

Du reste ces dames aimaient à manifester, et le même Louis Blanc avait reçu les ouvrières du premier arrondissement qui, au nombre de quarante *divisées en deux colonnes*, étaient venues lui présenter une pétition dans le but d'obtenir pour toutes un franc de façon par chemise ou la journée, cela pour venir en aide aux incapables.

Je ne sais pas ce que leur répondit Louis Blanc, mais le ministre destitua immédiatement Mme Gay, parce que les ministres sont tous les mêmes et qu'ils n'ont jamais beaucoup aimé les gens qui manifestent... en colonnes nombreuses.

Il y avait aussi le *Club de l'Emancipation des femmes* fondé par Jeanne Deroin, Désirée Gay et le docteur Malatier, dont faisaient partie les citoyennes Esquiros (Adèle Battanchon), Eugénie Niboyet, Anaïs Ségalas, Amable Tastu, etc. Ce club publia le prospectus d'un journal *la Tribune des femmes*, journal des besoins, des droits et des devoirs de tous et de toutes, dont le citoyen Olinde Rodrigues devait faire à peu près tous les frais, mais qui ne vit point le jour. C'est le *Club de l'Emancipation des femmes* qui fournit plus tard les éléments constitutifs de la *Société d'édu-*

cation mutuelle des femmes, dont le but était de favoriser autant que possible les réunions de femmes, soit dans le but de former des associations industrielles, soit dans le but d'éclairer les femmes sur les moyens de s'entr'aider pour l'accomplissement de leurs devoirs et l'observation de leurs droits, soit pour former des centres d'enseignement. On y fit des cours qui, un moment, furent très suivis.

Et enfin *le Club des femmes*, le plus célèbre de tous. La citoyenne Eugénie Niboyet présidait et nous pouvons citer parmi les membres de ce club Mᵐᵉˢ Anaïs Ségalas, Cazamayor, Eugénie Foa née Rodrigues Grady, Joséphine de Bernier, secrétaire-général d'une société dont elle avait publié le programme sous ce titre : « Projet d'une fondation nationale pour l'éducation, l'enseignement intellectuel et professionnel des jeunes filles du peuple », Julia Hémal, Clara J., Henriette D., Cécile, Mathilde Payre, Marie Noémi (Mᵐᵉ Constant), Marie Pauline, Gabrielle d'Altenheim née Soumet, Hermance Lesguillon née Sandrin, Anne Marie, Zélima Martinet, Amélie Praï, Jeanne Marie, Suzanne Voitelain, Jeanne Deroin femme Desroches, Désirée Gay, Henriette Sénéchal qui fut directrice aux ateliers nationaux, Augustine

Genoux, Henriette, Marie Delmay, Pauline Rolland, Rosa David, Adèle Esquiros, Arthémise Cardelos, Fossoyeux, etc. Ces dames n'étaient pas seules, MM. Paulin Niboyet, Malatier, Moïse Alcan, Jules Bachellery, E. Cambrolle, A. Constant, Joseph Dejacque, Emile Deschamps, P. Hawke, Junius Hamel, Th. Labourieu, Lachambeaudie, Châtel, V. Roussy, Emile Souvestre, H. Bonnelier et Olinde Rodrigues étaient les plus assidus aux séances.

Le jeudi 11 mai 1848, Eugénie Niboyet ouvrit le *Club des femmes* et entra dans l'histoire.

Les hommes payaient 1 franc, les femmes 25 centimes; trois cents cartes à 25 centimes étaient distribuées aux travailleurs; les séances avaient lieu les mardi, jeudi et samedi.

La première séance fut tumultueuse; il y avait là une foule énorme qui ne demandait qu'à s'égayer aux dépens des clubistes. Le lendemain, ces dames, après avoir protesté dans la *Voix des femmes* contre la dénomination de *Club des femmes* qu'elles sont bien forcées d'accepter, puisqu'on la leur a donnée, constatent que leur club, le club des femmes enfin... (il est évident que ce n'est pas le titre qu'elles voulaient donner à leur réunion; elles devaient s'appeler : *la Société de la voix des femmes*) est la nouveauté du jour, le

point de mire de la curiosité générale. C'est à
qui voudra les voir, c'est à qui voudra les entendre... Mais, hélas ! elles constatent aussi que peu
se soucient d'écouter et que presque tous préfèrent rire et les tourner en ridicule ; n'importe,
fortes de leurs convictions, armées de leur seul
courage, elles subiront les railleries, les sarcasmes, elles accepteront les outrages, mais n'en
accompliront pas moins leur œuvre. — Ayez confiance, ne craignez point, disent-elles à leurs
sœurs, c'est vainement que les méchants sont
contre nous, Dieu est avec nous.

Voilà ce que c'est que de dire des bêtises ; la seconde séance fut des plus orageuses et l'on put
voir dès lors que l'avenir réservé à cette institution serait des plus courts ; au sortir de la troisième on criait : des lampions ! des lampions !
Puis elles ne purent même plus parler au milieu
du charivari qui les accueillait, les uns aboyaient,
les autres gloussaient, ceux-ci miaulaient et ceux-
là beuglaient, c'étaient des cris, des chansons,
des appels de toute nature... On sait, en pareil
cas, jusqu'où peut aller la gaieté française.

Au milieu de ce désordre, la citoyenne Niboyet
présidait avec le plus de modération possible,
mais plus jeune et plus vive, Mme Noémi Constant
leur criait, dit-on, (je n'y étais pas) : —Vous n'êtes

que des polissons! L'abbé Châtel, indigné, s'é-
lançait à la tribune : — Est-ce que c'est un parti
pris de ne pas vouloir entendre la femme? s'é-
criait-il; est-ce que nous en sommes encore à ces
siècles de barbarie?...

Les sifflets redoublent, on brise les chaises; un
autre orateur lui succède et réclame le silence :

— Les femmes n'ont pris contre vous aucune
précaution, dit-il, elles se sont livrées à votre
discrétion... Il ne dit que cela et disparaît au milieu d'un tumulte effroyable.

— A la honte de notre ville si polie, écrivait le
lendemain le journal *la Politique des femmes*, les
hommes ont occasionné un tel scandale dans le
club que les femmes ont dû leur en interdire
l'entrée.

En effet, la huitième séance n'a plus lieu à la
salle du boulevard Bonne-Nouvelle; un avis pré-
vient le public qu'à partir du 6 juin *la Société de
la voix des femmes* tiendra ses séances à la salle
des concerts, 49 *bis*, rue de la Chaussée-d'Antin,
et rüe Saint-Lazare. au manège Fitte. Le prix
d'entrée est ainsi fixé : 25 centimes pour les
femmes, 50 centimes pour les hommes et 25 centimes pour les travailleurs; tout homme doit être
présenté par une dame sociétaire.

— C'est un parti pris de troubler nos séances,

12.

dit *la Voix des femmes*, d'y jeter le désordre pour arriver à un fait, leur dissolution. On nous a interdit le droit de réunion et nous ne nous en plaignons pas ; les réunions qu'on nous interdit, nous y avions renoncé nous-mêmes. Il n'est pas possible à des femmes qui se respectent d'accepter l'outrage et l'insulte. Dès le commencement de la séance, nous avions déclaré qu'aucun homme ne serait plus admis que présenté par une femme dont la moralité nous fût connue, car nous ne voulons servir ni de spectacle, ni de jouet à personne.

Mais la cause était entendue, comme on dit au Palais, et le Club des femmes vint mourir piteusement à la salle des Soirées orientales, du passage Jouffroy.

Trois médailles satiriques furent frappées à cette occasion ; la première portait sur la *face* :

LIBERTÉ. ÉGALITÉ. FRATERNITÉ.

CLUB DES FEMMES

Présidence de Mme Niboyet. Journal la Voix des femmes

(ici trois têtes de mort et au-dessous :)

Et toi soleil de Juillet 1848, tu ne t'es pas voilé !

Au *revers*, cette phrase :

*Les pauvres femmes n'ont donc ni âme, ni capa-
cité politique! adieu mes amours* (ici, une petite
femme), *le concile de Mâcon les exclut du paradis,
notre jeune république leur interdit les clubs.*

Deuxième médaille. Sur la *face* :

LIBERTÉ. ÉGALITÉ. FRATERNITÉ.

CLUB DES DAMES

Jeton d'entrée

Bureau : rue Neuve-de-Trévise, 8. — Mlle *Eugénie
Niboyet, présidente.*

Au *revers*, une femme est à la tribune; d'autres
femmes l'acclament; au-dessous on lit :

DIMANCHE 27 MAI 1848

et autour du *champ*, cette phrase extraite d'un
discours :

*C'est nous qui faisons l'homme, pourquoi n'au-
rions-nous pas voix délibérative dans ses conseils?*

Cette médaille n'a pu servir de jeton d'entrée
puisque M. de Saulcy, dans ses *Souvenirs nu-
mismatiques*, déclare qu'elle a été frappée après
la fermeture du club.

Troisième médaille ; celle-ci nous montre sur la *face* une femme à la tribune au milieu d'autres femmes :

CLUB DES FEMMES 1848

Au *revers*, cette phrase extraite d'un discours d'une de ces dames :

La femme a-t-elle plus de puissance sur l'homme que lorsqu'elle a le dessous,

et autour du *champ* :

La Liberté est une femme, ne laissons pas le pouvoir aux hommes.

Croyez bien que nous n'oublions pas Pauline Rolland et Jeanne Deroin, remarquables toutes deux par leur intelligence et par le courage qu'elles mirent à défendre une cause que perdait d'un autre côté leur exaltation.

Pauline Rolland est trop connue et trop près de nous, pour que nous nous y arrêtions longtemps.

> *C'était une espèce d'apôtre*
> *Que Dieu sur cette terre où nous gémissons tous*
> *Avait fait mère et femme afin qu'il fût plus doux.*

Mère de trois enfants sans être mariée, elle était l'ennemie du mariage qui, soumettant l'o-

béissance de la femme à l'autorité du mari, consacre une inacceptable inégalité et repoussait
l'héritage, le père travaillant pour l'association,
une même fraternité doit unir tous les hommes
qu'une même foi rassemble. Chrétienne par la
morale et non par le dogme, elle regardait le
Christ comme un homme et non comme un dieu.
Ses théories politiques et sociales se ressen-
taient de ses relations avec Pierre Leroux ; elle
fit partie de l'établissement de Boussac, y vécut
en communauté et s'y occupait de l'éducation des
enfants de la colonie.

Compromise dans l'affaire de la société secrète
de la rue Michel-le-Comte dite de l'*Union des
associations*, elle répond au président du tribunal qui lui dit : — Fille Rolland, vous ne voulez
pas que les fautes soient punies — pas même par
une amende ? — Citoyen, je n'admets que des
peines morales... Puis elle insiste pour faire
prévaloir le mot citoyen et se résume dans cette
sortie : — Je proteste complètement contre la loi
de mon pays.

Aussi, le vertueux M. Suin, procureur général, n'y pouvant plus tenir, s'écrie : — On dit que
cette inculpée est une honnête femme..... moi,
je réponds c'est un honnête homme, peut-être ;
je le crois, et volontiers je lui confierais ma

boursé ; mais une honnête femme ? je dis : non !

Ce qui lui attira une bonne réponse de la citoyenne Rolland, réponse qu'elle lui adressa de Saint-Lazare, où grâce à l'éloquence du dit Suin, elle avait pu réfléchir six mois durant sur cette question : *y a-t-il deux morales, l'une pour l'homme, l'autre pour la femme ?* « L'honneur de la femme, lui écrit-elle, c'est la sincérité; l'honneur de la femme, c'est la chasteté; l'honneur de la femme, c'est la liberté conquise par le travail; mais l'honneur de la femme, c'est surtout le soin jaloux de sa dignité d'être humain. Son aspiration, c'est le mariage, mais le mariage vraiment égalitaire, sans soumission imposée d'un côté, comme sans orgueilleuse protection de l'autre, le mariage avec la fidélité, avec l'affection mutuelle pour solide base. Son Eldorado, son rêve doré et presque toujours inutilement poursuivi, c'est le foyer domestique, où le père, l'époux vient s'asseoir à ses côtés, non en maître, mais en amant, en ami, en frère.

Transportée en Algérie après décembre 1851, elle fut graciée et mourut à Lyon le 29 décembre 1852.

Jeanne Deroin, moins connue, était la citoyenne active par excellence; c'était une petite femme maigre, très pâle, et généralement coiffée

d'une capote de crêpe noir garnie de rubans
d'un rose très vif : nous avons eu déjà l'occasion
de citer son nom à propos des clubs et de la *Voix
des femmes*, elle était très intelligente et faisait
un cours de droit social pour les femmes. Comme
Eugénie Niboyet, elle avait fondé, avec Désirée
Gay, Marie Dalmay, Augustine Genoux et [Hen-
riette Sénéchal, un journal socialiste la *Politique
des femmes* qui devint plus tard l'*Opinion des
femmes*.

Ce n'est pas, disait Jeanne Deroin, comme
l'affirme un bulletin de la République, le privilège de l'intelligence que nous réclamons, ce que
nous voulons c'est le même droit pour toutes, la
même part dans l'éducation publique et la réciprocité des droits dans le mariage. Ce n'est pas
l'esprit de la femme libre comme l'entendait
Enfantin qui vit en nous. En proclamant devant
tous que nous ne répudions pas les saints devoirs
de la famille, nous saurons prouver au monde
qu'il est possible de les concilier avec l'exercice
de nos droits.

Aucun motif personnel ne la guide; heureuse
épouse d'un homme doué d'un noble cœur et d'un
esprit élevé, elle a obtenu la réciprocité dans le
mariage; mais c'est le but social et religieux à
atteindre qui l'entraîne et la jette dans la mêlée.

Ce journal, la *Politique des femmes*, dévoué
aux associations, engageait vivement les ouvrières de Paris de prendre part aussi à l'organisation du travail et leur citait la Société cha-
pelière de Sainte-Marie qui existait déjà depuis
quelque temps. Il vécut peu et cependant il ne
fallait pas grand'chose pour le rendre heureux,
car il accueillait avec joie la nomination de Rosa
Bonheur comme membre de la Commission des
récompenses, — l'élection d'une femme par des
hommes!

Mais les événements ne lui sont pas tous aussi
favorables et il disparaît devant le cautionne-
ment exigé par la loi ; « notre journal, disent ces
dames, devait être la propriété d'une nombreuse
société de femmes ; quelques-unes s'étaient réunies pour faire les frais du premier numéro, le
succès a dépassé notre attente et ce n'est qu'à
regret que nous abandonnons une œuvre qui
avait réuni tant de sympathies. »

Quant à l'*Opinion des femmes*, il fut plus vi-
vace, mais néanmoins ne vécut pas longtemps
non plus.

— Qu'est-ce que l'*Opinion des femmes* ? disait
la citoyenne Gay, c'est le jugement qu'une moitié de l'humanité a le droit de porter sur les lois
qui lui sont imposées par l'autre moitié.

— Qu'est-ce que la femme? — on l'ignore.

— A quoi s'emploie-t-elle ? — à tout et à rien.

— Quelle est sa position ? — elle n'en a pas.

— Mais enfin, dans quelle famille de l'ordre de la nature la classe-t-on ? — Les lois de la nature humaine n'étant pas suffisamment reconnues, le classement de la femme éprouve quelques difficultés, etc., etc.

Et les Malthusiennes! l'*Opinion des femmes* rompt des lances contre miss Martineau et quelques autres miss qui n'avaient pas craint de se déclarer partisans d'une doctrine que les esprits simples et honnêtes repoussent comme immorale et anti-religieuse et elle s'associe de tout cœur aux opinions émises par Proudhon contre le système de Malthus. Elle partage du reste les idées de Proudhon en matière de banque et signale avec plaisir la progression des noms de femmes parmi les actionnaires de la *Banque du peuple*.... si seulement Proudhon voulait reconnaître le droit des femmes à l'égalité civile et politique....

« Théorie d'affranchissement et de promiscuité dont le dernier mot est la pornocratie, répond durement le franc-comtois; le nivellement des sexes aboutit à la dissolution générale. Ce sophisme s'accrédite à certaines époques de fatigue, d'épuisement, surtout d'oppression et d'exploita-

tion; quand la masse des mâles a été transformée
en bêtes de somme, quand l'iniquité rend le travail peu lucratif, la vie difficile, le mariage pé-
rilleux, la génération onéreuse, la famille impossible. »

Jeanne Deroin combat le philosophe et cherche
à le convaincre, mais Stourm (car il est là aussi)
secoue tristement la tête et marmotte entre ses
dents que cette intelligence audacieuse a comme
toute autre son domaine qui lui est propre et en
dehors duquel elle n'a plus non seulement sa supériorité ordinaire, mais même la rectitude la
plus commune, le bon sens le plus vulgaire.

Et sur ce, Stourm se replonge dans l'*Opinion
des femmes* où je trouve encore le compte rendu
d'un banquet qui a eu lieu pour l'inauguration de
la salle de la Fraternité et dans lequel trois
femmes ont été admises à prendre la parole.
Mme Brasier porte ce toast à la jeune république : — « Frères, nous sommes la lumière de
l'avenir, l'avant-garde harmonieuse, ne reculons
devant aucun obstacle, ce que nous voulons, Dieu
le veut... (et patati et patata); à notre jeune république! à l'humanité libre, unie, harmonieuse! »

Mme Marie Duclos a porté un toast à la Montagne, qui sera la base de la république, tant
qu'elle portera sur sa cime l'arche d'alliance;

c'est-à-dire le socialisme qui contient en lui toutes les conséquences de nos grands principes : Égalité, Liberté, Fraternité.

L'*Opinion des femmes* publie aussi une adresse des femmes démocrates-socialistes aux membres du comité italien envoyant l'expression de leur profonde sympathie pour les martyrs de la liberté italienne.

Mais voilà Jeanne Deroin qui se porte candidate à la représentation nationale; elle se présente aux suffrages de ses concitoyens par dévouement pour la consécration d'un grand principe, l'égalité civile et politique des deux sexes ; — l'*Opinion des femmes* publie sa profession de foi.

Elle demande aux membres du comité électoral démocratique et socialiste, l'appui du comité, sinon pour être admise sur la liste des vingt-huit candidats qui seront présentés aux suffrages des électeurs, au moins pour obtenir de leur justice de n'être point écartée de cette liste au nom d'un principe de sexe qui est une violation manifeste des principes d'égalité et de fraternité. Les services rendus au pays et à la cause sociale, la supériorité intellectuelle, la capacité spéciale et les talents oratoires du grand nombre des candidats qui se présenteront, leur fourniront assez de motifs pour l'exclure si on le juge

nécessaire, sans qu'ils s'appuient sur un préjugé
contre lequel des hommes d'avenir doivent protester énergiquement si ce n'est par sympathie,
au moins par respect pour les principes.

Et elle s'inscrit sur le registre ouvert pour
tous les candidats démocrates socialistes afin
d'accomplir toutes les formalités nécessaires à la
mission qu'elle s'est donnée. Ce qu'elle fait, ce
n'est pas seulement au nom des femmes, mais
dans l'intérêt de la société tout entière.

Presque partout les bureaux l'empêchent de poser sa candidature comme étant inconstitution-
nelle et ne lui permettent de traiter la question
que d'une façon toute générale. A la salle de la
Redoute, il y eut tapage, tumulte ; on veut la faire
sortir, elle se cramponne à la tribune et proteste ; au gymnase Triat, même représentation.
Bref, à la salle de la Fraternité, Sellier, le président du comité, lui permet de poser sa candidature ; mais là encore, le bureau, tout sympathique qu'il soit à la cause qu'elle défend, s'appuie sur la question d'inconstitutionnalité et
d'inopportunité pour ne pas demander la prise
en considération. C'est au quartier Saint-Antoine
où elle est le mieux accueillie.

Les plaisanteries et les épigrammes pleuvent
dru sur la pauvre femme et sans parler de *Létitia*

ou *la Femme socialiste*, de la *Représentante du peuple*, des *Femmes socialistes* et de quelques autres inepties de ce genre, une revue de fin d'année intitulée *Exposition des produits de la république* et due à la plume trop féconde de MM. Clairville, Dumanoir et Labiche lui font débiter sous le nom transparent de *Jeanne Bédouin* une profession de foi sous forme de chanson.

> *Sur les questions les moins comprises*
> *Pouvant parler deux heur's de temps*
> *Comme vous, j'dirai des bêtises*
> *Mais j'en dirai bien plus longtemps.*

Jeanne Deroin ne doutait de rien ; elle écrivit aux membres de la commission du banquet des prêtres socialistes (?) pour être invitée à leur banquet parce que la femme aussi est prêtre et qu'elle doit avoir place dans le temple comme dans l'État et dans la famille ; elle demandait même à porter un toast à la rédemption définitive de l'humanité !

Elle avait aussi en tête un *Projet d'organisation pour l'association fraternelle et solidaire de toutes les associations*, organisation qui devait reposer sur ces deux bases principales : Répartition équitable des produits du travail de tous en proportion des besoins de chacun et des nécessités de sa profession ; — équilibre entre la production et la consommation, de manière que la production soit réglée selon les besoins de la consommation.

Compromise comme la citoyenne Rolland dans l'affaire de la rue Michel-le-Comte, elle se défendit vaillamment ; l'accusation avait groupé autour d'elle, et comme subissant à un haut degré son influence, la demoiselle Lavanture, sage-femme protestant contre le mariage par une triple maternité, la fille Vray déléguée d'une association qui compte deux personnes, la femme Nicaud, gérante de l'*Association des blanchisseuses*, chez laquelle on avait trouvé le portrait de Robespierre, une fabrique de poudre de guerre et de balles de calibre, et enfin les citoyennes Besançon, Godard, Mollet, Bergant, Piétot et Fichet ; — l'accusation contre ces dernières fut abandonnée.

Lorsque le président lui demande ses noms et prénoms, — avant de répondre, dit-elle, je dois protester contre la loi en vertu de laquelle vous voulez me juger, c'est une loi faite par les hommes, je ne la reconnais pas. Elle a quarante-quatre ans, se nomme Jeanne Deroin, femme Desroches, institutrice et journaliste ; et l'accusation ajoute : Déléguée de l'Association des lingères composée de deux personnes.

Comme le président lui reproche de ne pas porter le nom de son mari : — « Si je ne le porte pas, répond-elle simplement, c'est que je ne veux pas rendre mon mari solidaire de mes actes. Ensuite, je le déclare, c'est que je proteste contre le mariage : c'est un état de servage pour la femme. Quant à moi, je veux l'égalité absolue des deux sexes. On a prétendu que je rêvais la promiscuité. Oh ! ciel ! jamais rien n'a été plus loin de ma pensée. Je rêve au contraire, je désire la réalisation d'un état social dans lequel le mariage sera épuré, moralisé, égalisé sur l'inspiration des préceptes posés par Dieu lui-même, etc. Je répète que je veux moraliser le mariage et non le détruire. Je veux affranchir une portion de l'humanité ; voilà ce que j'avais à dire. »

Bon pour six mois de prison, répond la justice des hommes et voilà Jeanne Deroin à Saint-Lazare.

Le député Chapot (qui ça, Chapot ? — Eh bien, Chapot du Gard) ayant fait une proposition à l'Assemblée législative dans le but de restreindre le droit de pétition pour les hommes et de le supprimer complètement en matière politique pour les femmes, Jeanne Deroin, du fond de sa prison, pétitionne immédiatement ; elle proteste contre les coupables intentions dudit Chapot qui sont autant d'atteintes portées à la Constitution et aux principes de liberté, d'égalité et de fraternité. Tous les membres de la société française ont un droit égal aux libertés que la Constitution garantit à tous. Les aliénés, les repris de justice et les mineurs sont seuls exceptés. Nul texte de la Constitution ne range les femmes parmi les incapables. Puis, mettant à profit sa situation de détenue politique, elle répète le mot d'Olympe de Gouges : « La femme a le droit de monter à l'échafaud, elle doit avoir également celui de monter à la tribune. »

Ce fut M. Laurent (de l'Ardèche) qui déposa cette pétition et qui combattit la proposition Chapot. Voici les paroles du rapporteur M. Quentin-Bauchard :

— Nous n'avons pas hésité à exclure du droit de pétition politique (politique, remarquez-le bien) les femmes et les enfants. Faut-il justifier cette double élimination ?

Voix à droite. — Ce n'est pas bien la peine.

M. QUENTIN-BAUCHARD. — Est-ce qu'il ne tombe pas sous le sens que les enfants n'ont pas, et ne peuvent avoir le droit de venir nous régenter ici par pétitions sur notre politique ?... Et les fem-

mes? Depuis que leur exclusion a été connue,
depuis le dépôt du rapport dont j'ai l'honneur
d'être l'auteur, combien (et je pose à dessein
cette question) combien de femmes ont-elles réclamé? — Il s'agissait pour elles de prouver
qu'elles sont capables de se servir du droit de
pétition en pétitionnant contre la réglementation
de ce droit que nous proposons.

A droite. — C'est cela! c'est cela!

M. QUENTIN-BAUCHARD.—Eh bien, il y a eu une
femme, une seule qui a réclamé (*Hilarité sur un
grand nombre de bancs*). Il faut que je vous la
nomme (*A droite : oui! oui!*), c'est la citoyenne
Jeanne Deroin (*Nouvelle hilarité*); et c'est l'honorable M. Laurent (de l'Ardèche) qui s'est chargé
de déposer cette pétition (*Explosion de rires*).
Aussi notre honorable collègue s'est-il fait, en
termes chaleureux, l'avocat des dames pétitionnaires... pétitionnaires en matière politique.
(*Très bien! très bien!*)

— Vous sentez que c'est là une question de
décence publique, de dignité parlementaire.
Comment! il arrivera une pétition signée dans
un sens par le mari, signée dans un autre par la
femme! (*A droite : et dans un troisième, par les
enfants! On rit*). Quels seraient donc l'autorité et
le sexe qui domineraient ici?

13.

M. DE HEECKEREN. — Comme nous sommes galants, ce serait le sexe féminin ! *(Hilarité générale.)*

M. QUENTIN-BAUCHARD. — Sans doute, Messieurs, il y a eu et il y aura encore des femmes illustres, des femmes éminemment distinguées, éminemment instruites ; mais soyez très convaincus que, si la pétition politique était donnée aux femmes, ce ne seraient ni les plus distinguées, ni les plus instruites qui pétitionneraient, n'en doutez pas. — Et vous en avez une preuve éclatante dans le fait que je viens de citer à la tribune. *(C'est vrai ! approbation.)*

L'assemblée décide que la question sera soumise à une seconde délibération.

Le citoyen Schœlcher, ayant proposé un amendement pour maintenir le droit de pétition, pour les femmes, prit la parole pour soutenir son amendement qui fut chaleureusement appuyé par le citoyen Crémieux. L'amendement fut adopté et lorsqu'on vota sur le tout; la proposition fut aussitôt rejetée, à l'unanimité, au milieu de l'hilarité générale.

C'est à cette occasion que ce gros sceptique de Louis Desnoyers publia dans le *Siècle* quatre feuilletons, — un chef-d'œuvre de finesse et d'es-

prit et qu'en passant, je recommande aux gour-
mets de lettres, s'il y en a encore.

La citoyenne Deroin repoussée, battue, ne retira pas moins de sa défaite ce haut enseignement : — C'est qu'on bâillonne les femmes par la
crainte du blâme ou du ridicule, et on qualifié
leur silence d'incapacité ; c'est un motif de rail-
lerie, de mépris et d'exclusion. Que gagneraient-
elles donc à se taire ?

Et elle fonde l'*Almanach des femmes* avec la
collaboration des citoyennes Anna, Ève, Marie,
Angélique Arnaud, Henriette artiste, etc. ; et des
citoyens P. Vinçard, Jean Macé, E. Stourm,
Lachambeaudie et le Dr Malatier, dans le but
d'affirmer le droit et le devoir de la femme de
veiller elle-même sur l'avenir social de ses enfants
et de prendre part à l'œuvre d'organisation sociale. J'ai sous les yeux trois années de cet
almanach, 1852, 1853 et 1854 ; la première fut
imprimée à Paris, les deux autres à Jersey,
j'ignore si cette publication fut continuée. Jeanne
Deroin s'y développe à son aise et finit même
par se perdre tout à fait à travers ces sociétés ridicules Américaines et Anglaises, *Sociétés de tempérance;* — *Sociétés végétariennes :*
(on ferait faire un grand pas à la moralité publique
et à la paix générale en s'abstenant de viande.)

— *Convention des femmes pour le droit commun ;*

— *Association des Shakers* où les hommes et les femmes vivent dans une continence absolue, et s'abstiennent complètement des rapports qu'ils se sont interdits sous certaines conditions de leurs statuts ; — *Société de non-résistance et de soumission passive envers les ennemis,* dont les membres vont jusqu'à se dépouiller des biens sociaux, sacrifier la vie sociale pour la faire renaître plus pure et plus libre. Ils jurent de ne combattre que par les seules armes spirituelles, refusent le service militaire, n'acceptent ni charges, ni bénéfices du gouvernement, renoncent aux carrières politiques, législatives et judiciaires et enfin ne recourant plus à la justice légale pour le redressement des torts qui leur sont faits (ET SI UN HOMME S'EST EMPARÉ DE NOTRE HABIT, NOUS DEVONS AUSSI LUI CÉDER NOTRE MANTEAU PLUTOT QUE DE L'EXPOSER AU CHATIMENT.) — *Association d'amour pur...* l'amour s'affranchissant du sexe, c'est-à-dire le mal repoussé à jamais, Satan vaincu, le péché originel effacé, c'est la transformation du monde, les nouveaux cieux, la nouvelle terre !

— *Société pour la réforme du costume chez la femme :* on n'a pas oublié les excentricités de mistress Amélia Bloomer, d'où *les bloomeristes* si chères aux caricaturistes, ainsi que mistress

Dexter qui portait le costume pour lequel elle prêchait : veste ou justaucorps (sorte de *caraco*) à manches plates, ouvert sur la poitrine et laissant voir un gilet boutonné ; une jupe courte descendant aux genoux, un pantalon très large aux genoux, serré à la cheville par des élastiques et bouffant sur de petites bottes hongroises. La coiffure tient le milieu entre le chapeau d'homme et le chapeau de femme.

Il est temps, disait cette dame, que les principes de philosophie qui caractérisent notre époque soient appliqués à la toilette.

Cela dérida même pour un instant le grave journal des *Débats* qui leur consacra un feuilleton : *les Jupons et les Culottes.*

Toutes ces sociétés, qui ne résisteraient pas longtemps à de bonnes applications de sangsues (le long de la suture sagittale), à des révulsifs extérieurs comme les vésicatoires, les moxas, les sétons, et à un vigoureux traitement par l'eau froide, portèrent le trouble dans le cerveau de Jeanne Deroin. C'était si visible, que miss Anna Knight (il ne faudrait pas croire pour cela que celle-ci fût beaucoup plus raisonnable), lui écrit : — « Ne permets pas, ma chère Jeanne, que l'on détourne ton esprit de ce grand sujet politique, ni par les dogmes religieux, ni par les extrava-

gances des sectaires Shakers ni Bauters, ni pour
empêcher le mariage ou 'e célibat *(sic).* »

A quoi Jeanne Deroin répond qu'elle regarde.
le droit politique seulement comme un moyen
de conquérir le droit social pour tous et que ce
dernier est le but final.

On a vu que les femmes avaient eu journaux
et clubs, elles eurent aussi leurs banquets. Un
des plus curieux fut *le Banquet fraternel des familles,* où les femmes avaient convié tous les
républicains qui veulent sincèrement l'application de la devise républicaine. Le bureau était
composé des citoyennes Meisnes de Longueville,
Désirée Gay, de Vitry et des citoyens Pierre
Leroux, Charles Dain, représentants du peuple,
et Bernard. A la place d'honneur, il y avait une
chaise vide, celle de Barbès.

De nombreux toasts furent portés.

La citoyenne Désirée Gay : — A l'union politique de l'homme et de la femme !

La citoyenne Fosseyeux, ancien cordelier, un
des vainqueurs de la Rastille *(sic)* : — A la méfiance, *timeo Danaos,* méfiance surtout des pré-
tendants !

La citoyenne Jeanne Deroin : — Honneur à tout
homme intelligent et courageux qui a compris et
proclamé l'égalité civile et politique de la femme !

La citoyenne d'Espilly : — A Saint-Simon, à Fourier, Cabet, Pierre Leroux, Proudhon, Louis Blanc, à tous ceux dont les travaux n'ont eu qu'un but : le bonheur de l'humanité !

La citoyenne Français : — Au bonheur social, impossible sans le bonheur de la femme !

La citoyenne Henriette boit à la souveraineté du peuple, Mme C. à l'harmonie sociale, une jeune fille à la clémence, un jeune homme à l'auteur de la *Marseillaise*, à Rouget de l'Isle, les citoyennes Transmessner et Mailly récitent des vers et Pierre Dupont chante son *Chant des travailleurs*.

En province, il y eut quelques banquets féminins : celui de Prayssas dans le Lot-et-Garonne où il y avait cent cinquante femmes, ce qui est beaucoup de femmes à la fois.

Puis les banquets finirent comme avaient fini les journaux et les clubs.

D'autres femmes se firent remarquer par leur ardeur révolutionnaire, et Victor Hugo a fixé pour toujours la physionomie de Louise Julien, proscrite, morte à Jersey, dans l'admirable discours qu'il prononça sur sa tombe : « Le 21 janvier 1853, une femme fut arrêtée chez elle par le sieur Boudrot, commissaire de police à Paris. Cette femme, jeune encore, elle avait trente-cinq ans,

mais estropiée et infirme, fut envoyée à la Préfecture et renfermée dans la cellule nº 1, dite
cellule d'essai... Vous me demanderez ce qu'était
cette femme et ce qu'elle avait fait pour être
traitée ainsi? Je vais vous le dire : Cette femme,
par des chansons patriotiques, par de sympathiques et cordiales paroles, par de bonnes et civiques actions, avait rendu célèbre, dans les faubourgs de Paris, le nom de Louise Julien, sous
lequel le peuple la connaissait et la saluait. Ouvrière, elle avait nourri sa mère malade; elle l'a
soignée et soutenue pendant dix ans. Dans les
jours de luttes civiles, elle faisait de la charpie ;
et, boiteuse et se traînant, elle allait dans les
ambulances et soignait les blessés de tous les
partis. Cette femme du peuple était un poète,
cette femme du peuple était un esprit; elle chantait la République, elle aimait la liberté, elle appelait ardemment l'avenir fraternel de toutes les
nations et de tous les hommes; elle croyait à
Dieu, au peuple, au progrès, à la France; elle
versait autour d'elle, comme un vase, dans les
esprits des prolétaires, son grand cœur plein
d'amour et de foi. Voilà ce que faisait cette
femme. M. Bonaparte l'a tuée. »

Et dans cette page remarquable nous trouvons
encore les noms suivants : Francesca Maderpasch

à Temeswar, Blanca Teleka à Pesth, Rosalie
Gobert, Eugénie Guillemot, Augustine Péan,
Blanche Clouart, Joséphine Prabeil, Elisabeth
Parlès, Marie Reviel, Claudine Hibruit, Anne
Sangla, veuve Combescure, Armentine Huet, et
tant d'autres encore, sœurs, mères, filles, épouses,
proscrites, exilées, transportées, torturées, sup-
pliciées, crucifiées.

Ajoutons, pour finir, les noms de deux apôtres
du *fouriérisme*, les dames Psalmon et Gambard,
qui avaient consacré leur vie à la propagation des
idées de Fourier. Mme Gambard avait soixante-
douze ans quand elle mourut, n'ayant rien perdu
de son exaltation et de son enthousiasme pour la
doctrine.

C'est dans ce discours-là que Victor Hugo a
dit : « Le xviiie siècle a proclamé le droit de
l'homme, le xixe proclamera le droit de la femme ;
mais il faut l'avouer, nous ne nous sommes point
hâtés ; beaucoup de considérations, qui étaient
graves, j'en conviens, et qui voulaient être mû-
rement examinées, nous ont arrêtés ; et, à l'instant où je parle, au point même où le progrès est
parvenu, parmi les meilleurs républicains, parmi
les démocrates les plus vrais et les plus purs,
bien des esprits excellents hésitent encore à admettre dans l'homme et dans la femme l'égalité

de l'âme humaine, et par conséquent l'assimilation, sinon l'identité complète, des droits civiques. »

Victor Hugo déclare bien haut que tant que la prospérité a duré, tant que la République a été debout, les femmes n'ont rien demandé pour elles ; elles se sont oubliées, elles n'ambitionnaient rien autre que de rayonner comme la lumière, attendrir les cœurs, éveiller les enthousiasmes, montrer à tous le juste, le bon, le grand et le vrai...

Vous venez de voir comme cela est exact ; mais l'éloquence a des droits, et c'était simplement pour arriver à dire qu'à l'heure de l'adversité, leur attitude avait changé : elles avaient cessé d'être modestes et étaient venues réclamer leur part dans le danger.

Mais soyons justes ; Victor Hugo, avec son admirable clairvoyance de l'avenir et sa rectitude de jugement qu'on sait, n'avait peut-être pas vu clubs, banquets et journaux, occupé qu'il était à faire campagne pour M. Bonaparte.

« L'influence féminine, dit Proudhon, a été en 1848 une des pertes de la République ; George Sand, femme et artiste, composant avec Jules Favre, autre artiste, les bulletins fameux, — la République tombe en quenouille. »

... *Autre artiste* est tout simplement charmant.

CHAPITRE XI

Second Empire. — Bibliographie féminine. — *Une Société
protectrice de la femme.* — Mmes Jenny d'H. et Juliette L. —
Conceptions bizarres et hardies. — Prose dithyrambique.
— Revendications bruyantes. — *L'Avenir des femmes.*

Sous le second Empire, les femmes se tiennent
relativement assez tranquilles; aussi n'y a-t-il
que peu de choses à signaler, bien que de 1852 à
1870 on ait publié un très grand nombre d'ouvrages sur les femmes, trois cents environ! (Faisons remarquer à ce sujet que de 1800 à 1830 il y
en a eu une vingtaine, de 1830 à 1848 soixante-
huit environ, et à peu près trente-quatre de 1848
à 1852.) La plupart de ces ouvrages ne traitent
que des questions d'éducation. Quelques tentatives candides et isolées témoignent de l'apaise-
ment des esprits sur ce sujet: deux ou trois petits
journaux mort-nés et quelques sociétés restées
dans l'œuf, voilà tout.

Je me souviens même d'une *Société-mère protec-*

trice de la femme qu'une dame Olivier de Bocourt
voulait fonder vers 1860 ; cette bonne dame prétendait que le tressaillement des masses (elles
tressaillaient faiblement en 1860) lui indiquait
que l'heure de la régénération de la femme avait
sonné. Aussi Mme de Bocourt, sans songer à former une croisade contre l'homme, voulait-elle
lancer un journal intitulé *la Femme* pour réveiller celle-ci et la pousser à réclamer (après des
siècles de silence) sa place au grand banquet
humanitaire.

Cette société en commandite au capital de
100,000 francs avait pour but de servir de mère à
la femme sans distinction de religion, ni de
caste, d'amener la régénération morale, intellectuelle et matérielle de la femme, sans autres
armes que la conviction et l'amour, de reconnaître pour patrie toute terre où peut luire l'a-
mour maternel, de mettre le siège de cet amour
en France et son berceau à Paris, de faire partir
de l'enceinte des fortifications les rayonne-
ments d'amour et de les diriger au delà des
mers...

Cette société devait se composer d'un centre
dirigeant formé de neuf personnes réunies sous
la présidence d'une dixième et réparties en trois
groupes de trois personnes chacun, représentant

l'intelligence, le cœur et le corps de la société... etc.

Seront membres-enfants de la société, toutes celles que le malheur aura frappées.

Gardant pour elle seule le spectacle du vice, la connaissance des chutes, la mère protectrice de la femme, forte d'un amour trop pur pour s'entacher, ne craindra pas de descendre jusqu'aux abîmes de la honte, afin que tout ce qui est tombé par faiblesse puisse se redresser un jour. Le mal passionné pour le mal peuplera seul alors les sentines de l'infamie et la vertu doublement belle triomphera du vice dépouillé de ses charmes.

Voilà ce qui serait arrivé si cette société eût trouvé les 100,000 francs qu'elle demandait, et dire que faute d'une somme aussi minime, le vice entouré de ses charmes continue à triompher immodestement de la vertu.

Mmes Jenny d'Héricourt et Juliette Lamber (Mme Adam) firent plus de bruit en raison de la correction paternelle que leur administra Proudhon : — « C'est pour cela que la soi-disante savante qui dogmatise, qui pérore, qui écrivaille, la femme qui répète à tout propos, comme vous Mme Jenny d'H*'*, je professe, j'affirme, j'enseigne, j'admets, je nie, j'ai écrit, je déclare, celle qui s'affuble d'une barbe philosophique, qui traduit

la métaphysique en baragouin et se mêle de *réfu-*
ter des théories qu'elle ne comprend pas et que
cependant elle pille, comme vous Mme J. L., cette
femme-là déchoit et devient laide. »

Mais Mme Juliette Lamber trouva des gens qui
lui dirent que ce n'était pas vrai et la consolèrent;
comme, en effet, elle était jolie et spirituelle,
elle les crut et se moqua du philosophe grognon.

D'autres femmes vont vous étonner par la bizar-
rerie et la hardiesse de leurs conceptions. Ainsi
Mme Fanny Maréchal, dans son travail sur la
Régénération de l'homme, ne craint pas d'entrer
dans des détails..... un peu risqués comme vous
allez le voir : — « Je reviens, dit-elle, à l'influence de l'homme sur la procréation. Comme
la semence est le premier principe d'une
plante, il faut qu'elle soit d'une bonne qualité,
car si elle vient d'une plante dégénérée... comme
elle est la quintessence de cette plante dégénérée,
elle ne peut produire que le suc qu'elle en a
tiré; toutefois si la terre où on sème cette semence est bonne, il y aura amélioration... Quoique la coopération de l'homme et de la femme
soit nécessaire pour produire un nouvel être et
que l'essence de cet être provienne de l'un et de
l'autre; il ne tient quelquefois que d'un seul pour
la ressemblance physique et morale... je reprends

la femme au moment où la vie de l'enfant est in-
sinuée. Ce moment ainsi que l'heure de l'intro-
duction de l'âme, nous sont inconnus; c'est un
mystère, etc., etc. »

Puis c'est une demoiselle Alice Hertha qui,
dans son livre intitulé *Égalité, Liberté*, par une
Parisienne philosophe, au milieu d'un tas de sottises, débite sérieusement des choses comme
celles-ci : « Beaucoup d'enfants n'ont pas de père,
étant engendrés par la mère seulement, en ce
que la coopération du père s'annule et n'a servi
que d'agent provocateur..., etc. »

On ne peut pas reprocher à cette demoiselle de
ne point avoir étudié l'art de faire des enfants,
mais on pourrait l'engager vivement à n'en parler
que lorsqu'elle aura cessé d'être demoiselle.

Enfin, une dame Bloch écrit sans sourciller
dans l'*Union Israélite* lors du passage de la reine
Victoria à Paris : « En contemplant la gracieuse
figure de Sa Majesté, j'ai pensé à Esther et à l'é-
tonnante histoire de son avènement au trône et
je me suis dit : si par impossible, la souveraine
de la Grande-Bretagne, sur le conseil d'un mamu-
chon féminin imitant l'exemple de quelque As-
suérus, elle qui règne également depuis London
jusqu'à Kousch, répudiait son époux et ouvrait un
concours parmi tous les jeunes gens de son em-

pire et que son choix tombât sur un neveu d'un Mardochée quelconque de la Cité et qu'elle se mariât avec lui, non sur *la vraie foi du chrétien*, mais selon la loi de Moïse et d'Israël, que diraient alors les *Amans* du Parlement qui, encore aujourd'hui, refusent au baron de Rothschild la place qui lui appartient dans la Chambre des Communes ? »

La phrase est peut-être un peu longue, mais comme le fond rachète la forme !

Maintenant je n'ai pas lu sans quelque émotion, car Auguste Guyard est un de mes compatriotes et nous ne passons pas en Franche-Comté pour aimer beaucoup à jouer de la lyre, un hymne à la femme par l'auteur des *Quintessences*, auquel M. A. Poincelot ouvrit jadis toutes grandes les portes de son *Panthéon des femmes*: en voici la dernière strophe :

Patience ! oh patience, pauvres chères opprimées ! Sous un vernis de civilisation et de liberté, les sociétés humaines sont encore plongées dans la barbarie ; le droit du plus fort triomphe et les gouverne encore. Mais le règne de la puissance matérielle et de la contrainte aura son terme ; celui de la puissance morale viendra. Oui, à l'avenir appartient l'empire de l'intelligence, de la beauté, du sentiment. Mais qu'ai-je vu ? Regardez ! Quelle est cette lueur qui semble poindre à l'Orient ? N'est-ce point l'aube du grand jour de l'émancipation et de l'affranchissement qui se lève ? Qu'ai-je

entendu? Ecoutez! D'où viennent ces vibrations aérien-
nes qui expirent à mon oreille? N'est-ce pas à l'horloge du progrès, le bruit lointain d'une heure qui
sonne? Oh! c'est l'heure de la délivrance et de la liberté! c'est l'heure fortunée du triomphe de la femme!
Voilà le règne de la justice et de la douceur qui commence, le règne de la miséricorde et de l'amour! c'est-
à-dire le règne de Dieu. Revêts donc la pourpre et le
diadème, ô femme! Prends en main le sceptre d'or!
Oui grande et vénérée désormais sur la terre, comme
déjà tu domines dans le ciel... etc., etc.

Oui, etc., car franchement rien n'est attristant
comme ces sorties lyriques outrageant le bon
sens et la raison. J'aime autant (ou je n'aime pas
mieux) Jean Journet s'écriant :

> *Alors* LA FEMME SOUVERAINE
> *A l'encontre des méchants*
> *Doit affranchir l'espèce humaine*
> *D'un martyre de six mille ans.*

A tout cela je préfère vous raconter une petite
anecdote que je crois avoir lue jadis dans la *Revue
anecdotique* de mon ami Lorédan Larchey, et qui
prouve une fois de plus la vérité de ce passage
de *Timon d'Athènes.*

> *Of there sit twelve women at the table, let a dozen
> Of them be... as they are.*

Une romancière distinguée avait signé étourdi-
ment avec son éditeur un petit traité dans le

quel elle croyait voir ses intérêts un peu lésés,
le lendemain elle court chez l'éditeur lui demander l'annulation du traité que naturellement celui-ci refusa net; indignée, la dame s'en va déclarant qu'elle préfère alors ne rien publier plutôt que d'en passer par le traité.

Elle voyage et de retour reçoit la visite de
l'éditeur qui gracieusement lui dit : — Quand com-
mençons-nous? — Mon cher, vous savez ce que je
vous ai dit, je ne veux rien vous donner. — Oui,
mais notre petit traité, je puis vous y forcer par
les moyens légaux. — Oh ! oh! dit la dame en
se redressant fièrement, puisque vous m'entraî-
nez sur le terrain du droit, tant pis pour vous;
vous avez probablement oublié que ma signature
n'était pas valable, vous m'obligez à vous rappeler qu'il vous fallait celle de mon mari.

Là-dessus notre éditeur un peu confus mais
sachant l'anglais, se retira en murmurant ce que
nous disions plus haut :

Of there sit twelve women...

Et que là, comme dit Diderot, où il y a un
mur d'airain pour nous, il n'y a souvent qu'une
toile d'araignée pour elles.

Si nous ne parlons pas des revendications
bruyantes de Mme Olympe Audouard, des confé-

rences de Mlle Maria Deraismes, non plus que
des efforts continus de M. Léon Richer, c'est que
les uns comme les autres n'ont apporté dans la
discussion de cette vieille question rien de bien
nouveau ni de bien personnel. Du reste nous les retrouvons, aujourd'hui, sur la même brèche, aussi
peu avancés que jadis et n'offrant, en face des revendications bien autrement larges et franches
des Louise Michel et des Paule Minck, qu'un
bien maigre aliment à la curiosité publique, le
seul sentiment qu'ils puissent raisonnablement
éveiller.

L'*Avenir des femmes* de M. Léon Richer s'appelle aujourd'hui *le Droit des femmes* parce que
voulant le droit sans diminution, sans distinction,
sans restriction, tout le droit enfin (et aussi pour
des raisons de boutique qu'il ne dit pas) il s'est
cru obligé de reprendre pour ne plus l'abandonner un titre clair, précis, catégorique, un titre
qui dise ce qu'il veut dire.

Seulement, on y rencontre trop souvent des
faits d'un intérêt puissant, tel que celui-ci: Une
dame génevoise âgée de 80 ans a fait, cette année; et sans ressentir plus de fatigue que toute
autre personne, l'ascension de la Dih, 1,678 mètres ! — et des pensées comme celle-ci qu'il attribue à Auber: La femme est comme la truffe.

Même quand on ne peut plus en manger, on en aime encore le parfum.

C'est une pensée de cochon qui a bien pu venir à l'esprit du vieux musiqueur dont les jeunes et jolies élèves du Conservatoire subissaient jadis le tendre protectorat, mais qui me semble déplacée dans un journal destiné aux femmes et je lui préfère — pour l'avenir de la femme — ce petit entrefilet d'un journal de la Sarthe et qu'il reproduit :

— Avis. Le jeune homme qui fait le beau tous les soirs dans la rue M... est prévenu que le père est déterminé à lui casser les reins.

Si ce procédé, ou tout autre du même ordre, parvenait à se répandre dans les masses, la question de la femme aurait fait un pas énorme qu'elle attend vainement de théories philosophiques beaucoup plus compliquées.

CHAPITRE XII

Le Siège de Paris.. — *Les Amazones de la Seine.* — Froideur de Trochu. — La Commune. — Projet de voyage à Versailles. — Citoyennes mises à l'ordre du jour. — *Comité des dames humanitaires.* — La passion de la liberté. — Comité central de *l'Union des femmes pour la défense de Paris et les soins aux blessés.* — Polonais et fédérés. — *Aventures de neuf Ambulancières à la recherche d'un poste de dévouement.* — Un bataillon de femmes. — Journalistes et pétroleuses.

Pendant le siège de Paris, les femmes, oubliant les questions d'émancipation et de désubalternisation (un joli mot, qui n'est pas de moi), se contentèrent d'être sublimes de dévouement et d'abnégation et c'est à peine s'il me souvient d'une affiche du *Comité des femmes de la rue d'Assas* convoquant les adhérentes de tous les arrondissements à une réunion publique au gymnase Triat dans laquelle les hommes seraient admis.

Ce comité comptait, disait-il, plus de 1.800 adhérentes, 160 comités actifs et un secrétariat central dans chaque arrondissement; il s'occu-

pait de toutes les questions intéressant les femmes
dans la société — ce qui était de la besogne, et
voici quel était l'ordre du jour de la réunion pour
laquelle il faisait appel : *Compte rendu des opéra-
tions du Comité. Rapports des vingt arrondissements. Organisation des réunions publiques de la
Commune sociale.*

Une idée plus joyeuse fut celle de Félix Belly,
le Bataillon des Amazones de la Seine, idée qui répondait, pensait-il, aux dispositions généreuses
d'une grande partie de la population féminine de
Paris. Il espérait constituer dix bataillons de
femmes sans distinction de classe nationale qui,
concurremment avec la partie sédentaire de la
garde nationale, devaient défendre les remparts,
les barricades, secourir les blessés, etc.

Assimilées aux gardes nationaux pour l'indem-
nité de 1 fr. 50 et armées de fusils légers ayant
au moins une portée de 200 mètres, ces amazones
devaient être ainsi costumées : pantalon noir à
bande orange, blouse de laine noire à capuchon et
képi à liséré orange ; cartouchières en bandoulière. C'était, comme on voit, simple et laid.

Le bataillon eût été composé de 8 compagnies,
chacune de 150 amazones : en tout 1,200, avec
ambulance spéciale affectée aux *amazones* sous
la direction du chef du service médical, le doc-

teur Coudret; — chaque bataillon devant posséder un médecin expérimenté.

. Les moments sont précieux, disait Belly; les femmes veulent aussi partager nos périls, soutenir nos courages, nous donner l'exemple du mépris de la mort et mériter ainsi leur émancipation et leur égalité civile.

Et, comme pour tout cela, il fallait de l'argent, Félix Belly, *chef provisoire du 1er bataillon*, faisait appel aux dames riches, les engageant à employer leurs bijoux à cet usage plutôt que de les laisser prendre aux Prussiens, si Paris venait à succomber.

Les dames riches gardèrent leurs bijoux et cette idée des *Amazones de la Seine* alla rejoindre les autres idées de Félix Belly, bonapartiste intermittent, lequel un beau jour jugea à propos de partir brusquement avec le tout pour l'autre monde.

Plus tard, un autre particulier, le citoyen Barse, en compagnie de Mmes Julie Hurbaine et Joséphine Dulimbert, publia le premier numéro d'un journal intitulé *le Moniteur des Citoyennes*, journal des droits et de l'intérêt des femmes, paraissant tous les dimanches, sous la direction d'un comité de dames.

Ce journal trouvait que les femmes étaient

ennuyées, découragées par l'absence de doctrines ou par le vide ; elles ne voient pas où elles
vont ; « il faudrait, dit le citoyen Barse, une lumière attrayante pour attirer ces regards qui
n'ont plus un point fixe à l'horizon. »

Il était de toute évidence que le *Moniteur des
Citoyennes* allait devenir cette *lumière attrayante*
et avec lui (ou avec elle) la femme, pour être
l'égale de l'homme (elle ne l'est donc pas, ô lumière attrayante !) n'aurait plus qu'à ne pas obéir
trop vivement à ses goûts, à ses passions ; elle
devra se modérer, *se contenir* en un mot. —
M. Barse ne le lui cache pas.

Aussi, rien de l'émancipation ! Du reste, le
programme de cette feuille qui vécut un jour était
des plus rassurants : — « Pour nous, c'est-à-dire
pour Barse, la citoyenne est cette mère labo-
rieuse et vigilante dont les travaux et les soins
font la maison; cette jeune fille modeste et sage
qui, suivant un si noble exemple, se prépare elle-
même à faire le bonheur d'un honnête homme.
Ces citoyennes, pour nous, c'est-à-dire pour
Barse, ce sont des *dames* à aussi juste titre que
les élues de la fortune... »

— « N'en faut pas, » diraient nos citoyennes
socialistes d'aujourd'hui.

Et quelle singulière idée du Barse en question

de croire ces femmes-là ennuyées et découragées par l'absence des doctrines ou par le vide.

Puis, il y eut *la Réaction* et *la Comédie patriotique jouée par des hommes et racontée par des femmes*, deux feuilles qui se fondirent ensemble et qui avaient pour directeur politique Mme la comtesse Lionel de Moreton de Chabrillan, née Céleste Vénard, dite Mogador, et pour collaborateurs Mmes Honorine B..., A. de Laville, Félicie Robert, Marie Andrée, Félicie Job, Léontine Montet, femme Millon, marchande de fourrage à Montrouge, veuve Victoire L..., Cécile Fanfernot, petite-fille de l'héroïne de 1830, etc.

Entre autres bonnes choses, cette feuille publiait une nouvelle édition des *Mémoires de Céleste Mogador*, ce « cri de l'âme en plusieurs volumes », au profit de l'*Association des Sœurs de France*, infirmières civiles, protectrices des *Enfants de la misère*.

Le général Trochu, absorbé par son plan, repoussa les offres de service de cette Société et je pense que c'était surtout pour préserver les *Sœurs de France* que Jules Alix lançait au gymnase Triat un nouvel engin de guerre que son inventeur appelait le doigt prussique. Plus spécialement destinée aux femmes, cette invention (elle s'appelle alors *le Paraviol*) consistait en un dé en caoutchouc au bout duquel est adapté un petit tube pointu contenant de l'acide prussique.

Vous voyez cela d'ici.

La République des Travailleurs et *la Sociale* furent les deux journaux qui s'occupèrent le plus sérieusement des femmes, grâce à Mme André Léo, que nous allons retrouver plus loin.

La Commune ne fit pas grand'chose pour les femmes; légalement rien, ou presque rien, si ce n'est d'avoir admis comme ayant droit aux subsides les femmes non mariées aussi bien que les autres. Mais elles exercèrent une certaine influence sur les événements; elles se réunissaient, s'associaient, délibéraient et je crois fatiguaient quelquefois ces messieurs de la Commune, qui avaient déjà bien assez de peine à se gouverner eux-mêmes, sans s'adjoindre encore l'élément féminin — ce qui eût été un comble. Voyez-vous la Commune donnant à la femme ses droits politiques!

Mais Vallès était là, et, si j'en crois certains extraits d'une lettre trouvée sur un sieur Picolet arrêté après la défaite de la Commune, Vallès leur eût donné l'égalité rêvée... Vous allez voir comment : « ... Vous avez parfaitement compris la question, mon cher citoyen : — les femmes ont, de tous temps, été l'une des principales causes de la perdition de l'humanité et le plus solide appui de la tyrannie. IL FAUT LES ENRÉGIMENTER ET LES FAIRE TRAVAILLER A TOUR DE BRAS, et sauf quelques modifications peu importantes, votre projet de *compagnonnage* me semble répondre admirablement à la réalisation de ce but du socialisme : Plus de parasites! tous travailleurs et travailleuses. — Comptez sur mon appui et venez me voir. »

Je dois dire ici que j'ai montré cette lettre à Vallès et qu'il m'a répondu en riant: — Je ne me souviens pas de ça. — Et Picolet, ne vous rappelle-t-il rien non plus? — Rien du tout. — Maintenant, de vous ou d'un autre, est-ce là votre opinion? Sur ce, Vallès se mit à goguenarder tant et si bien que je lui dis en le quittant : — Eh bien, je laisserai tout de même ce passage en attendant que je découvre Picolet... — Ce qui le fit rire, mais il ne se prononça pas.

Dès les premiers jours d'avril *le Cri du peuple* insère un appel à la conciliation signé : une *véritable citoyenne :*

« Citoyennes!
Femmes de toutes les classes,
Allons à Versailles,

Allons dire à Versailles ce que c'est que la révolution de Paris.

Allons dire à Versailles que Paris a fait la Commune parce que nous voulons rester libres, etc.

Citoyennes, allons à Versailles, afin que Paris ait tenté la dernière chance de réconciliation.

Pas le moindre retard.

Réunissons-nous aujourd'hui même à midi, place de la Concorde, et prenons cette importante détermination devant la statue de Strasbourg. »

Et le lendemain, *le Cri du peuple* raconte qu'en effet, vers quatre heures et demie, à l'extrémité du pont de Grenelle, rive droite, est arrivée du côté de Paris une longue file de femmes, une centaine au moins sur quatre de front, très proprement vêtues, quelques-unes même avec chapeau et robe de soie noire, mais toutes ayant un petit carré de drap rouge sur la poitrine. Une grande et forte fille, un drapeau rouge à la main, marchait à leur tête ; — une trentaine de gamins de quinze ans les précédaient en chantant le *Chant du Départ.*

Presque à la même heure, sur le boulevard Richard-Lenoir, une femme haranguait la foule et cherchait à entraîner aussi les femmes sur Versailles : — « Elles sont sept cents, s'écriait-elle, qui viennent de partir de la place de la Concorde drapeau rouge déployé ! »

Je lis encore dans le journal *la Sociale*, qu'une troupe de femmes armées de chassepots est passée place de la Concorde allant rejoindre les combattants de la Commune.

Pour moi, je me rappelle avoir assisté à la mise en train de cette manifestation qui, du reste, avorta doucement ; je n'ai vu ni chassepots, ni sept cents femmes. Il est vrai que je ne suis pas resté là longtemps, ayant pensé que si les quelques dames que je voyais s'agiter sur la place venaient à apprendre mon nom, j'étais fichu ! La situation était tout indiquée et comment refuser cela à des dames qui vous le demandent poliment ! Je n'étais pas en habit noir, c'est vrai, et je n'avais pas de tambour — instrument dont je ne sais pas jouer, d'ailleurs — mais je sentais bien que ce serait là des excuses insuffisantes et je me voyais sur la route de Versailles « figure froidement tragique » a dit Michelet, et je pensais à la réception un peu chaude que M. Thiers me ferait certainement lorsque je lui présenterais ces dames...

Et puis, l'histoire n'a pas de ces recommencements-là !

Bref, je laissai ces dames, ce qui me procure

probablement le plaisir de m'occuper d'elles en
ce moment ; leur manifestation avorta, comme je
l'ai dit, et le lendemain une *vraie citoyenne* que
je soupçonne plutôt d'être un vrai citoyen, faisait
cet appel aux femmes :

« Citoyennes !

Nous allions à Versailles,

Nous voulions arrêter l'effusion du sang, etc.

Nous n'avons pas pu remplir notre tâche de
conciliation et d'humanité, le gouvernement a
attaqué Paris, le sang a coulé.

Citoyennes, nous sommes donc obligées de
nous séparer pour un moment.

En attendant les décisions des citoyens de la
Commune soyons calmes et sérieuses, nous
n'avons pas de politique à faire, nous sommes
humaines avant tout. Puisque nous ne pouvons
plus empêcher l'effusion du sang, notre première
mission est finie, etc., à nous d'encourager les
gardes nationaux, de soigner les blessés.

Cessons de faire aucune manifestation, puisque
nous gênerions les mouvements militaires et les
ordres de la Commune. Toute démarche de notre
part porterait atteinte désormais à la dignité des
hommes, etc., etc. »

Il est certain que ce que ces dames avaient de

mieux à faire était de se tenir tranquilles. Ah!
bien oui! dans leur impatience de se remuer —
pour le bien comme pour le mal — à peine lais-
sèrent-elles aux membres de la Commune le
temps de s'installer.

Ce fut d'abord l'*Éducation nouvelle*, société
d'instituteurs et d'institutrices qui envoya à
l'Hôtel de ville une délégation dont faisaient
partie les citoyennes Henriette Garoste et Maria
Verdure. Considérant la nécessité qu'il y a sous
une République à préparer la jeunesse au gouvernement d'elle-même par une éducation républicaine qui est toute à créer, cette délégation
demandait que l'instruction fût gratuite, obligatoire et complète pour les enfants des deux sexes;
— à quoi la Commune répondit qu'elle était favo-
rable à une réforme radicale, etc.

Puis ce sont les citoyennes du XIII⁰ arrondissement et par délégation les citoyennes Louise
Leroy, Tardif, Antoinette Decroix, Petit, Cols,
mères de famille, dont les maris sont partis pour
Versailles soutenir et affirmer le droit de la Commune (gouvernement choisi librement par le peuple de Paris), qui s'empressent de protester contre les lâches qui, au mépris des sentiments
d'honneur et de patriotisme les plus sacrés, ne se
contentent pas seulement de se cacher quand

leurs frères vengent Paris outragé, mais osent encore bafouer les bons citoyens qui font leur devoir au prix de leur vie.

Elles demandent que celui qui a décliné la responsabililé des ordres énergiques pour faire marcher ces peureux soit envoyé au 9e secteur et que les lâches soient saisis à domicile et flétris publiquement.

Certains journaux signalent le patriotisme de quelques citoyennes qui déjà combattent le bon combat et ont bien mérité de la patrie :

La citoyenne Oudot, cantinière du 208e bataillon de Ménilmontant, blessée à la jambe en arrivant au fort de Vanves.

La citoyenne Lance, cantinière du 77e bataillon, blessée à l'affaire du 3 avril, au rond-point des Bergères, là où fut tué le lieutenant Poirot.

La citoyenne Louise Michel, qui a combattu si vaillamment aux Moulineaux, blessée au fort d'Issy, où elle se trouve avec la citoyenne Exfodon et dix-huit autres occupées à soigner les blessés.

La citoyenne Goulain, vivandière du 192e bataillon.

La citoyenne Saintoz, femme du capitaine Saintoz des *Vengeurs de Paris*, mise à l'ordre du jour pour sa belle conduite. — « Pour la citoyenne Saintoz, dit *le Cri du Peuple*, pas de louanges, ce serait amoindrir sa valeur devant laquelle on se tait, on salue, on admire. »

La citoyenne cantinière du 137e bataillon, presque un enfant; la cantinière Angèle, du 198e bataillon, qui est rentrée à Paris à califourchon sur un cheval de gendarme et ayant en bandoulière un chassepot pris sur eux.

La citoyenne Eudes se fit aussi remarquer, et le correspondant du *Times* dit qu'elle lui est apparue comme une autre Jeanne Hachette, faisant usage de son fusil avec un sang-froid remarquable, choisissant toujours son homme et prenant parfaitement son temps pour bien viser. Quant au journal *la Sociale*, il s'écrie : « Courage, citoyenne, votre fils sera fier de vous. »

Des citoyens envoient même aux membres de la Commune une adresse au sujet de la belle conduite de la citoyenne Lachaise, née Marguerite Gaïnder, cantinière au 66e bataillon.

— Et à propos de cette dernière, sous ce titre : *Des explications, S. V. P.*, le journal *le Citoyen* du 14 février 1881 constatait que, malgré l'amnistie, les familles des citoyennes Lachaise et Marchais déportées en Nouvelle-Calédonie ou plutôt à Cayenne, sont encore sans nouvelles d'elles. Les démarches faites soit à la préfecture de police, soit au ministère de la marine, ont été jusqu'à ce jour infructueuses. La seule réponse qu'il ait été possible d'obtenir, c'est qu'on ignorait ce qu'elles étaient devenues. Nous demandons formellement au ministère, dit le *Citoyen*, des éclaircissements sur l'incompréhensible disparition de ces deux citoyennes.

J'ai suivi attentivement *le Citoyen*... Je ne crois pas qu'il soit jamais revenu sur cette affaire. — Est-ce parce que la femme Marchais a depuis épousé un gendarme?

Revenons à 1871.

Une *Société humanitaire* des femmes de Paris appartenant à toutes les classes de la société proteste contre *le Gaulois*, qui a raconté que des Versaillaises avaient insulté une femme prisonnière et lui avaient arraché une médaille gagnée sur le champ de bataille. — Non, dit la *Société humanitaire*, ce n'est pas une Versaillaise; celle qui a insulté une prisonnière doit être sortie de l'égout Vinoy, Jules Favre et C\ie. Et cette Société demande à la Commune de faire au profit des victimes, veuves, enfants, etc., des loteries avec les objets d'art, les meubles, etc., abandonnés par les bourreaux dans leur fuite à Versailles. Ce grand acte de justice et de réparation, disait-elle, lui concilierait tous les cœurs, non point seulement à Paris, mais dans toute la France.

Mᵐᵉ Eugénie Richard, qui signe pour le *Comité des dames humanitaires* ce petit factum, ajoute : « Écoutez, mes sœurs, lorsque ces bêtes puantes, sauvages et vendues, quitteront votre belle ville de Versailles pour rentrer dans leur étable, faites comme nous avons fait à Paris, purifiez l'air, car c'est la peste, *fléau encore plus terrible*, c'est la souillure imprimée au nom des Versaillais dans l'histoire, par cette guerre fratricide, sauvage et honteuse dont vous aurez la responsabilité d'avoir attaqué Paris » (*sic*).

Voilà comment étaient les dames humanitaires de cette époque.

Mᵐᵉ André Léo, qui a du talent et que je regrette de trouver dans la bagarre, racontait que des femmes étaient venues pendant le siège lui demander à former une légion. Elle leur avait répondu que les défenseurs ne manqueraient pas à Paris (il y en avait de trop) et les avait engagées à réserver pour la lutte suprême, pour la bataille des rues, contre l'ennemi, si elle avait lieu, le courage qui les animait.

Mais les temps sont changés, on a besoin de combattants, ajoute Mᵐᵉ André Léo, il s'agit de *défense humanitaire* des droits de la liberté et elle leur crie d'entrer dans l'action, dans la lutte

autant qu'elles y sont de cœur ; beaucoup le désirent et beaucoup le peuvent, Louise Michel,
Mme de Rochebrune, bien d'autres déjà ont donné
l'exemple. Quand les filles, quand les femmes
combattront à côté de leurs fils, de leurs maris,
*Paris n'aura plus la passion de la liberté, il en
aura le délire.*

Elle demande donc au général Cluseret d'ouvrir
immédiatement trois registres : *Action armée.* —
Postes de secours aux blessés. — *Fourneaux ambulants,* où les femmes pourront s'inscrire, heureuses d'utiliser la sainte fièvre qui brûle leurs cœurs.

La citoyenne veuve Leroy répond la première
à cet appel ; elle avait déjà proposé à la Commune
d'organiser des ambulances, mais on ne lui a
rien répondu, les citoyens membres ont trop
d'occupation ; aussi presse-t-elle la citoyenne
André Léo de prendre avec le concours des citoyennes Louise Michel, de Rochebrune et quelques autres, l'initiative de cette organisation
après en avoir obtenu l'autorisation du citoyen
Cluseret.

On organiserait les secours aux blessés, les ambulances et les autres membres du comité régle-
raient le service des fourneaux ambulants, ainsi
que l'action armée sous le contrôle des chefs
militaires.

A propos du nom de Rochebrune que nous venons de voir figurer dans ces deux pièces, j'ai trouvé dans le *Mot d'Ordre* qui l'a insérée sans commentaire une lettre du citoyen Labarre, ancien officier d'ordonnance du colonel Rochebrune, certifiant qu'aucune parente de près ou de loin dudit colonel n'a pris part aux combats livrés sous Paris, « bruit inventé dans un but qui lui échappe » — et à nous aussi.

Puis vient un appel des plus violents signé *un groupe de citoyennes* et que divers journaux attribuaient à Mme Olga Dmitrieff : — « Paris est bloqué, Paris est bombardé! Aux armes, la patrie est en danger, etc.... Nos ennemis, ce sont les privilégiés de l'ordre social, qui se sont engraissés de notre misère, etc... Les cris d'horreur et d'indignation de toute la France et du monde achèveront ce que nous avons tenté et si les armes et les baïonnettes sont toutes utilisées par nos frères, il nous restera encore des pavés pour écraser les traîtres... »

Tous ces appels étaient loin de rester sans effet ; des comités se formaient, se réunissaient à d'autres déjà plus avancés ; de ce mouvement sortit une société qui prit pour titre : *Union des femmes pour la défense de Paris et les soins aux blessés* et dont le Comité central provisoire eut des réunions presque tous les soirs, tantôt dans un endroit, tantôt dans un autre ; églises, mairies, écoles, il usa et abusa de tout. L'organisation de cette société offre des particularités intéressantes ; ainsi, il y avait dans chaque arrondissement des comités se composant de onze membres ayant la faculté de s'adjoindre des membres nouveaux et de révoquer les anciens.

Ces comités devaient adresser tous les deux jours un rapport spécial au Comité central sur l'état de leur caisse et verser le surplus des sommes de première nécessité, c'est-à-dire celles qui leur sont indispensables pour frais d'administration, de correspondance, etc., à la caisse du Comité central. A la première réquisition, ils devaient rendre compte de leurs actes au Comité central.

Et voici ce qu'était ce fameux Comité central.

Il se composait de déléguées des comités d'arrondissement et avait la faculté de s'adjoindre et de révoquer des membres sur la demande de huit au minimum et avec l'assentiment de la moitié plus un de tous les membres du Comité ; il avait séance au moins deux fois toutes les vingt-quatre heures.

L'article 8 indique combien ces dames, dans leur soif de justice, commençaient par se la

rendre à elles-mêmes en décidant que la parole
ne pouvait être prise que pour dix minutes au
maximum et que la même question ne pourrait
être traitée plus de deux fois dans une séance
par le même orateur.

Le Comité central choisissait dans son sein et
nommait une commission exécutive composée de
sept membres qui avaient chacun une carte
marquée du sceau et signée du Comité central.

Les frais d'administration, etc., etc., étant
couverts (que d'illusions dans ces cinq mots), le
Comité central devait employer les sommes qui
lui resteraient à soutenir les membres indigents
de l'*Union*, à rétribuer ceux qui, faute de moyens,
ne pourraient donner leur temps et à acheter du
pétrole et des armes pour les citoyennes qui
combattront aux barricades ; le cas échéant, la
distribution d'armes se fera par tirage au sort.

Tous ces comités siégeaient en permanence et
la présence à toute heure de jour et de nuit du
tiers plus un des membres du comité était obligatoire.

N'oublions pas de mentionner que chaque
femme était tenue, en entrant dans *l'Union*, de
verser au moins 10 centimes pour la caisse d'arrondissement.

Un des premiers actes du Comité central fut

dé vouloir organiser sérieusement l'élément révolutionnaire féminin et en faire une force capable de donner un soutien effectif et vigoureux
à la Commune de Paris — prête à combattre et
vaincre ou mourir pour la défense des droits
communs. Mais pour cela, il lui fallait l'aide et
le concours du gouvernement de la Commune
auquel il demandait seulement de vouloir bien
mettre à sa disposition, pour pouvoir siéger en
permanence, une salle dans les mairies des divers
arrondissements ou un local quelconque séparé,
puis un grand local où les citoyennes puissent
faire des réunions publiques, et enfin de prendre
à ses frais les circulaires, affiches et avis que les-
dits comités jugeraient nécessaire de lancer dans
un but de propagande. Une adresse dans ce sens
fut rédigée et signée par les citoyennes Adélaïde
Valentin, Noémie Colleuile, Marcanot, Sophie
Graix, Joséphine Pratt, Céline et Aimée Del-
vainquiers ouvrières, Elisabeth Dmitrieff, membres du *Comité central*.

Entre temps, un groupe anonyme de femmes
révolutionnaires, lasses de souffrir, épouvantées
des malheurs, cette fois sans gloire, qui les me-
nacent encore et pensant que la courageuse résignation dont elles ont fait preuve pendant le
siège leur a donné le droit d'être écoutées par les

deux partis, font appel à la générosité de Versailles et demandent la paix à tout prix.

Elles sont fortement conspuées par le Comité central de l'*Union des femmes pour la défense de Paris et les soins aux blessés* — : La générosité de lâches assassins!... non, ce n'est pas la paix mais bien la guerre à outrance que les travailleurs de Paris viennent réclamer; convaincues que la Commune porte en elle les germes de la Révolution sociale, les femmes de Paris prouveront à la France et au monde qu'elles aussi sauront, au moment du danger suprême, — aux barricades, sur les remparts de Paris, si la réaction forçait les portes — donner comme leurs frères leur sang et leur vie, etc.

Vive la république sociale et universelle! vive le travail! vive la Commune!

La Commission exécutive du Comité central : *Nathalie Lemel, Aline Taquier, Blanche Lefèvre, Marceline Leloup, Elisabeth Dmitrieff.*

Cette même Commission exécutive fit encore un appel aux ouvrières pour fonder des associations productives libres, fédérées, constitutions de chambres syndicales et fédérales des travailleuses unies, etc.

De leur côté, les citoyennes de Montmartre, animées de l'esprit révolutionnaire et voulant

témoigner par des actes leur dévouement à la
Révolution, ne restaient pas inactives et, réunies
en assemblée le 22 avril, décidaient de se mettre
à la disposition de la Commune pour former des
ambulances, suivre les corps engagés avec l'ennemi et relever sur les champs de bataille les
héroïques défenseurs de Paris. Une note à ce
sujet, signée Anna Jaclard, André Léo, Poirier
et Buisard, fut publiée par certains journaux.

André Léo protesta contre la publication de
son nom, et, en effet, je ne le vois plus figurer
au bas d'un nouvel appel du *Comité de vigilance
des citoyennes républicaines du XVIIIe arrondissement* à toutes les citoyennes qui désirent
prêter leur concours actif à la revendication de
leurs droits pour aller panser les blessés sur les
champs de bataille ou pour les soigner dans les
hospices, appel signé *pour la présidente* Jaclard,
Poirier, Barrois, Colat, Excoffon.

Ce même Comité protesta énergiquement,
deux jours après, contre les religieuses et voulut
les faire sortir immédiatement des hôpitaux et
des prisons, attendu qu'elles avaient parmi elles
assez de mères de famille dévouées et courageuses qui feraient mieux leur devoir que les-
dites religieuses. *Ont signé :* Poirier présidente
provisoire, Voisin vice-présidente, Excoffon se-

crétaire, Barrois, Buisard assesseurs, et deux
cents autres citoyennes.

Il vota encore à l'unanimité une motion tendant à faire disparaître de la voie publique la prostitution, qui depuis quelque temps semble vouloir augmenter. *Ont signé :* Poirier, Jaclard, Barrois, Tenon, et quatre cents autres citoyennes.

Dans le XVIIᵉ arrondissement, André Léo faisait appel aux citoyennes, soit pour concourir à
la défense, soit en soignant les blessés... soit enfin derrière les barricades, si les ennemis du
peuple forçaient les remparts. — Dans cette lutte
du passé contre l'avenir, s'écrie-t-elle, de l'injustice contre le droit, insensé qui se croit désin-
téressé, coupable qui reste neutre. *Ont signé :* les
membres du Comité du XVIIᵉ arrondissement,
André Léo, A. Tarry, A. Collet, F. Fallon, Gas-
don, E. Reiche, M. Briffant, M. Peuriaut, Olivier, Rupper, J. Sassin.

Je lis dans un rapport des citoyennes du comité
de l'*Union* du IIᵉ arrondissement que ces citoyennes sont allées à Neuilly avec les membres
des Xᵉ et XIᵉ arrondissements arracher à la mort,
dans les refuges immondes où elles étaient entas-
sées, huit familles dont il ne restait plus que
vingt-sept personnes : « *Les tableaux que nous
avons vus ne peuvent être ni décrits, ni peints;*

*nous avons vu la misère idiote ayant pour oreiller
un cadavre et ne voulant pas s'en séparer.* »

Les *Ambulancières volontaires de la Commune*
désiraient de leur côté n'appartenir à aucune
société. Leur vie est tout entière à la Révolution,
leur devoir est de panser, sur le lieu même du
combat, les blessures faites par les balles empoi-
sonnées de Versailles, de prendre, quand l'heure
l'exige, le fusil comme les autres. Leur droit, et
elles ne l'oublieront pas, c'est dans le cas où —
ce qui ne peut pas arriver — la réaction triom-
pherait quelque part, de mettre le feu aux
poudres ; car, à quelque place que ce soit, la
Révolution ne doit pas être vaincue.

Elles priaient le journal *la Sociale* de vouloir
bien insérer cette déclaration, s'écriant qu'en un
tel moment celui qui ne s'affirmait pas, comme
celui qui fuyait, était un lâche.

Ces *Ambulancières volontaires de la Commune*
étaient les citoyennes Louise Michel, Fernandez,
Goullé, Poulain, Quartier et Danguet.

Eh bien, malgré cet enthousiasme, cela ne
marchait pas tout seul et sous ce titre *Aventures
de neuf ambulancières à la recherche d'un poste de
dévouement,* Mme André Léo raconte qu'elles
furent généralement mal reçues, qu'à l'état-major
de Dombrowski, un chirurgien polonais leur

témoigna même une *amitié suspecte ;* bref, dans leur voyage, elles ont constaté ce double sentiment très marqué : du côté des officiers et des chirurgiens, sauf exception, une absence de sympathie qui variait de la sécheresse à l'insulte ; du côté des gardes nationaux, un respect, une fraternité mêlés souvent à une émotion sincère. « Méfiez-vous des galonnés », telle est sa conclusion.

Et s'adressant au général Dombrowski, elle lui demande s'il sait comment s'est faite la révolution du 18 mars? — Par les femmes ! ce sont elles qui ont fait mettre la crosse en l'air à Montmartre, etc. ; et elle lave la tête au polonais, puis demande à Rossel d'utiliser le dévouement des républicaines. Elle lui parle de fonder des ambulances spéciales aux remparts et aux avant-postes... *dirigées par un ou deux chirurgiens sans préjugés ;* elle leur préférerait cependant des sages-femmes et elle lui explique comment fonctionne le comité du XVIIᵉ arrondissement.

C'est peut-être en réponse à cet appel que fut placardé un peu tard cet avis de la *Commission médicale* de la *Fédération de la garde nationale* signé Fabre et approuvé par H. Géresme : « *Les citoyennes désireuses de s'enrôler dans le service des ambulances fixes ou mobiles sont invitées à venir se faire inscrire* à la Commission médicale, *rue Dominique-Germain, 86, — 20 mai 1871.* »

Et comme André Léo se garde bien de lui parler de ce fameux bataillon de femmes que plus tard *la Patrie*, qui le connaissait, qui l'avait vu, dénonça courageusement au vainqueur ! « Ce bataillon, dit *la Patrie*, composé de quatre cents femmes armées de carabines, coiffées de bonnets phrygiens, portant une ceinture rouge sur un costume de garibaldien, était allé le 8 mai à la Commune pour s'offrir à la recherche des réfractaires. Ce fut Delescluze qui s'opposa à cette destination ; il divisa le bataillon, incorpora les unes dans la Compagnie des Fuséens (incendiaires) et le reste dans la brigade des pétroleuses. »

Voilà cependant comme ils font de l'histoire à *la Patrie !*

Le 23 mai, il partit, dit-on, cinquante femmes de la mairie du Xe arrondissement pour se rendre aux différents point menacés ; elles défendirent notamment les barricades de la place Pigalle, — quelques-unes y furent tuées, d'autres arrêtées.

. . . .

. . . .

Nous n'irons pas plus loin dans l'histoire du rôle joué par les femmes pendant la Commune, bien que nous en sachions beaucoup plus long sur ce sujet. Il ne nous convient pas de pousser plus avant cette étude pas plus que de puiser dans les dossiers ramassés par les conseils de guerre.

Le vainqueur fut sauvage, et pendant cette répression dont le souvenir me restera ineffaçable, certains journaux crurent utile à leur gloire de plaisanter et de mentir sur ces malheureuses. L'un raconte en riant que les pétroleuses de la prison des Chantiers n'ont gardé de la femme que la loquacité, ce qui rend les interrogatoires tellement laborieux qu'on vient d'augmenter le nombre des capitaines rapporteurs ; l'autre dit qu'une pétroleuse qu'on emmenait à Versailles est accouchée, près de Sèvres, d'un petit communeux et il ajoute plaisamment : la mère et l'enfant se portent bien, quant au père il a gardé l'anonyme. Certains poussent aux arrestations avec une rage tellement aveugle que le *Journal des Débats* (ce n'est pas un journal communard !), trouvant qu'on arrêtait avec une si grande légèreté, les femmes surtout, dit qu'il est temps de mettre un peu de réflexion et de mesure dans les arrestations et réclame en faveur d'une pauvre malheureuse arrêtée pour avoir vendu un écrit non revêtu de l'autorisation militaire, bien que l'imprimeur ait mentionné cette permission comme ayant été accordée. Elle n'est pas coupable de la fausse déclaration de l'imprimeur, et cependant elle est à Satory où l'autorité militaire la garde comme folle, bien qu'elle n'ait pas à juger de la folie des gens.

Mais tout le monde ne pensait pas ainsi, et n'est-ce pas Alexandre Dumas fils qui écrivait : « NOUS NE DIRONS RIEN DE CES FEMELLES PAR RESPECT POUR LES FEMMES A QUI ELLES RESSEMBLENT QUAND ELLES SONT MORTES... »

On sait avec quel courage M. Alexandre Dumas suivait à cette époque les séances des conseils de guerre, et c'est à lui que fut dit ce mot que bien des gens croient dater du siècle dernier :

Comme une sentinelle s'opposait à ce qu'il entrât : « Laissez approcher monsieur, dit le Commissaire du gouvernement, c'est un amateur. »

CHAPITRE XIII

Louise Michel. — Les barricades. — Socialiste et grande
dame. — A Nouméa — Amnistie et reconnaissance. —
Salut à la patrie! — Petite promenade à travers les réunions publiques. — LA GRANDE CITOYENNE. — *La Révolution
sociale*, journal de M. le Préfet de police. — Les candidatures mortes. — Poésies bondieusardes. — *Le cochon à
l'engrais.* — Trahison de Trinquet. — Amertume et désil-
lusion. — Excentricités et folies révolutionnaires. — Idéal
humanitaire de Louise Michel.

— Quant à notre barricade à nous, raconte
Louise Michel, comme nous la défendions à trois
depuis assez longtemps, voyant venir des gardes
nationaux, je m'écriai : Ah! du renfort! et je me
précipitai vers eux en criant : A la barricade! —
C'étaient des Versaillais déguisés.

Ils lui tirent dessus et la manquent; le lendemain, apprenant que sa mère a été arrêtée et
emmenée au bastion 37, elle court se livrer afin
de la faire mettre en liberté. Devant le conseil
de guerre, elle ne veut ni se défendre ni être dé-

fendue et revendique hautement la responsabilité de ses actes ; elle nie toute participation à
l'exécution du général Lecomte, mais ne craint
pas de déclarer que si elle avait été là lorsqu'il a
donné l'ordre de tirer sur le peuple, elle aurait
tiré sur lui ; quant aux incendies, elle eût brûlé
volontiers Paris pour opposer une barricade de
flammes à l'armée de Versailles.

Elle voulait encore aller à Versailles tuer
Thiers et faire ainsi cesser la guerre civile en
sacrifiant deux victimes, elle et lui ; ce fut Ferré
qui s'y opposa.

Elle débite tout cela lentement, sans colère,
sans passion, mais en ayant soin toutefois de
souligner les bons endroits. Ses yeux brillent
d'un éclat particulier et semblent regarder dans
le vague lorsqu'elle termine ainsi : —Je n'ai plus
de place dans la société. Ce que je réclame de
vous qui jugez ouvertement, et non pas en secret,
comme les membres de la commission des grâces,
c'est une justice prompte et décisive. Vous ne
devez pas me laisser vivre, car tant que je vivrai,
je vous poursuivrai de ma haine et je pousserai
mes frères à la vengeance. Ce que je réclame de
vous, c'est une place dans le champ de Satory, à
côté de mon cher Ferré. Si vous n'êtes pas des
lâches, tuez-moi !

Le mépris de la mort donne à ce défi audacieux une fierté et une grandeur que nous retrouverons toujours dans Louise Michel ; c'est du reste, je crois, toute sa valeur en même temps que la source de sa grande popularité.

Dix ans plus tard, une femme qui s'était révoltée contre les lois de son pays — comme Louise Michel — et avait résisté aux agents de l'autorité, les outrageant et les frappant dans la mesure de ses forces, était déférée au tribunal correctionnel de la Flèche : — un agent déclare que cette femme lui a donné un soufflet de sa main à demi gantée. L'accusée répond qu'elle a entendu quelqu'un lui dire : — Il paraît, madame, que vous venez de souffleter un gendarme ! — Non, dis-je, mais ils le mériteraient bien les lâches, c'est alors que je fis le geste de souffleter quelqu'un et j'atteignis la figure d'un gendarme. Je ne saurais nier le fait ni l'assurer, car j'étais tellement émue que je ne me souviens aucunement de cette première scène. L'accusée est condamnée à 200 francs d'amende. Cette femme — une des plus grandes dames de France, aussi illustre par sa naissance que par ses vertus et dont le malheur des temps a fait une *prévenue*, dit le journaliste qui rend

compte de ce procès et de cette courageuse défense, — est la duchesse de Chevreuse, venue au
secours de ses frères les bénédictins de Solesmes
comme Louise Michel, en 1871, était venue au
secours de ses frères de la Commune, chacune de
ces femmes apportant à la défense de son opinion
le dévouement et l'héroïsme que comportaient
leurs convictions les plus chères.

La grande dame rentra dans son château.
Quant à la femme du peuple, avant de partir pour
la Nouvelle-Calédonie, elle fut emmenée sur les
pontons où, si j'en crois l'*Univers*, elle fit la singulière rencontre de M. et Mme Jules Simon qui
les visitaient. Mme Simon connaissait Louise
Michel, elle lui offrit la liberté..... — Ne vous
occupez pas de moi, aurait répondu la prisonnière, réservez vos faveurs pour tant de mères de
famille, arrachées à leurs enfants ; moi, je suis
une ennemie et ma vie n'est bonne à rien ; qu'on
me transporte à la Nouvelle-Calédonie, j'y trou-
verai, plus qu'ici désormais, du bien à faire.

Cela m'a tout l'air d'un racontar.

D'abord, c'est dans l'*Univers* que je l'ai lu et
par conséquent dans un journal sujet au mensonge et dont les paroles n'ont jamais été regardées comme paroles d'Évangile ; puis, Jules Si-

mon visitant les pontons ! hum... les gens de sa
robe ont de ces effronteries, je le sais, mais au
lendemain de la Commune, c'eût été presque de
l'impudeur.

Dans tous les cas, Louise Michel, arrivée en
Calédonie, se consacre immédiatement au soulagement de toutes les misères qui l'entourent,
fait de sa hutte une ambulance où elle soigne les
déportés malades, élève leurs enfants et veut
travailler en même temps à l'émancipation des
noirs en instruisant les petits Canaques.

— Je fonderai une école dans une tribu, dit-
elle, j'y laisserai mes livres formant un noyau de
bibliothèque, et je l'espère, des maîtres *noirs* en-
seignant après moi la lecture, l'écriture, des
éléments de calcul, de chant et de dessin... Ce
sera tout, d'autres feront mieux.

Les devoirs suivent les événements et elle
croit qu'en ce moment c'est là le premier de ses
devoirs... qui ne lui fait pas pour cela oublier les
autres, au contraire.

L'ambition la gagne, elle veut acheter pour
sa classe *noire* un vieux piano à Nouméa, dont
elle a besoin, sachant bien que la musique est
un bon moyen de développement pour les sauvages, comme pour les enfants, mais elle n'est
pas riche et laissera pour parfait payement du

piano la moitié des sommes qui lui seront personnelles. Elle veut faire aussi une petite ency-
clopédie enfantine, afin que ses élèves ne se figu-
rent pas que la petite feuille qu'on leur a donné
à brouter est la seule de l'arbre de la science et
demande pour cela que ses amis lui envoient des
livres, une mappemonde, des compas; elle leur
adresse aussi des vers qu'elle voudrait voir publier au bénéfice des orphelins blancs et noirs
de là-bas.

Et comme en exil, on parle souvent du retour
à la patrie, elle dit simplement que s'il arrivait
quelqu'amnistie partielle qui laissât certains
proscrits, elle restera jusqu'à ce qu'ils sortent
aussi; — *les uns sans les autres*, ce n'est pas mon
rêve, dit-elle.

Quels services pouvait rendre à la *question
sociale* qui lui tient tant au cœur, une bonne et
généreuse nature comme celle-là, au lieu de
s'immobiliser dans des haines et des colères
stériles?.....

Aussi, vous pensez comme fut reçue une certaine dame Hardouin, entre autres, qui, n'écou-
tant que son cœur, avait fait des démarches pour
obtenir le rapatriement de Louise Michel...

Celle-ci est indignée; elle écrit au Président de
la République de considérer comme nulles les dé-

marches outrageantes pour son honneur qu'on se
permet de faire en son nom, grâce au silence que
six mille lieues font autour d'elle. Elle désavoue
hautement, non seulement la démarche de
Mme Hardouin, mais encore toutes celles que pourraient faire ou auraient faites en son nom des
gens mal inspirés. Elle ne comprend d'autre retour en France que celui qui ramènerait toute
la déportation et toute la transportation de la
Commune et n'en acceptera jamais d'autre.

Le peuple aime les fanatiques et les opi-
niâtres, et il ne se fait pas une réunion populaire
sans que Louise Michel soit acclamée présidente
d'honneur, tantôt avec Trinquet, tantôt avec
Nourrit.

Enfin, elle arrive.

A Londres, où un banquet lui est offert, elle
montre qu'elle n'a pas changé et qu'on peut,
comme par le passé, compter sur elle : — Nous
avons à venger, dit-elle, la mémoire de nos frères
tombés martyrs ; c'est un devoir que j'accompli-
rai, et devrais-je en pleurer des larmes de sang,
tous mes efforts tendront à combler l'abîme que
la bourgeoisie impitoyable a ouvert entre nous ;
à ce prix seul, nous obtiendrons le triomphe dé-
finitif de la Révolution sociale universelle !

L'enthousiasme est à son comble, et dix mille

personnes se pressent, se heurtent et s'étouffent rue d'Amsterdam pour saluer la *Grande Citoyenne* à son arrivée à Paris. Des bousculades ont lieu et quelques patriotes trop mouvementés sont conduits au poste pendant que Louise Michel, en proie à la plus vive émotion et soutenue par deux citoyennes, tombe dans les bras de Rochefort; elle embrasse aussi Clémenceau, Louis Blanc... que sais-je, tous ceux qui sont là.

Le journal le *Prolétaire* se refuse à croire à pareille turpitude et se fiant à un citoyen du Comité socialiste de secours qui se trouvait là et qui assure n'avoir rien vu de tout cela, affirme carrément que la vaillante révolutionnaire n'a pas reçu les baisers de Judas de Louis Blanc, de Clémenceau... *Clémenceau dont la simple exhibition à cette fraternelle réception est suffisamment scandaleuse.....* (ô popularité!). Et ce journal ajoute que pour tous ceux qui connaissent le caractère digne et élevé de cette courageuse citoyenne, la fausseté de cette assertion ne fait aucun doute.

Mais patatras! Louise Michel écrit le lendemain tout tranquillement qu'elle les a tous embrassés sans rien dire.

Quant à la *Révolution sociale* — journal anarchiste et provocateur payé par M. le préfet de police Andrieux — cette feuille raconte haineusement que Rochefort, qui s'était fait conduire en *calèche à deux chevaux* pour recevoir *la prolétaire* Louise Michel, voiture dans laquelle se trouvait une surprise princière destinée à la noble révolutionnaire et consistant en une superbe pelisse, en a été pour ses frais de courtisanerie déplacée, car Louise Michel a pris une voiture de place et s'est fait conduire auprès de sa mère malade.

Le journal la *Pensée libre* veut être un des premiers à lui souhaiter la bienvenue et Louise Michel lui répond : — Je ne présiderai nulle part, c'est bien arrêté, mais j'irai à vos réunions et je serai pour la libre pensée un membre aussi actif que par le passé. Et cela aussitôt après la réunion de Montmartre avant laquelle je ne peux aller nulle part.

Au fond tous ces journaux excessifs, anarchistes, intransigeants, radicaux, sont jaloux les uns des autres et ne songent qu'à accaparer et à produire en public *la grande citoyenne* — certainement pour les besoins de la cause, mais un peu aussi pour les besoins de la caisse ; cela crève les yeux.

Elle a lieu, cette première réunion, dans la salle de l'Élysée-Montmartre, décorée pour la cir-

16.

constance de drapeaux rouges entremêlés de drapeaux noirs bordés de rouge et portant la date
de 1871 ; c'est d'un effet saisissant.

Les gaillards entendent bien la mise en scène !
Qui ne se rappelle les enterrements de fédérés
pendant la Commune !...

Plus de trois mille personnes s'entassent dans
cette salle et debout saluent de leurs vivats ré-
pétés l'entrée de Louise Michel à laquelle on
apporte trois énormes bouquets ; elle remercie et
salue de la main, puis va s'asseoir sur l'estrade à
côté de Gambon qui ouvre la séance en propo-
sant de donner à Louise Michel-Jeanne d'Arc,
dit-il, la présidence effective de l'assemblée,
priant celle-ci de déclarer que la grande citoyenne
a bien mérité de la patrie et de l'humanité.

Les applaudissements redoublent et ne cessent que lorsque Louise Michel se lève et prononce un discours au milieu du plus profond
silence.

Elle demande d'abord à ce que la présidence
d'honneur soit donnée à Félix Pyat, persécuté en
ce moment par le gouvernement, puis elle remercie Paris de s'être réveillé avec les mêmes
sentiments qu'il y a dix ans ; elle accepte les
ovations qu'on lui fait parce qu'elles ne s'atta-
chent pas à un nom, à une personnalité, mais au

grand parti de la Commune vaincue ; quant aux
fleurs, elle ira en orner la tombe de ceux qui
sont glorieusement morts dans la défaite. Puis,
elle s'anime et crie vengeance : — Ah ! les vainqueurs ont bien fait de nous arracher le cœur,
parce que ceux qui viendront après nous auront
la Révolution tout entière et nous ne reculerons
devant rien pour en faciliter la venue.

L'excitation est très grande, chaque citoyen
croit devoir à sa candidature future de surren-
chérir encore...; bref, il n'est bientôt plus question que de la liquidation sociale et du prochain
triomphe du quatrième État.

Mais je l'ai dit, on s'arrache Louise Michel ;
ainsi le journal le Prolétaire et l'Union des femmes
socialistes ont compté le même jour sur l'appui
de la vaillante citoyenne... Comment faire ? Les
femmes, toujours pleines d'abnégation, abandon-
nent généreusement à l'organe malheureux du
parti ouvrier la date qu'elles avaient choisie, tout
en reconnaissant avec amertume que les réunions
de ce genre organisées dans le courant de la se-
maine ont beaucoup moins de chance de succès.
Aussi le Prolétaire, reconnaissant, engage vivement à son tour ses amis à aller à la conférence
de l'Union des femmes socialistes qui aura lieu
deux jours après la sienne et qui réunira les

citoyennes Rouzade, Paule Minck et Louise Michel.

De son côté *la Révolution sociale*, journal anarchiste et provocateur, payé par M. le préfet de
police Andrieux — frappe un coup de maître ; il
annonce en lettres énormes que dorénavant
Louise Michel fait partie de sa rédaction et qu'elle
aura toute latitude pour exposer ses idées et
constituer *le parti révolutionnaire qu'elle rêve depuis longtemps*. Il annonce aussi, mais en lettres plus modestes, la collaboration de Paule
Minck : — Certes, dit-il, c'est avec joie que nous
devons saluer l'activité révolutionnaire des femmes qui se fait jour, car c'est le gage certain du
triomphe futur de la Justice sociale.

Et, sur les boulevards, à l'entrée des passages,
on est assourdi par les cris des porteurs hurlant,
sous l'œil ironique mais paternel de M. Andrieux : *La Révolution sociale*, journal de Louise
michel, dix centimes !

Et, en effet, comme l'a dit ce journal, ces
dames se remuent et un groupe de citoyennes
du XVIIᵉ arrondissement invite toutes les femmes
socialistes révolutionnaires à apporter leur adhésion pour offrir un déjeuner fraternel a la plus
grande figure de notre siècle, à la vraie
citoyenne, à Louise Michel. — C'est, disent-

elles, un devoir que les femmes de Paris ont à
remplir et nous savons qu'elles n'y manqueront
pas.

A la réunion organisée par *le Prolétaire*, Louise
Michel a rappelé les souffrances et les misères
que les révolutionnaires de 1871 ont endurées
pour la cause prolétarienne ; — il faut, s'est-elle
écriée en terminant, que vous jetiez à la face de
vos oppresseurs les noms des forçats chers à Belleville. Puis, comme une petite fille lui présentait, de la part du *Prolétaire*, un magnifique bouquet de roses rouges : — Ces fleurs, a-t-elle dit,
étaient réservées à la tombe de Flourens, mais
puisque sa famille n'en veut point, nous les con-
serverons pour d'autres.

Et Belleville ! Belleville réclame ; une réunion
s'organise sous la présidence du citoyen Gambon
qui, cette fois, a pour assesseurs les citoyennes
Cadolle et Marie Ferré ; la salle est comble et
une formidable acclamation salue l'entrée de
Louise Michel. Un citoyen du Comité socialiste
d'aide aux amnistiés du XXᵉ arrondissement remercie Louise Michel de son concours ; il salue
en elle LA PLUS GRANDE FIGURE DE LA RÉVOLUTION
SOCIALE et la haine dont elle est la personnifica-
tion vivante, haine sans laquelle on ne ferait
rien ; puis, il lui offre un bouquet de fleurs

rouges : — Acceptez-le, dit-il, il est de la couleur du drapeau qui conduit à la victoire et le
gage qui unit nos inspirations.

Pendant qu'elle remercie à droite et à gauche,
le citoyen Gambon raconte sa vie si pleine de
dévouement et finalement lui cède la parole.
D'une voix claire, Louise Michel lit son discours : *le vaisseau fantôme ;*... c'est toujours à peu
près la même chose : les héros se souviennent de
ces jours où la Révolution fut vaincue, mais
comme ils vont la servir avec une expérience
terrible, cette Révolution d'autant plus adorée
qu'ils ont plus souffert pour elle ! Le peuple s'est
éveillé et c'est ici même à Belleville, que l'amnistie a été faite par l'élection d'un forçat ; c'est
au peuple seul que nous devons l'amnistie ; elle
était faite par lui quand, tremblants de frayeur,
nos gouvernants l'ont signée. Les morts seuls ne
reviennent pas, mais leur mémoire crie vengeance...

La salle est enthousiasmée ; chacune de ses
paroles est soulignée par des applaudissements
frénétiques.

A une autre réunion, salle Lévis à Batignolles,
réunion présidée *effectivement* par Rochefort et
honorairement par Félix Pyat (n'est-ce pas amusant de voir Rochefort présider sous l'ombre tu-

téaire du vieux Pyat — vu leur intimité), Rochefort profite de ce que Louise Michel n'est pas
encore arrivée pour parler d'elle et montrer une
fois de plus quelques effets de sa grande âme.

Un autre citoyen lui succède; comme Rochefort,
il fait l'éloge de la grande citoyenne, puis aborde
le sujet de la conférence annoncée : l'autonomie
communale; mais au moment où il va entrer dans
le cœur de la question, Louise Michel apparaît et
les acclamations dont elle est saluée étouffent la
voix de l'orateur qui descend discrètement de la
tribune.

Louise Michel fait sa conférence, décrit la période qui suivit la répression, Satory, les Chantiers, Auberive; elle raconte les misères endurées à la Nouvelle-Calédonie, demande à ce qu'on
jette à l'eau la statue de Thiers et qu'on élève au
Père-Lachaise une statue colossale aux combattants de la Commune... (un assistant qui proteste est jeté à la porte) et termine en récitant des
vers.

Une citoyenne Certain lui offre au nom du
Comité de la Libre-Pensée un bouquet de fleurs
rouges et blanches qu'elle accompagne de ce
compliment : — je salue en votre personne celle
qui a introduit la Révolution en France et qui a
montré dans cette lutte le courage d'un homme.

Rochefort, qui n'a pas l'air de s'amuser beaucoup, profite de l'occasion pour annoncer que peu maître de son temps, il est obligé de se retirer et, pour couvrir sa retraite, il répète ce que Gambon a dit à la réunion de l'Élysée : — Voilà longtemps que Louise Michel préside honorairement nos séances, il est temps qu'elle préside une fois effectivement, je lui cède donc le fauteuil de la présidence.

Et il file au milieu des applaudissements que mérite bien cette sortie intelligente.

La réunion suit son cours ; un citoyen qui pense que notre République aurait peut-être besoin d'un Marat développe ce thème, puis demande à lire des vers. Comme l'heure est avancée, Louise Michel consulte l'assemblée qui déclare unanimement les vouloir entendre ; le citoyen dit alors que ce qui empêchait la présidente de lui donner la parole c'est que la pièce de vers en question est justement intitulée *Louise Michel;* — et il la lit.

Transports, trépignements, frénésie, délire !

Connaissez-vous beaucoup d'hommes dont la raison résisterait à de pareils triomphes ? — Et ce n'est pas fini.

A la réunion de Tivoli-Wauxhall, Louise Michel attaque le *gambettisme;* c'est l'ennemi, dit-

elle, c'est le serpent qu'il faut écraser ; elle
prêche l'union afin qu'on soit bien préparé et
qu'on n'engage la lutte qu'avec la certitude de la
victoire. Il faut que les socialistes se comptent sur
les candidatures ouvrières et même en mettant
dans l'urne le nom de quelques-uns des morts
de 1871 comme un défi à ceux qui écrasent le
peuple ; elle ira dans toutes les réunions tenir le
peuple en éveil en lui rappelant le souvenir de
ceux qui sont morts ou qui ont souffert pour lui ;
— et quand l'heure sera venue, s'écrie-t-elle, je
serai en tête du premier groupe qui descendra
dans la rue.

Le même soir à la réunion du théâtre Ober-
kampf, elle répète ce qu'elle vient de dire à
Tivoli, et c'est aux applaudissements de l'assemblée que, parlant de son défi aux repus, elle
s'excuse de prononcer le nom malpropre de
Gambetta.

A la salle de la rue d'Arras, Blanqui préside,
flanqué à droite et à gauche des citoyennes Paule
Minck et Louise Michel. — « Le nom de Louise
Michel, dit le vieux révolutionnaire, retentit dans
l'Europe entière, il rehausse la France et fait
oublier nos défaites. » Il paraît enchanté de ce
que les femmes se soient mises en tête du mouvement et constate que les hommes sont forcé

aujourd'hui de se contenter de les suivre de loin.

N'oublions pas que Blanqui n'a jamais connu d'autres femmes que sa mère, sa sœur et sa femme — une femme de Plutarque, a dit quelqu'un ; — que toutes les trois l'entourèrent constamment de leur vénération, de leur amour et de leur dévouement, et qu'il fut toujours enclin à attribuer cette même supériorité morale à toutes les autres femmes.

Quant à Louise Michel, son discours se résume ainsi : — Nous arracherons les masques derrière lesquels se cachent les traîtres et nous serons d'autant plus impitoyables qu'il nous faut maintenant des mains propres pour porter notre drapeau.

Dans une autre réunion, à la salle Rivoli-Saint-Antoine, Louise Michel tonne contre ce malheureux Gambetta qu'elle rend responsable de tout, qu'elle signale comme l'ennemi le plus grand de la révolution sociale, ce dictateur contre lequel il faut s'unir pour l'anéantir, le faire tomber comme est tombé l'empire, sous le mépris de tous. Elle déclare même qu'il n'y a pas assez d'injures pour qualifier la conduite du borgne du Palais-Bourbon, que c'est un misérable qui serait au bagne s'il n'était Gambetta..., puis elle propose de ne plus admettre dans les réunions les représentants de la presse réactionnaire.

Et vous pensez si tous ces fous applaudissent ces insanités.

Salle Chayne, rue d'Allemagne, Louise Michel. arrive accompagnée des citoyennes Paule Minck, Certain et Marie Ferré ; *la Marseillaise* qu'on joue à son entrée lui rappelle 1871, époque à laquelle on mourait joyeusement : « J'ai vu, dit-elle, des jeunes gens de dix-huit à vingt ans crier Vive la Commune ! penser à leur mère, fermer les yeux et mourir. »

Quelques individus protestent et comme on veut les expulser, la grande citoyenne s'écrie qu'ils sont peut-être payés par la police et qu'après tout, il faut bien que tout le monde gagne sa vie. — Il y a assez longtemps, dit-elle, que le peuple en masse s'expose aux balles des égorgeurs, le jour venu elle tendra sa poitrine ; elle espère qu'on s'en contentera et qu'il suffira de quelques-uns. Elle invite ensuite tous les socialistes à imiter ce qu'ont fait les comités de *l'É-mancipation des femmes*, qui ont formé un groupe composé de toutes les déléguées des autres groupes ; les femmes qui en font partie s'entendent parfaitement et espèrent arriver aux meilleurs résultats.

Tant pis, tant pis.

A la salle Favier, elle proteste contre les propos que lui font tenir les journaux réactionnaires au sujet de l'affaire Gambetta-Rochefort et puisqu'il faut se prononcer, elle le fera, dit-elle, avec franchise — mais en attendant ne se prononce pas. C'est toujours Gambetta qui étrenne... et qu'elle compare à l'infâme Bonaparte.

A l'anniversaire du 18 mars, on la trouve partout, salle du Progrès où elle déclare qu'elle est heureuse de se rencontrer, comme à la fin de l'Empire, avec des Blanquistes, des hommes d'action; que désormais entre eux, il n'y aura plus de querelles d'école, de doctrine, il ne doit y avoir désormais qu'une grande armée révolutionnaire. Chez Coquet, dans le XVIIIe arrondissement, même thème; elle glorifie la Commune et parle de la solidarité qui unit les socialistes russes et français. Quelques jours après, à l'Alhambra, elle lit une adresse de félicitations aux nihilistes russes et engage les révolutionnaires de tous les pays à les imiter.

A une réunion, salle des Ecoles où, conformément aux principes anarchistes, il n'y avait pas de président, Louise Michel a dit entre autres *excellentes choses*: — Oui, tout progrès est une entrave, un hameçon qu'on vous jette et qu'il est temps de couper, dussiez-vous l'avoir dans la poitrine. Cette fois, la lutte sera rapide et ce ne sera plus une ville qu'on aura sous les pieds, ce sera un volcan! Et si le peuple est vaincu, nous ne serons plus les pétroleuses mais les incendiaires, les filles de la vieille Gaule qui savent jeter sur la défaite un étendard de feu!

Je pense qu'en fait de réunions publiques nous pouvons rester sur celle-ci; trouver mieux ne serait pas impossible, mais enfin ceci me semble suffisant. Du reste, plus ça change de salle et plus c'est la même chose: des déclamations, des fanfaronnades; au fond, du bruit, du tapage et une sorte de griserie momentanée de ce public de réunion qui applaudit quand même et toujours à tout ce qui est excessif.

Nous avons vu Louise Michel poser incidemment *les candidatures mortes;* comme cette idée lui sourit, elle y revient tant et si bien qu'une citoyenne — troublée — membre de *l'Union des femmes socialistes,* demande à la *Révolution sociale* ce qu'elle pense des candidatures de femmes ou de citoyens morts tels que Ferré, Delescluze, Flourens, etc.

La Révolution sociale, — journal anarchiste et provocateur, payé par M. le préfet de police Andrieux — auquel cependant les idées saugrenues ne font pas peur, hésite et s'en tire en disant que

comme il s'agit là surtout d'une question de
femme, il la renvoie à ses éminentes collaboratrices Louise Michel et Paule Minck, tout en ré-
servant la ligne de conduite suivie jusqu'ici par
le journal.

Louise Michel répond immédiatement que les
candidatures mortes sont à la fois un drapeau et
une revendication. Elles sont l'idée pure de la
révolution sociale planant sans individualité, —
l'idée qu'on ne peut ni frapper, ni détruire... la
candidature ouvrière est juste, la candidature
morte est grande comme la révolution même.
Quant aux candidatures de femmes (qui n'abou-
tiront pas, elle le reconnaît), c'est une revendication... « — Pour ma part, ajoute-t-elle, je ne
m'occupe guère de questions particulières,
étant, je le répète, avec tous les groupes qui
attaquent, soit par la pioche, soit par la mine,
soit par le feu, l'édifice maudit de la vieille
société. »

Elle a vu son nom parmi ceux qu'on propose,
elle prie ses amis de le retirer ; — nous sommes des
combattants, dit-elle, et non des candidats. Plus de
questions personnelles, plus de questions de sexe !
plus d'égoïsme ! plus de crainte ! en avant les
braves ! et que sachant où nous allons, les autres
nous laissent !

— Nous sommes des combattants et non des candidats!...

Malheureuse femme! c'est-à-dire qu'elle vit dans une atmosphère tellement saturée de candidats qu'elle ne s'en aperçoit plus; — mais mes collaborateurs de *la Révolution sociale...*, va-t-elle dire?

Ah! pour ceux-là, c'est vrai; leur situation vis-à-vis de M. Andrieux leur permettait difficilement de poser leur candidature à quoi que ce soit.

Le journal *le Citoyen*, grand ami cependant de Louise Michel, traite les candidatures de femmes, d'extravagances, d'excentricités, et au sujet des candidatures mortes attaque vigoureusement *la Révolution sociale* qu'il appelle *le Moniteur des fumistes;* il dit qu'il ne faut pas rendre le parti socialiste responsable de toutes les folies, de toutes les insanités qui sortent journellement de la petite officine anarchiste, et qu'au surplus un parti qui ne compterait pas dans ses rangs des hommes assez dignes pour le représenter serait un parti bien bas et bien misérable.

Une citoyenne Legall, parlant au nom de plusieurs membres de *l'Union des femmes socialistes*, se moque aussi de l'ingénieuse idée de l'éminente socialiste, tout en protestant cependant au sujet des candidatures de femmes qu'elle recommande

dans les arrondissements où elles ne nuiraient
pas au succès du parti socialiste ouvrier.

Mais Louise Michel tient bon : — Il ne s'agit
pas, dit-elle, de nous appeler *fumistes,* mais de
voir simplement que dans le parti révolutionnaire
il est des gens désabusés qui préfèrent le drapeau seul, le mot de ralliement au progrès qui
ferait attendre. A quoi *le Citoyen* — né galant —
répond que nul plus que lui n'admire le langage
élevé dont la grande citoyenne a le secret, qu'il
estime son caractère, son courage et ses vertus,
mais qu'il n'avalera jamais les candidatures
mortes. Touchée, Louise Michel leur parle du
triomphe de la Révolution sociale, leur envoie
une poignée de mains et passe à d'autres exer-
cices.

Elle a maintenant à se défendre contre certains journaux qui racontent qu'à l'enterrement
de Blanqui elle a, dans un discours violent et
grotesque, fait appel aux sergents de ville, leur
criant d'égorger tous les assistants et de jeter
leur cadavre dans la fosse de Blanqui. La vérité,
la voici : son discours est celui qu'a reproduit *Ni
Dieu ni maître,* voilà tout ; c'est au Père-Lachaise
qu'elle a dit : — Plus l'homme est enfoui, plus
l'idée domine ; du fond de cette tombe elle flam-
boie, elle embrasera le monde lorsque naîtra la

Révolution universelle. Quant aux sergents de ville qui s'étaient placés en cordon pour empêcher les tronçons du convoi de se rejoindre, elle leur a simplement dit : — Il est honteux pour des hommes de faire le métier qu'on vous fait faire, mais toute cette honte retombe sur vos maîtres. Au surplus, la mauvaise foi et la calomnie sont choses opportunes, chacun sait ça, il faut donc se contenter de les mépriser, et elle termine d'une façon superbe : « Je suis avec ceux d'entre vous qui vont en avant, mais je n'appartiens à aucun de vos groupes, je vais devant moi, calme et froide, sous le souffle glacé du Nord, n'ayant ni haine ni pitié pour les hommes ou les choses qui entravent la Révolution, et ne les considérant que comme des obstacles qui doivent disparaître. »

Tout chaudement qu'ait été menée cette affaire des candidatures mortes, elle ne laisse pas de jeter un froid parmi les admirateurs de la grande citoyenne ; on la discute, quelques-uns plaisantent, d'aucuns se permettent de railler, c'est mauvais signe. A une réunion, salle de la Redoute, rue Jean-Jacques-Rousseau, réunion *mal préparée*, c'est-à-dire un peu bourgeoise, l'auditoire proteste vivement contre les accusations dont elle accable Gambetta ; les cris de : *A la*

17.

*porte ! — Ne l'injuriez pas ! — Vous ne seriez pas
ici sans lui ! — Il a plus rendu de services que
vous ! — Assez, enlevez-la !* se croisent dans la
salle, et comme Louise Michel continue sur le
même ton, l'hostilité devient telle qu'elle est
obligée de se retirer.

A une autre réunion qui devait avoir lieu à
Charenton, on l'attend vainement ; le public
s'impatiente et manifeste son mécontentement
par des cris, des trépignements et des plaisanteries d'un goût douteux qui, s'ils témoignent du
dépit profond que cause son absence, n'en accu-
sent pas moins un certain relâchement dans le
respect qu'on lui porte. C'est en vain qu'un citoyen monte à la tribune pour dire que Louise
Michel ne peut venir, retenue qu'elle est par sa
mère malade ; on ne veut pas l'entendre ; les
huées, les sifflets redoublent ; on réclame Louise
Michel sur l'air *des Lampions.* Un assistant pié-
tine même sur l'emblème du prolétariat, le drapeau rouge ! On rend l'argent, mais il n'en court
pas moins de vilains propos sur ce qui se trouvait dans le plateau.

Cette pauvre Louise Michel, qui n'en peut
mais, cherche à dégager son honnêteté de toutes
ces histoires et aussi pour avertir les personnes qui s'imaginent qu'elle peut disposer de

quelque argent en leur faveur, déclare qu'elle
est sans fortune, que depuis son retour —
n'ayant encore eu le temps de terminer aucun
travail — elle vit au dépens de sa famille, qu'elle
n'a jamais touché et ne touchera jamais un sou
du produit de ses conférences. Elle est prête
d'ailleurs à rendre compte publiquement, quand
on le voudra, de la manière dont elle vit et dont
elle a toujours vécu; le mobilier (sur lequel on
s'appuie pour lui faire des demandes d'argent)
appartient partie à sa mère, partie à une amie
qui lui a prêté un lit; elle est même obligée
de demander six mois de délai aux personnes à
qui elle doit. Elle conclut fièrement comme toujours:—Je suis du groupe qui sait mourir et non
de celui qui insulte sans péril et calomnie sans
signer, et elle accuse une dame, veuve Désiré,
calomniatrice de Flourens, d'être payée pour
mentir.

Cette veuve Désiré était carrément désignée
par la *Révolution sociale* (!!!) comme appartenant à
la police. — C'est amusant, n'est-ce pas?

Mais laissons la veuve Désiré que je ne connais
pas autrement et revenons à Louise Michel.

Invitée par le Comité de la Libre-Pensée du
XVe arrondissement à faire une conférence, elle
décline l'invitation parce que dans le programme

de la petite fête, elle s'aperçoit que l'estrade sera ornée de trophées de drapeaux tricolores. — Si, dit-elle, j'allais dans cette salle où les drapeaux de Sedan et de l'égorgement de Paris seraient mêlés aux nôtres, ce serait pour les arracher et les fouler aux pieds.

Vexé, le secrétaire de ce Comité riposte : — Pour répondre à votre lettre que je regrette profondément pour vous et non pas pour nous, je n'ai qu'à vous communiquer le programme de notre soirée. Je vous joins aussi une copie de la lettre que notre grand historien Henri Martin m'écrivait jeudi dernier sur le *Salut du drapeau*.

A cette seconde lettre, elle réplique sèchement : —C'est moi qui regrette que vous disiez votre *Salut au drapeau* devant les étendards qui ont traîné dans les boues de Sedan et dans le sang de Paris. — Je vous salue.

Vers la même époque, une sorte de prud'homme, ancien recteur d'Académie, épouvanté d'avoir connu autrefois Louise Michel et espérant lui êtrë désagréable, s'empressa de publier dans *le Pays* certaines poésies dans lesquelles la jeune institutrice affirmait ses croyances en Dieu — ce qui prouve simplement combien est déplorable l'éducation que lui, recteur, et ses pareils donnent à la jeunesse.

Louise Michel lui répond nettement qu'en effet elle croyait en un Dieu dont ses représentants lui ont donné plus tard l'horreur et dont l'expérience et la réflexion lui ont prouvé le néant; mais ayant quelque bon sens et surtout le sentiment de la justice et de l'égalité, elle pouvait croire bien longtemps à un Dieu éternellement tyrannique, tourmenteur et injuste. Tout enfant, elle avait arrosé de ses larmes l'histoire des Gracques, et si la République ne lui apparaissait pas encore débarrassée des nuages de la religion, elle ne pouvait manquer de devenir athée, puisqu'elle cherchait la vérité, la justice et l'idéal de l'égalité et du développement humain, pour lesquels elle a toujours vécu et pour lesquels elle mourra.

Elle raconte encore qu'étant institutrice, elle fut dénoncée comme *rouge;* elle portait en effet le deuil de la République, et ses élèves, lorsqu'on commençait le dimanche la prière *pour Badingue,* se sauvaient en frappant de leurs petits sabots sur les dalles, de peur de devenir complices de cette prière sacrilège.

Et comme le bonhomme de recteur paraît désirer savoir pourquoi elle ne s'est pas mariée, elle lui donne trois raisons de cette détermination malthusienne :

1° La femme qui se marie sans amour se vend

et toute prostitution lui a toujours fait horreur.

2° N'ayant jamais accepté l'inégalité entre l'homme et la femme, elle ne pouvait accepter le rôle d'esclave.

3° Elle ne voulait pas non plus donner des esclaves à l'empire.

Et elle ajoute : — Quant aux craintes que vous manifestez sur mon avenir, soyez tranquille, je n'aurai pas besoin de l'hospice... puis qu'importe tout cela! nous allons en avant sans regarder autre chose que le but à atteindre. ,

Comme elle voit que le froid et la faim se chargent d'amnistier à leur manière les citoyens qui reviennent de la déportation ou du bagne, elle demande à ce qu'on organise d'immenses conférences publiques dans des salles offertes gratuitement par des directeurs bienveillants (toujours à côté de la réalité!); puis, il lui vient une idée anglaise ou américaine, et elle fait la proposition suivante :

« — Je tiens à la disposition des journaux de la réaction, toujours au bénéfice des amnistiés : 1° quelques feuilles de vers bondieusards écrits dans mon jeune âge; — 2° une demi-heure d'interrogatoire chez moi, à condition toutefois que ledit interrogatoire sera écrit devant moi en double.

La feuille 20 francs. L'interrogatoire 20 francs.
De quoi me diffamer pendant huit jours!
qu'importe! Rira bien qui rira le dernier. »

Le Gaulois prend la balle au bond : « — Mlle Michel nous séduit. Elle se démène avec une vraie
énergie ; c'est un mâle. » — Et comme il n'a pas
l'occasion d'en voir souvent, c'est lui qui le dit,
il lui dépêche un reporter qui a avec la citoyenne
une conversation peu intéressante et dont voici
les passages les plus saillants :

— Vous avez été catholique?

— Oui, car j'ai de la poésie. J'admirais les
martyrs du Cirque et les conspirateurs des Cata-
combes; à tel point qu'enfant j'eusse pris avec
plaisir la cornette de sœur de charité.

Ici, la mère de Louise Michel intervient pour
dire : — Ah! pourquoi l'ai-je empêchée de le
faire!

Le reporter continue : — Je vous ai souvent
entendu prêcher l'émeute et la révolution sanglante.

— Point, répond froidement la citoyenne, j'ai
dit seulement qu'il ne fallait pas craindre de tuer
un homme pour en conserver cent.

Ici le reporter, par une association d'idées que
rendent explicable les sorties violentes de Louise
Michel contre Gambetta, lui dit : — On vous a

prêté un aphorisme déjà fameux qui visait évidemment M. Gambetta ?

— *Quand les cochons sont gras, on les tue !* n'est-ce pas? Eh bien, jamais je n'ai dit de semblables grossièretés. Les amis de M. Gambetta l'insultent en le comparant à un animal. Je ne veux pas qu'on tue les porcs et pour cela je ne les laisserai pas engraisser...

Mais il paraît que c'est le reporter (un opportuniste déguisé probablement) qui a arrangé ainsi cette phrase, voulant lui donner un tour presque poli, car le lendemain, Louise Michel proteste en riant et dit que *le Gaulois* n'en a pas eu pour son argent; dans son intention la phrase était pire que l'offense.

En effet, la citoyenne ne pouvait pas répondre qu'elle n'a jamais dit de semblables grossièretés... le nom seul de Gambetta provoque sous sa plume celle-là et bien d'autres.

Au sujet du *cochon à l'engrais*, j'ai suivi les phases par lesquelles a passé cet aphorisme cher à *la Révolution socia'e* — n'oublions pas que c'est un journal fait par M. le préfet de police Andrieux; je le vois apparaître dans un entrefilet concernant MM. Rochefort et Gambetta : — Une fois pour toutes, on n'a pas à discuter celui qui se trouve au pouvoir, *quel qu'il soit.* Lorsque les cochons sont gras on les tue.

Voilà tout ; mais le journal est si enchanté de cette trouvaille qu'il la répète à tout propos et qu'il trouve même moyen d'y accoler M. Clémenceau : — ... *Compris,* dit un gamin, *l'un est un porc engraissé, l'autre est à l'engrais ! Ous qu'est le charcutier ?*

Cette expression a séduit aussitôt Mlle Louise Michel qui, depuis, en a émaillé ses discours et ses articles — ignorant probablement que cette phrase grossière était familière non seulement aux rédacteurs de M. Andrieux, mais encore aux deux Bonaparte. — Quel homme voudrait être ainsi un cochon à l'engrais de six millions, s'écriait à propos du projet de Constitution de Siéyès, le premier Consul, qui trouvait probablement que ce n'était pas assez, et Napoléon III (*Badingue,* comme dit Louise Michel) écrivait le 5 octobre 1839 à un sieur Lombard : — Comment *le Capitole* qui se fait l'organe du Napoléonisme et du système impérial, va-t-il prêcher le système des cochons à l'engrais !

Ces deux exemples eussent suffi, je pense, à faire abandonner à Mlle Louise Michel cette vilaine expression ; son vocabulaire me paraît assez riche du reste, et Gambetta n'y aurait rien perdu.

La haine qu'elle lui a vouée finit par être amusante à force de violence et d'exagération. Il n'y a pas de question sociale, s'écrie-t-elle! et cela revient dans ses articles et dans ses discours comme un glas funèbre. Il n'y a pas de question sociale... je crois que de toutes les infamies commises ou dites par cet homme, c'est cet effronté mensonge qui me révolte le plus : il n'y a pas de question sociale!

Comme on sent avec quelle jouissance elle lui casserait son ombrelle sur le dos!... si elle était une femme à ombrelle..., mais malheureusement, on ne se représente Louise Michel qu'avec un fusil...

Et elle continue : — Il n'y a pas de question sociale pour le cyclope des assommoirs, puisque ce n'est pas dans les caves de Morny qu'on pratique le mouillage à l'usage du populo; l'opportunisme gave les indignes mandataires du peuple, leur clouant les pattes et leur empiffrant le bec autour de l'auge, aussi comprend-on que le dégoût immense vous prenne et qu'on crie grève de votes pour ces immondes, prêts à lécher les pieds du tyran, de Léon le Borgne (sic)... Quant à la République « on met bien sur le bocal les étiquettes les plus séduisantes, ce n'en est pas moins de la marmelade de Cambronne, si bien que la

France en est engambettée d'un bout à l'autre. »

Fi, mademoiselle !

De tout cela, je ne veux retenir que deux lignes où elle se moque de Gambetta qui, dit-elle, « fait doubler ses gardes, *ayant eu la vision d'une femme nihiliste dans les couloirs de la Chambre.* »

Gambetta faisant doubler ses gardes !... pauvre Louise Michel !... mais laissons cela, je voudrais seulement savoir si au fond l'idée de tuer Gambetta n'a jamais traversé son cerveau — sans s'y arrêter même une seconde, comme l'éclair qui sillonne la nue — une seule fois... je veux bien, mais enfin s'est-elle présentée ? C'est bien délicat ce que je demande là (aussi je ne le demande qu'à moi-même) et cela a l'air énorme... Cependant Louise Michel ne fait aucune difficulté pour reconnaître qu'elle a eu longtemps l'idée fixe de tuer Napoléon III ; et pour laisser son portrait à sa mère — après l'expiation — elle s'était même fait photographier dans une pose excentrique, debout près d'une table, une main appuyée sur une tête de mort, l'autre main levée, l'index menaçant. — Elle fit tirer plusieurs exemplaires de cette photographie.

Vous avez vu que devant le conseil de guerre qui l'a jugée, elle a déclaré avoir voulu aller à Versailles pour tuer M. Thiers et mettre ainsi fin à la guerre civile en sacrifiant deux victimes, elle et lui.

Une jolie conception ! et comme cela eût avancé les affaires de la Commune ! — Dire que toutes ces Charlotte Corday là sont les mêmes.

Je trouve encore dans une notice amie qu'en exil elle a eu l'idée de vouloir tuer le Prince impérial pour empêcher toute revendication césarienne...

Alors, c'est une plaisanterie, — cela vaut probablement mieux.

Mais c'est la photographie à la tête de mort que je trouve déplaisante en ce qu'elle semble ouvrir un horizon nouveau... Il y a peut-être là un peu de ce que Montaigne appelle l'*envie de paroistre*...

Mais revenons à des sujets moins hypothétiques, l'affaire Trinquet par exemple. Longtemps cette pauvre Louise Michel (qui en verra bien d'autres) se refusa à croire l'horrible vérité. — Il est probable, dit-elle, que la conversation idiote entre Trinquet et elle ne sait quel policier de la presse, conversation rapportée par le *Gaulois* et autres feuilles n'est qu'une infâme calomnie et que Trinquet la démentira.

(*N. D. L. R. : Trinquet ne l'a pas démentie.*)

Ce sont ses collaborateurs même de la *Révolu-*

rion sociale, c'est ce satanique Andrieux, qui ont glissé cette petite note.

Ébranlée, elle s'écrie : — Qu'importe que Trinquet renie les amis de la Révolution pour se jeter sur le ventre de M. Gambetta ; qu'est-ce que cela prouve : les hommes tombent, mais le principe reste immortel... Quelques semaines après, elle revient sur ce sujet : — Ce n'est pas assez d'avoir brisé sous les chaînes et les boulets les survivants de la Commune de Paris, il fallait encore les salir de la bave opportuniste ; il n'est pas vrai que Trinquet soit nommé à un emploi quelconque à la préfecture de la Seine. Ceux qui livrent les déportés à la potence russe sont seuls capables de telles calomnies.

Trinquet de son côté répond jésuitiquement au journal le *Clairon* : — « Je ne ressemble pas à Mirabeau, je ne prépare pas de trahison ; je ne fais pas de soumission ; le jour où les royalistes, où les bonapartistes de toutes nuances menaceront la République, ils trouveront au premier rang et prêt à verser son sang pour elle, le lutteur du Père-Lachaise que leur bave essaye de salir. La journée sera chaude ! »

Cela ne satisfait pas Louise Michel qui lui demande carrément si, oui ou non, il a accepté un emploi à la préfecture ?

Hélas, trois fois hélas ! Trinquet, l'honneur de
la déportation, l'*homo* de Térence, le *vir* de Juvé-
nal, comme dit le *Citoyen*, avait demandé et accepté un modeste emploi à la préfecture de la
Seine.

Quelle horreur !

Mais Louise Michel n'est pas au bout.

Le journal auquel elle collabore, la *Révolution
sociale*, donne prise par l'exagération de ses doctrines à de vilains bruits contre lesquels les
mouchards qui le rédigent et elle-même, protestent vivement, mais qui ne laissent pas de lui
causer une certaine amertume empreinte de
quelque peu de découragement, — découragement
qui ne dure qu'un instant, je dois le dire, mais
dont je trouve la trace dans ces lignes : — Tenez,
si quelque chose me tente, c'est là-bas, au fond
du nord, la potence de Sophie Perowskaia ! on ne
peut pas donner à la liberté plus que sa vie ; là,
on la crache à la face des tyrans et on ne voit plus
rien après. Ne plus rien voir, il y a longtemps
que je l'avais demandé ; mais on espère toujours
que la justice égalitaire se lèvera et l'on s'en va
éternellement dans la nuit.

Puis elle se replonge dans les violences.

Le renégat Andrieux l'a nommée, dit-elle, à
l'Arbresle et par conséquent a provoqué de sa

part une réponse qu'elle ne lui fait pas attendre ;
le malfaiteur a fait des aveux précieux, s'écrie-t-
elle, il est des injures que des hommes qui se disent politiques ne sentent pas, sans cela le pour-
voyeur de gibets aurait déjà reçu autant de gifles
qu'il y a de mains au conseil municipal. Puisqu'il est inviolable pour les gens en place, c'est à
ceux qui sont indépendants à se faire justice.

Et l'on voit M. le préfet de police Andrieux,
propriétaire du journal *la Révolution sociale*, donnant respectueusement le bon à tirer...

Elle répond à je ne sais quel particulier qui
avait fait une chanson contre elle : — Eh! bien,
oui, Monsieur, nous allons en guerre, à la guerre
aux fauves! pour chercher à former l'armée avec
tout ce qui est vaillant, intelligent, honnête, dans
tous les groupes, tous les hommes de valeur, et
de vous préparer avec cela un beau cyclone
comme nous en avons vu à Nouméa. Plus les éléments sont divers, plus la tempête est terrible.
Et toi vieux Delescluze, vous tous mes frères,
mes braves compagnons d'armes, vous les incendiaires, qui vouliez creuser entre l'ennemi et
Paris un gouffre de feu!...

Delescluze, frère d'armes de Louise Michel!
ironie des destinées!

C'est Louise Michel qui, à *la Révolution sociale*,

est chargée de la partie *Correspondance.* Je l'ai
lue (il faut tout lire), et j'en ai été récompensé
par les petites trouvailles suivantes :

A la cit. X. : — Vous me demandez si je signe
la demande en grâce pour une femme qui a
l'honneur d'être condamnée à mort pour la révolution. Non, mille fois non! et si jamais je le suis
pour pareil cas, que personne ne se permette de
me déshonorer en implorant les bourreaux cou-
ronnés et. les pourvoyeurs du gibet. Plus il y en
aura d'entre nous qui seront broyés dans les
meules de la tyrannie, plus la délivrance des
peuples sera proche :

> *Coule, coule, sang du captif,*
> *Germe, grandis, moisson vengeresse.*

*A un cit. de Béziers qui la demande pour être
marraine :* — Merci de l'honneur que vous me
faites. Choisissez pour parrain un des quatre
martyrs : Ryssakoff, Gelliaboff, Michaïloff et Ki-
balschisch.

(Et je vis plus tard quel parrain avait été choisi
par le citoyen de Béziers, car elle dit : — Embras-
sez pour moi mon cher filleul Michaïloff).

Au cit. D. : — Ne pensez-vous pas comme nous
que Nourrit préfère le bagne à une pension d'un
tel gouvernement?

(Mais c'est Nourrit qu'il faudrait consulter là-dessus et non pas D.)

— A Pau'e Minck — Cercle de la jeune montagne, à Toulouse, *au milieu de la jeunesse révolutionnaire à qui l'avenir appartient* : — J'ai plaisir à penser que si nous étions transportées avec nos idées d'aujourd'hui dans dix ans d'ici, nous ne serions près d'eux que d'affreux réactionnaires. Mais nous tâcherons de suivre toujours l'avant-garde.

Diable! diable! dans dix ans... c'est peut-être un peu rapproché! Quand Louise Michel et Paule Minck ne seront que d'affreuses réactionnaires, j'ai bien peur qu'il ne soit plus temps de faire nos malles... si nous avons quelque chose à y mettre.

Et maintenant, pour finir, quelques vers de Louise Michel :

LA RÉVOLUTION VAINCUE

Prison de Versailles, 1871

Nous reviendrons foule sans nombre;
Nous viendrons par tous les chemins,
Spectres vengeurs sortant de l'ombre,
Nous viendrons nous serrant les mains.

Tout est fini, les forts, les braves,
Tous sont tombés, ô mes amis!
Et déjà rampent les esclaves,
Les traîtres et les avilis!

O mes amours! ô République!
Pour toi comme on donnait son sang!
Avec l'hymne patriotique
Comme on tombait joyeusement!

Oui, nous reviendrons, ô mes frères!
Nous reviendrons morts ou vivants!
Partout sous les rouges bannières
On écrasera les tyrans!

Comme l'herbe sous la faucille,
Sont tombés foule et combattants;
Mais quand nous serons triomphants,
Pour un, il nous en faudra mille!

Ah! quand viendra notre revanche!
Épouvantés de vos forfaits
Pâles frissons de terreur blanche
Allez, vous dormirez en paix!

Heureusement que ce n'est pas le dernier mot de la politique... ni de la poésie non plus.

Louise Michel n'est ni un caractère ni même un tempérament; c'est une brave et honnête femme, ou peut-être plus simplement encore une institutrice, ce qui, dans le cas présent, est une circonstance déterminante, que les injustices sociales et des lectures mal digérées ont poussée jusqu'à l'exaspération. Les malheurs des temps en ont fait une révolutionnaire que ses amis, dans leur pénurie de caractère, ont transformée en *grande citoyenne*. Les mots la grisent; ils

sonnent dans sa tête comme le battant dans un
grelot, et l'étourdissent; au fond, peu de vues
justes, encore moins d'idées raisonnées ou raisonnables, de vaines déclamations et le sacrifice
de sa vie! — et c'est tout.

Ne croit-elle pas, par exemple, que la Commune
aurait dû continuer la guerre et qu'on pouvait
avec des volontaires et des marins héroïques reprendre les forts aux Prussiens dans un instant
de suprême colère qui aurait fait que chaque
homme en eût valu mille? etc., etc.

Et quand elle veut bien abandonner un instant
l'idée de table rase pour le lendemain, ce qui est
le fond de sa politique, et descendre à des moyens
pratiques afin d'arriver à son idéal humanitaire,
elle offre à ses partisans des moyens comme
ceux-ci : *la grève des conscrits*, *la grève des im-
pôts*, etc.

Son idéal humanitaire, le voici et formulé par
elle-même : « Les querelles des écoles ne sont
rien pour moi. Chacune de ces écoles me paraît
fournir une des étapes par lesquelles va passer la
société : socialisme, communisme, anarchie. Le
socialisme auquel nous touchons réalisera et hu-
manisera la justice. Le communisme perfection-
nera cet état nouveau qui aura son expression
dernière dans l'anarchie. Dans l'anarchie, chaque

être aura atteint son développement complet.
Peut-être des sens nouveaux seront-ils trouvés.
L'homme ayant atteint sa plénitude, n'ayant plus
ni faim, ni froid, ni aucune des misères présentes,
sera bon. Alors plus de code, plus de gendarmes.
Plus de gouvernement, l'anarchie. Tout ce que
nous voyons de cette ère est poésie, sublime
rayonnement de justice. De ces sommets, on en
apercevra d'autres. Les forces de l'humanité se
tourneront vers les sciences et renverseront les
obstacles qui s'opposent à la conquête de la nature. »

Ainsi soit-il.

CHAPITRE XIV

Paule Minck. — *Les Mouches et les Araignées*. — Le journal
de M. le Préfet de police poursuivi pour apologie de faits
qualifiés crimes. — Léonie Rouzade. — Anéantissement
final de la Sainte-Trinité. — Prédiction des trois anabaptistes. — Un bouquet de roses rouges. — Sociétés de femmes. — Journaux de femmes. — Cancans, potins et commérages. — Pétaudière démocratique et sociale. — LA
CUISINIÈRE SOCIALISTE pour la ville et la campagne, cuisine
anglaise, allemande, italienne, russe, etc.; avec l'indication
de diverses sauces d'une exécution simple et rapide auxquelles on peut accommoder l'HOMME.

Après avoir parlé, un peu longuement peut-
être, de Louise Michel, il serait injuste de passer
sous silence les citoyennes Paule Minck et Léonie
Rouzade qui me paraissent attelées d'aussi bon
cœur à la même besogne. Si Louise Michel est
une planète dans le ciel flamboyant de la Commune, Paule Minck est une étoile de première
grandeur; comme écrivain, comme institutrice
et comme conférencière elle ne me paraît pas in-

férieure à Louise Michel; même rouge bon teint,
mêmes doctrines, mêmes théories et surtout
même enthousiasme, seulement elle est plus vivante et donne moins au vague que sa compagne.
Cependant, sa popularité est moindre... pour des
causes diverses que je ne veux point analyser ici;
puis, il lui manque dix ans de Nouméa qu'elle
pouvait facilement se procurer au lendemain de
la Commune, mais elle préféra se réfugier à Genève, ce dont je ne la blâme pas. Sur la fin de
l'Empire, elle s'était fait remarquer dans les réunions publiques et publia même un journal —
mort-né — intitulé *les Mouches et les Araignées :*
« La mouche c'est l'opprimé, le malheureux,
l'exploité et l'araignée c'est l'arbitraire, la hideuse
exploitation, le despotisme où qu'ils se ren-
contrent et quelque forme qu'ils revêtent. »

De retour en France, après s'être fait applaudir
à Paris, aux côtés de Louise Michel, elle file sur
la province où elle organise des conférences et se
livre à une propagande des plus actives et des
plus bruyantes; on n'entend plus parler que de la
citoyenne Paule Minck. A Lyon, elle appelle la
Commune une épopée gigantesque; à Vienne,
elle assiste à l'inauguration de l'*Orphéon de l'Indépendance* et félicite ces vaillants jeunes gens
d'avoir rompu enfin avec la bourgeoisie, organi-

satrice attitrée de ce mode de groupement; à
Elbeuf, elle blâme les ouvriers qui l'attendaient
d'avoir — croyant bien faire — décoré la salle de
drapeaux tricolores, que, du reste, ils remplacent
immédiatement par des drapeaux rouges; à Besançon, les *burgraves bizontins* cassent les vitres
de la salle où se trouve la citoyenne, non par enthousiasme, mais au contraire pour l'empêcher
de parler; à Marseille, elle est acclamée par les
groupes socialistes, le groupe du *Tocsin*, surtout;
au Creusot, elle défie un individu qui l'a sifflée et
veut le faire discuter contradictoirement avec
elle; celui-ci *cane* et est hué.

Etc., etc.

Mais c'est au Havre où Paule Minck se signale
de la façon la plus avantageuse; déléguée de
plusieurs groupes au *Congrès ouvrier socialiste*,
elle veut lire une protestation contre un rapport
qui vient d'être voté; on lui fait remarquer que
la chose est terminée et comme elle veut parler
sur la fixation de l'ordre du jour, on s'y oppose
sans autre motif que la crainte de la voir se livrer
à des personnalités. Indigné, un citoyen demande
la parole sur l'ordre du jour et cède son tour à
la citoyenne qui peut enfin parler. Mais à peine
a-t-elle dit quelques mots, qu'elle est interrompue
par de violentes et bruyantes acclamations; on

l'injurie, on l'insulte, certains la traitent d'agent bonapartiste, la parole lui est retirée et on lui signifie d'avoir à quitter la tribune... Comme ils la connaissent peu ! elle prend une chaise et s'assied tranquillement dans l'endroit d'où on veut la déloger. La tumulte est à son comble, tous les délégués sont debout, s'injuriant, se menaçant... — Expédiez-la ! crie-t-on de toutes parts, enlevez-la de la tribune !

Et le président plus sage lève la séance — puisqu'il n'y a pas moyen d'agir autrement.

A Toulon, sur son initiative, une importante manifestation a lieu pour fêter l'anniversaire de *la Commune de Paris :* — de la campagne, de la ville, des faubourgs, des citoyens en grand nombre, 400 environ (ils étaient 53 dit un autre journal, — faites donc de l'histoire avec cela), la cocarde rouge de la Commune à la boutonnière, répondent à son appel et dans la réunion tenue sous sa présidence, on acclame Flourens, Delescluze, Bérézowski et Ryssakoff présidents d'honneur, puis on vote une adresse aux nihilistes dans laquelle on préconise la propagande par le fait.

Comme son journal bien-aimé *la Révolution sociale* (toujours le journal de M. le préfet de police Andrieux), vient d'être frappé pour avoir

applaudi aux nihilistes, elle lui écrit : — Je me
rends entièrement solidaire de votre condamnation pour l'article sur l'exécution du Czar, comme
révolutionnaire, comme polonaise, je vous crie
bravo ! on apprend ainsi au peuple à se débarr-
rasser des tyrans et à anéantir tous les despotes.

Polonaise, a-t-elle dit... il paraît qu'elle est née
à Clermont-Ferrand d'un réfugié polonais, nommé
Mekerski et qu'elle a épousé, je crois, un russe
ou un polonais du nom de Boyanowich. — Mais
ces détails vous sont indifférents et à moi aussi,
passons.

On connaît l'affaire de Marseille, la manifestation en faveur de Jessa Helfmann, où pendant
deux heures elle a tenu haut et ferme le drapeau
rouge et mérité ces deux mots de la grande citoyenne Louise Michel : — Le peuple de Marseille
et vous, vous avez été dignes de la cause que vous
défendez.

Et pendant qu'on la juge à Marseille, elle file
sur Lyon où elle prononce un discours dont
l'extrait suivant va vous donner un échantillon
de sa manière de travailler.

« Quand on a tué ce brigand d'Alexandre II, le
président de la Chambre a eu l'ineffable ordure
de faire lever la séance : ce n'est pas étonnant, il

veut devenir le cousin germain d'Alexandre III.
Mes amis, ne craignons pas le martyre. Vous savez
ce qui nous attend ; on ne nous déportera plus,
on se servira pour nous exterminer de bateaux
à soupape. On vous fouettera sur les places
publiques. Aussi ne faites pas de révolution si
vous n'êtes bien décidés à aller jusqu'au bout. Arrière les lâches ! arrière les faibles ! Je demande
votre sympathie pour Jessa Helfmann qui est
pendue ou qui va l'être. Je vous demande deux
choses encore : haine pour la tyrannie, vengeance
pour vos frères morts ! Partons pour faire une
manifestation comme à Marseille, en avant, en
avant ! Jurons de sacrifier à la vengeance du
peuple tous les tyrans de la France et du monde ;
ils ont les prisons, nous avons nos poignards ; ils
ont la potence, nous avons la dynamite. »

C'est dit avec chaleur, un peu vite peut-être et
d'une façon saccadée, et, bien que cela ne soit
pas trop mal, ce n'est pas tout à fait du Louise
Michel. La grande citoyenne y eût mis les grands
fauves, eût parlé du souffle glacé du Nord, de la
révolution au drapeau noir, de l'eau des fleuves
qui emportera les dernières pourritures de la
tyrannie, de l'hécatombe horrible des foules et de
l'assemblée immense des peuples jugeant dans la
justice égalitaire et en pleine lumière, — et elle

eût dit tout cela d'une voix traînante et prophétique.

Ce n'eût plus été de l'enthousiasme, mais du délire.

Enfin Paule Minck a fait ce qu'elle a pu et le tribunal de Marseille lui en a donné acte en la condamnant à un mois de prison, mais avec des considérants qui l'ont blessée cruellement : — Quoi, écrit-elle au président, vous avez admis des circonstances en ma faveur parce qu'il est à douter, dites-vous, que mes facultés soient bien équilibrées. Le 15 mai, je savais parfaitement ce que je faisais et les responsabilités que j'encourais puisque j'ai voulu seule porter le drapeau rouge afin de ne compromettre personne autre que moi. Je suis écrivain, institutrice et conférencière et c'est m'empêcher de gagner ma vie et celle de mes trois enfants, dont je suis l'unique soutien, que de faire croire à un dérangement quelconque dans mes facultés.

Et elle réclame, en même temps que l'application entière de la peine à laquelle le tribunal l'a condamnée, une enquête minutieuse sur son état mental.

Voilà donc Paule Minck en prison pour un mois et je lis dans l'*Excommunié* cette note : — Le citoyen Négro, rue de la Camille, à Dullins

(Rhône), nous ayant signalé la triste condition
faite aux enfants Minck par la condamnation de
leur mère, nous avons aussitôt ouvert une souscription en leur faveur.

N'est-ce pas effroyable, tout simplement...
cette malheureuse femme qui, entraînée par l'ardeur de ses convictions et par une exaltation naturelle, sacrifie à la cause qu'elle défend ses trois
enfants?

Maintenant, pourquoi la *Révolution sociale*, qui
saluait avec joie (et cela se comprend si bien)
l'activité révolutionnaire des femmes quand c'est
de Louise Michel et de Paule Minck qu'il s'agit,
n'a-t-elle jamais eu un mot gracieux pour la
citoyenne Léonie Rouzade? M. Andrieux se méfiait-il d'elle?

Léonie Rouzade est du Midi, comme son nom
et ses doctrines l'indiquent; je la crois, il est
vrai, simplement collectiviste-socialiste alors que
ses deux sœurs en démolition sont communistes-anarchistes...; est-ce la cause du silence qu'a toujours gardé à son égard la *Révolution sociale*?
Ce serait en tout cas se montrer bien sévère à
l'égard d'une citoyenne qui déploie pour la destruction de la société actuelle autant d'ardeur,
autant d'activité et autant d'éloquence que les

deux autres... ; puis, elle n'a pas dit son dernier mot.

Mais non, c'était une habileté de plus de cet infernal Andrieux cherchant ainsi à faire croire à une rivalité de boutique ; car si la *Révolution sociale* comptait avec bonheur Louise Michel et Paule Minck au nombre de ses collaborateurs, le journal le *Prolétaire* n'était pas moins fier de posséder Léonie Rouzade et il s'écriait, un peu exclusivement, dans l'intention de faire pièce à son rival : — Le prolétariat existant a enfin trouvé son *oratrice*, une citoyenne digne en tous points de ce nom, car elle déploie pour la défense de ses semblables, les prolétaires, une énergie et un tact merveilleux. Et il parlait de ses mots fins et spirituels que pourrait lui envier plus d'un prince de la parole.

Et de temps en temps, on lit de petites notes dans ce genre : — Prolétaire elle-même, il serait difficile de rendre l'accent convaincu, pimenté de pointes spirituelles, avec lequel la citoyenne Rouzade sait dépeindre la misère de ses frères en salariat.

En effet, Léonie Rouzade n'est point inférieure à Louise Michel et à Paule Minck, elle a la langue également bien pendue, de la verve, du trait, un bon débit, ne s'égare pas dans le vague comme la première, ni dans la violence comme la seconde et, si elle produit moins d'effet sur le moment, elle entre peut-être plus en communion intime avec ses auditeurs.

Il ne faut pas faire fi de Léonie Rouzade.

Comme ses deux rivales, elle a son public ; on lui a fait aussi des ovations, on lui a offert des banquets et souvent elle a eu les honneurs des réunions auxquelles elle assistait... ; que peut-elle désirer de plus ?

Sa lutte contre la religion est amusante et je suis certain que le populaire goûte fort des arguments présentés de cette sorte ; il s'agit de la sainte Trinité qui lui sert de tête de turc, comme Gambetta pour Louise Michel :

Le mariage du pigeon et de la charpentière.

—Tout le monde sait que le pigeon c'est le Saint-Esprit ; la charpentière, Mme Joseph. Maintenant, il ne faut pas s'embrouiller. Le triple Dieu, comme pigeon, est devenu le mari de Mme Joseph ; comme Jésus, il est aussi devenu le fils de cette Mme Joseph et, comme Dieu le père, il est resté à la tête de la maison. De sorte que, lorsque Dieu parle à la charpentière, comme Saint-Esprit, il peut l'appeler : « ma petite femme », comme Jésus, il doit lui dire : « ma bonne mère », et, comme Dieu le père, il peut l'appeler : « madame ma bru. »

De plus, comme les trois Dieux n'en font qu'un, comme la Trinité est indivisible, il en résulte que la femme au Saint-Esprit, c'est la femme aux trois maris ou le ménage du Saint-Esprit, c'est le ménage à trois ; sans compter le citoyen Joseph, qui n'a pas de fonction bien déterminée.

Et c'est cette famille échevelée que le clergé nous présente comme la famille modèle !

Le Père éternel, lui-même, ne lui fait pas peur et elle lui prouve qu'il faut être fou ou avoir bu un coup pour se martyriser de désespoir d'avoir fabriqué de mauvaises marionnettes alors qu'il n'avait qu'à souffler dessus pour les faire disparaître et en avoir de nouvelles.

Les questions sociales ne l'attirent pas moins et elle déclare que la femme n'aura son émancipation complète que dans une société où par l'appropriation collective, le sol, le sous-sol, tous les instruments de production seront devenus propriété inaliénable et indivise de l'humanité ; elle engage la femme à s'unir à l'homme pour travailler à la démolition de l'ordre social actuel. Ne lui parlez pas des progrès accomplis, la différence entre l'ouvrier d'aujourd'hui et l'esclave des temps anciens est tout à l'avantage de ce dernier ; l'ouvrier trop exploité est libre de refuser le travail et de mourir de faim tandis que l'esclave qui refusait le travail était pendu ; on n'a donc gagné que ceci, l'ouvrier faisant lui-même sa besogne mortuaire soit en se suicidant soit en se laissant mourir d'inanition lorsqu'il ne peut pas gagner sa vie, tandis que dans le passé c'était le maître qui prenait au moins la peine de l'expédier.

Elle prouve aussi, avec la même facilité, que la classe productive loin d'être l'ennemie de la propriété a tout intérêt à la fertiliser, que les seuls ennemis sont les propriétaires pour qui cette propriété est exclusive et non le bénéfice d'une chose naturelle répandue sur l'ensemble de l'humanité.

Déléguée de l'Union des femmes socialistes du congrès du Havre avec mission d'y développer cette question : *De la nécessité que tous les enfants soient élevés aux frais de la collectivité, représentée par l'État ou par les communes*, elle s'acquitta fort brillamment de son mandat et prononça sur la propriété un long discours qui fut fort applaudi : POUR AFFRANCHIR LE PROLÉTAIRE, L'USINE A L'OUVRIER, LA TERRE AU PAYSAN, EN UN MOT LE DROIT POUR TOUS AU CAPITAL.

Longtemps ces trois anabaptistes firent Paris l'hiver et la province l'été.

— La province monte comme un flot à l'assaut du vieux monde, le raz de marée apparaît formidable, clamait Louise Michel.

Les campagnes elles-mêmes commencent à entrer en lice, s'écriait Paule Minck.

La masse des paysans est si peu propriétaire qu'elle acceptera avec joie l'application des théories collectivistes révolutionnaires, disait Léonie Rouzade.

Et maintenant, après ces trois citoyennes, que pouvons-nous dire des autres ? Il ne faut cependant faire de la peine à personne et mentionnons *pour mémoire* la citoyenne Lebleu, célèbre par sa lutte avec les agents de police lors de l'arrivée de Louise Michel et quelques jours plus tard passée martyre par suite de sa condamnation lors de la manifestation en l'honneur de Ferré, héros de la Commune ; — la citoyenne Cadolle acquittée dans la même affaire et qui avait crié : *Ferré, nous te vengerons;* (si j'en crois une lettre de la citoyenne Lebleu insérée dans un carré de papier intitulé *la République sociale,* 25 décembre 1881, ces deux citoyennes seraient sœurs en politique, possible!... mais pas cousines, pas cou-

sines !) Poursuivons : — La citoyenne Lemelle
qui regarde la Commune comme un mouvement
socialiste et la première étape de la Révolution
sociale ; — la citoyenne Saint-Hilaire qui lit des
discours sur les religions et leurs origines ; — la
citoyenne Bonnevial institutrice libre et conférencière.

Il y a aussi une citoyenne Eugénie Pierre qui
me semble fourvoyée dans la bagarre, rentière et
journaliste, dit le journal le *Prolétaire* ; et il faut
entendre les cris que jette la bonne dame, craignant de voir s'envoler sa popularité naissante :
elle est si petite rentière qu'elle ne souhaiterait
certainement pas à son plus grand ennemi d'en
être réduit à son faible avoir. Et la plume n'est-
elle pas un instrument de travail ?

Mais l'ébéniste du *Prolétaire* auquel elle a
affaire reprend durement : — Cela n'empêche pas
que vous êtes rentière et journaliste.

Pleine de candeur, cette citoyenne assistait à
une réunion organisée pour tenter une démarche
en faveur de Jessa Helfmann (ce qui paraît déjà
assez bizarre au point de vue pratique), lorsqu'elle
vit Louise Michel se lever et déclarer qu'elle
adhérait à la réunion si toutefois elle n'avait pas
pour but de demander la grâce de Jessa Helfmann : — Je n'ai pas l'habitude de demander au

tigre la grâce de sa proie, dit la citoyenne. Eugénie Pierre stupéfaite — et il y avait de quoi — proteste vivement en disant qu'on détourne la réunion de son but (je le crois bien) et, finalement après quelques propos aigres échangés avec la Grande Citoyenne, donne sa démission.

N'oublions pas la citoyenne Aimée Jeannin, jeune fille de vingt ans, qui s'écria à l'enterrement d'un membre de la Libre-Pensée de Pézenas : — Quand les libres-penseurs ne verront plus leur marche vers la vérité entravée, l'hydre hideuse du cléricalisme, les flancs perforés des traits d'une propagande républicaine et anti-cléricale, viendra rouler agonisante à nos pieds. Oh! alors, nous pourrons la posséder cette république une, indivisible, démocratique et sociale que nous rêvons.

Et la citoyenne Victorine Rouchy qui refait, dans le journal de M. le préfet de police, les articles de Louise Michel : — L'héroïque Jessa Helfmann agonise pour la liberté!!! vengeons-la....; nous n'avons pas de grâce à réclamer aux bourreaux des peuples... Pas de pitié!! n'épargnons ni mâles, ni femelles, ni même les petits... les réformes sont des mensonges, la Révolution sociale nous débarrassera des tyrans et des bourreaux... (Ah! ce diabolique Andrieux a vraiment

la main heureuse!) Jessa ne veut pas de sa grâce!
Jessa doit mourir!... Meurs, noble martyre!
meurs, sœur bien aimée, tu augmenteras le nombre de nos chers souvenirs...

Victorine Rouchy me semble en parler bien à
son aise; je lui préfère la citoyenne Marie Mas-
son, *couturière et philosophe positiviste* égarée en
ces violences: — Si vous cherchez un point d'appui, vous le trouverez, dit-elle, dans la philosophie positive qui est capable de supporter toutes
les critiques sans affaiblissement; en cela elle
ressemble à la femme, plus on l'étudie et plus on
l'aime, plus elle vous captive.

Et c'est encore *la Société d'études scientifiques,
philosophiques, politiques et sociales de la femme*
fondée par la citoyenne Dissat; — *l'Union des
femmes socialistes* de Léonie Rouzade qui a
pour but l'émancipation économique, intellectuelle, civile et politique de la femme... la
femme femelle chez le bourgeois, domestique
chez l'ouvrier, objet de luxe chez le riche,
ou instrument de débauche par la prostitution; — *Le Comité des femmes de la Commune
sociale* qui s'occupe des *Cahiers de la femme* et
de la fondation du groupe: *le Cercle social des femmes; — l'Alliance collective des femmes*, société de
travail et d'apprentissage des citoyennes Dé-

chaume et Léonie Manière qui veut l'émancipation par le travail libre et l'enseignement intégral ; — *L'Autonomie de la femme* ; — *la Société des droits de la femme* de Mlle Auclert, société qui fut solennellement exclue de l'Union fédérative pour sa conduite au quatrième *Congrès national ouvrier socialiste* tenu au Havre ; — *la Société de l'amélioration du sort des femmes* par Mme Maria Deraismes ; — *la Ruche des femmes* de Mme Jenny Sabatier ; — *la Solidarité des femmes*, cercle des femmes du Ve arrondissement ; — et des groupes multiples de *femmes socialistes révolutionnaires* dans tous les arrondissements.

Oh ! ma pauvre tête !

Puis viennent les journaux de ces dames — journaux qui n'ont jamais l'air d'être bien vivants et dont l'histoire intime serait peut-être amusante, mais nous entraînerait dans des histoires de femmes à n'en plus finir. Le potin y règne despotiquement et la jalousie n'y est pas inconnue.

Ainsi *la Citoyenne* de Mlle Hubertine Auclert n'a pas l'air de savoir que les citoyennes Louise Michel et Paule Minck existent et font même quelque tapage ; — *la Femme* de Mme Louise Koppe se moque agréablement de Mlle Auclert et de son *dada* qui est la réclamation du vote immé-

19.

diat des femmes : *n'essayez pas de le lui retirer, il ne lui resterait plus rien...* et ce journal trouve que *la Citoyenne* est un journal singulièrement fait; chaque rédacteur, dit-il, y parle de ce qu'il ne connaît pas : Lévrier, qui est un homme, parle sur le travail des femmes. Il explique en détail la confection des bonnets, des camisoles, des cols, des jupons. Il montre combien il faut employer d'étoffe suivant que le jupon doit avoir un ou plusieurs volants... (*Pauvre Lévrier, où cela l'a-t-il mené?*) — Louise de Lasserre, qui est une jeune fille, parle sur la maternité et les orphelins et Hubertine Auclert se réserve la politique

A quoi, Hubertine riposte, mais en journaliste habile, sans nommer *la Femme :* —Les plus redoutables adversaires du vote des femmes sont certainement les hypocrites, etc. Puis, ce sont de grosses querelles avec *le Libérateur*, organe de la *Société des amis du divorce,* lequel assure que dans l'intimité Mlle Hubertine Auclert appelle les dames de sa société le *Droit des femmes*: UN TROUPEAU D'OIES!

Je ne dirai pas comme *la Femme* que les rédacteurs de *la Citoyenne* parlent de ce qu'ils ne connaissent pas, je n'en sais rien, pas plus que je ne veux entrer dans le détail des faits reprochés par *l'Ami du divorce* à *la Citoyenne*, mais j'engagerais

ce dernier journal, s'il me demandait mon avis, à
ne plus donner de nouvelles à la main comme
celles-ci :

*
* *

Bébé en extase devant les globules de l'eau
gazeuse :

— Tiens! ça fait comme quand petit frère est
dans sa baignoire.

*
* *

Bébé apprend à lire. On lui a expliqué que les
grandes lettres sont des majuscules, et, comme
ce mot lui plaît, il le met à toutes sauces.

— Où est ta bonne? lui demandait sa mère.

— Elle est dans sa chambre.

— Tu en es sûr; tu l'as vue?

— Non, mais je l'ai entendue en passant qui
faisait des *P* majuscules.

Fi! dans un journal de dames...

Le journal *le Prolétaire*, dans un article assez
alambiqué, intitulé *Marchandise Gambettiste* et
signé *Une citoyenne*, attaque à son tour le journal
la Femme et le journal *la Citoyenne* : « Ainsi,
telle *petite protestante illuminée* fonde un journal
(avec l'argent des autres bien entendu), vite Mon-

signor expédie un courrier pour savoir ce qu'on
pourra offrir à la feuille spirite afin qu'elle prône
la morale des hôtes du Palais-Bourbon. — En un
tour de main, le marché est conclu ; et la vraie
propriétaire de ce journal féminin, celle dont on
a vendu le bien sans qu'elle s'en doutât, celle-là
n'a plus qu'à aller demander aux juges ce que
sont devenus ses écus et à quoi ils ont servi. —
Une autre directrice de société féminine qui
aspire ni plus ni moins qu'à la députation, se
voyant compromise devant le futur vote populaire, fait glisser à Monsignor un aimable billet
et immédiatement la salle de l'opportuniste Abat
lui est ouverte pour faire entendre sa prose et ses
vers, le tout écrit d'avance par les secrétaires de
la bande. »

Eh bien, le croiriez-vous, ces lignes signées
Une citoyenne sont vraiment d'une femme, d'une
rivale ; Mme Louise Koppe, qui en frémit d'indignation et qui s'est reconnue dans la *petite pro-*
testante illuminée, nous apprend qu'elles sont de
Mlle Eugénie Cheminat, directrice de *la Tribune*
des femmes et descendante de Jean Fabry. Cette
demoiselle Cheminat parlait naguère de se faire
anoblir et annonçait alors être prête à dé-
penser quatre ou cinq cents francs pour avoir
des titres de noblesse..., et là-dessus Mme Koppe

déclare que son journal n'a jamais été vendu et n'a jamais appartenu qu'à elle — la fondatrice.

L'article du *Prolétaire* visait évidemment le *Comité de patronage* du journal *la Femme;* il a demandé d'abord quelle était la source des fonds qui alimentent cette feuille, puis il s'est radouci et a reconnu que *la Femme* était, sinon un journal subventionné par la bourgeoisie, du moins patronné par le clan bourgeois.

Quelle horreur ! et en effet, dans ce Comité de patronage je trouve 27 députés : Louis Blanc, Naquet, Talandier, Gent, Casse, etc.; et 23 conseillers municipaux : H. Maret, E. Hamel, Y. Guyot, de Lanessan, Cattiaux, J. Roche, etc.

Quant à *la Tribune des femmes* de Mlle Eugénie Cheminat, c'est à coup sûr un journal singulièrement fait comme le prouve cette note de la directrice, note insérée en tête du second numéro : « Par suite d'une intrigue dont je n'ai saisi la marche que trop tard, il y a eu dans le premier numéro de *la Tribune des femmes* des substitutions de mots et des falsifications de phrases dont je n'accepte pas la responsabilité. Je proteste surtout en ce qui regarde la manière dont on m'a fait traiter la politique des hommes. Je maintiens ce qui est écrit dans mon manuscrit sur le vote des femmes : Non, je ne l'accepte pas ; la femme n'est pas prête à voter. Il faut avant cela qu'elle soit émancipée intellectuellement et socialement; et je consacre tout à l'enseigner. — Je me demande aussi pourquoi la rédaction ne parle pas de mes primes? »

N'est-ce pas charmant!

Des symptômes anarchiques se révèlent au sein de la rédaction et la citoyenne Eugénie Pierre (*rentière et journaliste,* voir plus haut), secrétaire de la susdite, répond sèchement à son rédacteur en chef : — « Mademoiselle, pour qui me prenez-vous? Vous savez pertinemment avoir accepté dans le texte de votre article du premier numéro de *la Tribune des femmes,* les rectifications qui ont été envoyées avec votre assentiment, *après correction faite devant vous sur l'épreuve.* Je lis immédiatement la note envoyée en dehors de moi à l'imprimerie et je proteste par la voie des journaux contre votre procédé déloyal. — P. S. La preuve que vous approuviez les rectifications faites de concert par moi et par vous, c'est que vous avez commandé, après la vente commencée, un nouveau tirage de 4,000. »

Un nouveau tirage de 4,000! Ces femmes ne doutent de rien et aucune excentricité ne les arrête.

Effrayées de ces événements, mesdames —

pardon, les citoyennes André Léo, Eugénie
Pierre, M. Tinayre, Marceline Leloup, Guil-
laume Schack, Macha, Élisa, Zélie, et Inès Trou-
varedire (je le crois bien) cessent immédiatement
de faire partie de la rédaction de *la Tribune des
femmes*.

Pour un coup, c'est un coup et *la Tribune des
femmes* garde le lit pendant quelque temps, puis
reparaît sous forme de revue et sa directrice, faisant allusion à ce passé orageux, ricane au sujet
de la *démission* de ces dames qu'elle appelle une
révocation... NOUS VENIONS DE LES REMERCIER.
Elle ne s'abaissera pas à *insérer* ici les mensonges
de ceux qui sont soudoyés pour la faire som-
brer... elle se contentera de reproduire toute l'intrigue, avec *pièces à l'appui*, dans une brochure
spéciale et de demander un jury d'honneur pour
vérifier (*sic*). Et plus loin, cette phrase un peu
vive : « Personne n'est étonné que le parti de la
corruption cherche à détruire tout ce qui dévoile
ses infamies. Les femmes n'ont droit aux égards
qu'autant qu'elles servent d'intermédiaires ; aussi
honneur aux concubines et aux entremetteuses ;
c'est leur règne ! »

. . . .

Non, un pauvre homme qui a toutes les fai-

blesses de son sexe, la politesse, la galanterie...
ne peut de gaieté de cœur s'enfoncer plus avant
dans ces ténèbres pleines d'horreur et de mystère.

Au surplus, ces trois journaux-là, pris au hasard, vous donnent la mesure de *la presse* de ces
dames, *ab uno disce omnes* ; du reste, journaux
d'un jour, sociétés éphémères, tous marqués
pour la mort malgré un certain air de turbulence,
de mobilité factice qui surprennent par une ap-
parence de vitalité trompeuse, mais dans laquelle
on peut reconnaître facilement tous les principes d'une dissolution à bref délai. A l'heure où
paraîtront ces lignes, rien de tout cela peut-être
n'existera plus, mais il y aura d'autres journaux
et d'autres sociétés de femmes, et ce seront les
mêmes commérages, les mêmes bavettes, les
mêmes extravagances et surtout la même agitation stérile, si elle n'était malfaisante.

N'avons-nous pas vu aux dernières élections la
Fédération républicaine socialiste offrir la candidature — qui a été refusée — à Mmes Clovis Hugues (?), Sévérine (?), Edmond Adam et Maria
Deraismes, laquelle avait déjà refusé il y a cinq
ans pareil honneur et s'était attiré de la *Société
du droit des femmes* un ordre du jour de blâme
énergique : ON DOIT SAVOIR FAIRE SON DEVOIR,
ELLE NE L'A PAS FAIT. — Il a même été question

un instant de la candidature Sarah Bernhardt.

Mlle Hubertine Auclert va vous dire le pourquoi de ces refus.

« Les candidatures proposées ne réussiront pas et ne méritent pas de réussir. Si les femmes réellement dévouées et convaincues comme Mmes Sévérine, Clovis Hugues et surtout Maria Deraismes, ont refusé toute candidature, c'est qu'elles n'ont pas voulu voir leur nom figurer sur une liste de *nullités tapageuses*, d'ambitieuses sans mérite ni intelligence. »

Quoi, les citoyennes Barberousse, présidente de *la Ligue des femmes*, Manière, présidente du *Cercle des femmes indépendantes* de Versailles, Hardouin, Rouzade, Bonin, Saint-Hilaire, Paul Lafargue, Geslin, Lecornu, de Grandpré, Abeille, Schack, etc., etc., ne seraient que des *nullités tapageuses, des ambitieuses sans mérite et sans intelligence...* ce n'est pas possible ! Mais suivons Mlle Auclert et sa protestation : « La citoyenne Barberousse, dans sa lettre d'adhésion, prétend qu'elle a contribué à faire admettre par la *Fédération républicaine socialiste* les droits civils... etc...; son intervention a eu l'effet contraire. La Fédération en question a pris naissance dans les sous-sols d'un café de la rue Montmartre, il y a un an environ. Son but était de préparer des listes électorales en vue des prochaines élections. Il y avait là cent cinquante hommes et deux femmes seulement. Une d'elles — ce n'était pas la citoyenne Barberousse — parvint à faire admettre par la Fédération le principe des candidatures féminines, mais, détail essentiel, il n'était alors nullement question de politique. La question seule des femmes éligibles était sur le tapis. On pouvait rallier toutes les nuances du parti républicain à cette idée, et la question ainsi posée avait reçu l'adhésion des femmes sérieuses qui ont refusé depuis. Mais alors survint Louise Barberousse, flanquée de son secrétaire Jules Alix. Elle et lui, représentant en politique les opinions les plus avancées, rêvaient de faire accepter par la Fédération la iste proposée par la *Ligue de protection des femmes*. Or la créatrice et présidente de cette ligue est précisément Mme Louise Barberousse, maîtresse de pension, 67, rue Saint-Honoré ; c'est elle qui a préparé les listes de candidates et s'est placée en tête, sauf à dire ensuite : « J'accepte l'honneur que la Fédération *veut bien* me proposer ». Cette ligue possède cent à cent cinquante adhérentes, mais pas une femme *sérieuse*. Dès son apparition dans la Fédération, la plupart des membres, froissés de ses prétentions et

de l'importance que s'attribuait son secrétaire,
se retirèrent, ils sont réunis depuis à l'Union
socialiste (groupes Floquet, Pelletan, Clémenceau, etc.). Ces derniers représentent mieux
leurs opinions relativement modérées, etc., etc. »

Vous voyez combien je vous disais vrai tout à
l'heure et dans quel état le moindre incident
jette ces pauvres femmes : — et ce n'est pas fini,
car Mlle Auclert accuse nettement Mlle Barberousse d'avoir compromis peut-être même pour
l'avenir une idée mûre déjà dans l'opinion publique (oh! oh!); pour elle, il y avait une candidature fort sérieuse, celle de Mme Maria Deraismes,
femme fort distinguée et fort érudite ; riche et
très influente dans Seine-et-Oise, où elle fait et
défait à son gré les députés — (Tant pis !)

Maintenant, êtes-vous pour Barberousse, ou
pour Auclert ?... moi, j'aime mieux m'en aller.

S'en aller, mais où ?

REVENDICATION DES DROITS DE LA FEMME ! ces
six mots flamboient partout.

En Suisse ? — mais n'y a-t-il pas le journal la
Solidarité de Genève, organe de l'*Association des
droits de la femme*, signalé comme plus socialiste
que son confrère de Paris l'*Avenir des femmes*
qui ne s'occupe jamais de la question sociale.

En Allemagne ? — on ne va pas en Allemagne,

mais si on y allait, on rencontrerait la citoyenne Stegemadn (ou Stageman) qui à l'enterrement du socialiste Auguste Heinsch — lequel enterrement donna lieu à une sorte de revue de l'armée socialiste allemande (plus de 15,000 personnes) — prononça au nom des femmes un discours des plus violents. Et n'est-ce pas le procureur impérial Tessendorf qui, dans le procès du député Most, a dit : — On m'a souvent comparé à Trepoff, qui sait si la présidente Stageman ou Mme Hann ne sera pas ma Vera Sassoulitch?

En Russie? — merci bien ; depuis que l'insuccès de la conjuration de Netchaïeff a fait abandonner tout projet de révolution par *en haut* et qu'on s'est décidé à aller *dans le peuple* c'est-à-dire à procéder par *en bas*; les femmes se sont lancées dans le mouvement avec toute leur exagération et toutes leurs violences. Et c'est par centaines que se comptent les malheureuses que le bourreau ou la Sibérie ont tuées : Sophie Bardine du procès Dolgouskine; Sophie Lechern qui tira sur un officier de police et le manqua ; Olga Nathanson, Malinoskaia et Vitanevia compromises dans l'affaire Mikhailoff; les sœurs Marie, Eugénie et Madechda Soubotina du procès des Cinquante dans lequel il y avait seize jeunes filles de dix-sept à vingt-cinq ans ; les six femmes du

procès de l'ingénieur Sackha ; la citoyenne Malinowskaia du procès Weimar ; Levenson, Refert,
Chekbert, Nathalie Armfield, Catherine Sarando-
vitch, Alexandra Potalstsine, Marie Kovalewska
du procès de Kiew ; Jessa Helfmann et Sophie
Perowskaia ; etc., etc.

En Autriche-Hongrie nous avons les amies
d'Anna Pawlik ; en Italie, celles de Louise Pezzi,
Maria Mazzoni et Giorgina Saffi (cette dernière
plus modérée) ; de plus, le *Congrès Mazzinien* a
décidé que le *Comité national* devait travailler à
la création de *Sociétés de femmes* et je vois par le
récit de l'*union libre* du citoyen Giovanni De-
fendi (condamné de la Commune) avec la citoyenne
Emilia Tronzi-Zanardelli, — que la question est
en bonne voie. Cette union libre fit du bruit ; il y
avait là les gros bonnets de l'intransigeance :
J.-B. Clément, Ant. Arnaud, Charles Hirsch,
expulsé de France, etc., Benoît Malon, les rédacteurs de *l'Egalité*, Paul Brousse, Hartmann, et
des socialistes de France, d'Italie, d'Espagne,
d'Allemagne, etc., avaient envoyé des lettres de
sympathie, d'adhésion et de félicitations aux
deux conjoints. Au dessert, l'époux a prononcé
un petit discours dont voici la dernière phrase :
« Dans la société actuelle que nous devons détruire, le mari, c'est le roi d'un petit royaume

qui pour être petit n'est pas moins despotique. La
femme n'est que l'esclave. Il faut donc affranchir
cette esclave ; mais pour arriver à cet affranchissement, il faut vaincre la répugnance qu'on
éprouve devant tout affranchissement, répudier
les préjugés qui nous entourent, intéresser la
femme à la résistance et à la lutte contre une loi
qui lui commande d'*obéir* à son *chef* et *protecteur.* »

C'est très bien de mettre ainsi ses actes en
harmonie avec ses principes ; moi-même, je ne
suis pas l'ennemi de l'union libre, mais je voudrais que ces destructeurs de société qui s'affi-
chent ainsi et se donnent en exemple avec cet
éclat, fussent assez sûrs d'eux-mêmes pour mener
à bien la petite société qu'ils viennent de fonder
à deux et de l'empêcher au moins de tomber dans
le *somnambulisme, le spiritisme et le charlata-
nisme* — ce qui est le pire des préjugés.

Je sais bien pourquoi je dis cela.

N'allons donc pas en Italie.

En Irlande ? — et miss Parnell et ses six sœurs,
dont miss Anna, le chef de la *Ligue agraire des
femmes irlandaises.*

En Amérique ? — et mistress Taylor, Grote,
Fawectt, Victoria Voodhal, présidente de la
Société de l'amour libre, Elisa Farnham, Elisabeth
Stanton, Anthony, Phœbé, Cozzens, Sewall,

Blake, etc., toutes membres distingués et violents du *Women's party*.

Et enfin en Angleterre? — Heureux pays où s'épanouit l'association sous toutes ses formes, sociétés de résistance, de secours, de protection, ligues de prévoyance, d'assurance, *meetings* de toutes sortes et où fleurissent aussi le *The English Woman's Review* de miss Caroline Biggs et le *Women suffrage Journal* de miss Becker. N'est-ce pas à Birmingham que miss Crosskeg a dit que les jours étaient passés où les confitures et le pot-au-feu *(preserving and pickling)*, les boutons à remettre et le ravaudage des bas (*sewing on buttons and darning stoking)* devaient être les seules occupations de la femme.

Ah! nous ne sommes plus au temps où existait encore en Angleterre la vieille institution du *coackingstool!...* tout se perd, mais passons; nous sommes même déjà loin de l'époque où miss Dowling, secrétaire de l'*Association en faveur du suffrage des femmes*, ne demandait le droit de vote que pour les femmes dont la situation civile pouvait être assimilée à celle des hommes. Grâce aux efforts de Stuart Mill, de Richard Cobden, de Jacob Bright, qui avaient amené d'Israéli à dire qu'il ne voyait point pourquoi elles ne voteraient pas et Gladstone à convenir qu'il y avait inéga-

lité et injustice à voir des femmes, en assumant
la responsabilité de leur propre existence, assu-
mer en même temps, dans des conditions beaucoup plus difficiles, toutes les charges qui appartiennent d'ordinaire exclusivement aux hommes,
les femmes commencent à avoir le droit de voter
dans certains endroits et dans certaines conditions déterminées.

Tout cela n'empêche pas que, dans cette libre
Angleterre, que les Anglais nous donnent toujours comme modèle, et dont les mœurs arriérées
n'ont heureusement rien de commun avec nos
mœurs égalitaires, dans ce pays où s'étalent la
philanthropie sous tous ses aspects et l'hypocrisie
sous toutes ses faces, il ne soit pas excessivement
rare de voir un mari vendre sa femme. Ne vous
récriez pas ; c'est M. Sullivan, de la Chambre des
communes, qui, au sujet d'un marché de ce genre
passé dans le comté de Sheffield, a appelé l'attention du secrétaire d'État au département de l'intérieur sur ce que, dans certaines parties de l'Angleterre, on est porté à regarder ces transactions-
là comme parfaitement licites.

Cela fait sourire les miss dont j'ai parlé plus
haut, et qui toutes espèrent arriver dans un
temps rapproché à l'égalité politique. Moi, je ne
demande pas mieux et je dirai au Parlement :

« Tirez les premiers, messieurs les Anglais ! ».
Comme il y a en Angleterre beaucoup plus de femmes que d'hommes et à peu près deux millions de femmes non mariées ou veuves, — ce sera gentil.

En attendant, restons en France, jadis la terre classique du bon sens, et où aujourd'hui même il n'y a encore que onze membres du conseil général de la Seine qui aient appuyé de leurs vœux une pétition revendiquant le droit électoral des femmes.

Comment, onze conseillers !... allez-vous dire. Oui, je sais, mais entre nous ces onze-là ne couraient pas grand risque et pouvaient impunément se passer cette fantaisie qui, si elle fait un peu partie de leur manière d'entendre la liberté, rentre beaucoup plus encore dans les préoccupations de leur élévation future. Croyez bien que s'il n'eût suffi que de leurs onze voix pour donner aux femmes les mêmes droits politiques qu'aux hommes, ces onze citoyens... eussent réfléchi. Je l'espère du moins pour leur raison.

Et si ce que je dis là les froisse, ils peuvent toujours se consoler avec cette déclaration de M. Léon Richer, déclaration que je trouve un peu exclusive mais qui ne m'offusque pas le moins du monde : — *il n'est pas un esprit sain,*

20

droit, conscient du juste et du bon qui puisse re-
fuser son adhésion à une telle revendication.

Jadis Proudhon a failli s'expliquer sur ces pa-
ladins pleins de vaillantise qui combattent pour
l'égalité des sexes ; M. Léon Richer et ses com-
pères l'ont échappé belle. Il avait longtemps
cherché la cause de cette levée de boucliers qu'il
attribuait d'abord à un zèle chevaleresque et,
croyant enfin l'avoir trouvée, déclarait qu'elle
n'était pas à l'avantage des chevaliers. Il provoqua même je ne sais plus quel bas-bleu à barbe
philosophique qui venait de l'attaquer violem-
ment, à un examen solennel des nouveaux éman-
cipateurs de la femme, heureux, disait-il, pour
vous madame et pour eux, qu'il ressortît de cet
examen que ce sont les génies les plus hauts, les
plus larges, les plus progressifs, sinon les plus
mâles du siècle.

La chose n'eut pas de suite.

Du reste, ces dames ne sont pas aussi pressées
qu'elles le paraissent — je parle des coryphées,
— c'est un peu comme les onze conseillers généraux de la Seine ; elles savent fort bien qu'ar-
rivées à leurs *desiderata*, elles seraient aussitôt
envahies, débordées, dominées par leurs douées
sœurs au milieu desquelles elles disparaîtraient
sinon éclipsées, au moins singulièrement amoin-

dries ; elles rentreraient dans le rang, et ces
dames n'aiment pas cela.

Ce que nous avons ra'onté plus haut au sujet
des dernières élections donne un avant-goût de
ce que nous verrions alors.

Aussi ces dames — je continue à parler des
coryphées — qui pensent comme Rousseau,
c'est-à-dire que les hommes seront toujours ce
qu'il plaira aux femmes, évitent de se poser en
réformatrices et pour n'en citer que deux des
plus connues, l'une n'est occupée, paraît-il, qu'à
faire et à défaire les députés de Seine-et-Oise, et
l'autre vient de répondre sèchement à ses sœurs
qui lui offraient gracieusement une candidature,
qu'elle ne les croit pas encore conscientes de leur
capacité, c'est-à-dire de leurs devoirs.

Voilà où en est la question !

J'ajouterai : nous ne sommes pas parfaits, c'est
vrai, nous avons des passions, de vilaines passions, ces dames aussi ; notre corps, qui est très
étroitement uni à notre âme, si étroitement un i
qu'il est quelquefois difficile chez certains de
démêler l'un de l'autre, notre corps a souvent des
exigences coupables auxquelles se plie bien vite
notre âme, si pure qu'elle soit ; tout cela est déplorable, j'en conviens, nous laissons beaucoup à
désirer et ces dames auront de la besogne pour

nous amener à la perfection qu'elles rêvent...
pour nous, mais quand on veut réformer la société — et ici la question morale prime la question politique, ce que mesdames les réformatrices ne veulent pas, — il faut absolument prêcher d'exemple et apporter à l'appui de sa thèse la dignité, la moralité d'une vie irréprochable. Alors, on pourra voir...

Mais nous n'en sommes pas encore là.

FIN

TABLE DES MATIÈRES

CHAPITRE XIV

IMPRIMERIE ÉMILE COLIN, A SAINT-GERMAIN.

www.ingramcontent.com/pod-product-compliance
Lightning Source LLC
Chambersburg PA
CBHW071621270326
41928CB00010B/1718